# 파스퇴르 쿼드런트
## 과학과 기술의 관계 재발견

PASTEUR'S QUADRANT:
Basic Science and Technological Innovation
by
Donald E. Stokes
Copyright ⓒ 1997 by Brookings Institution
All rights reserved

Korean Translation Copyright ⓒ 2007 Book & World Publishing Co.
Korean edition is published by arrangement with Brookings Institution
Press through Corea Literary Agency, Seoul

이 책의 한국어판 저작권은 Corea 에이전시를 통한 Brookings Institution
Press와의 독점 계약으로 도서출판 북 & 월드에 있습니다.
저작권법에 의해 한국 내에서 보호를 받는 저작물이므로
무단 전제와 무단 복사를 금합니다.

# 파스퇴르 쿼드런트
## 과학과 기술의 관계 재발견

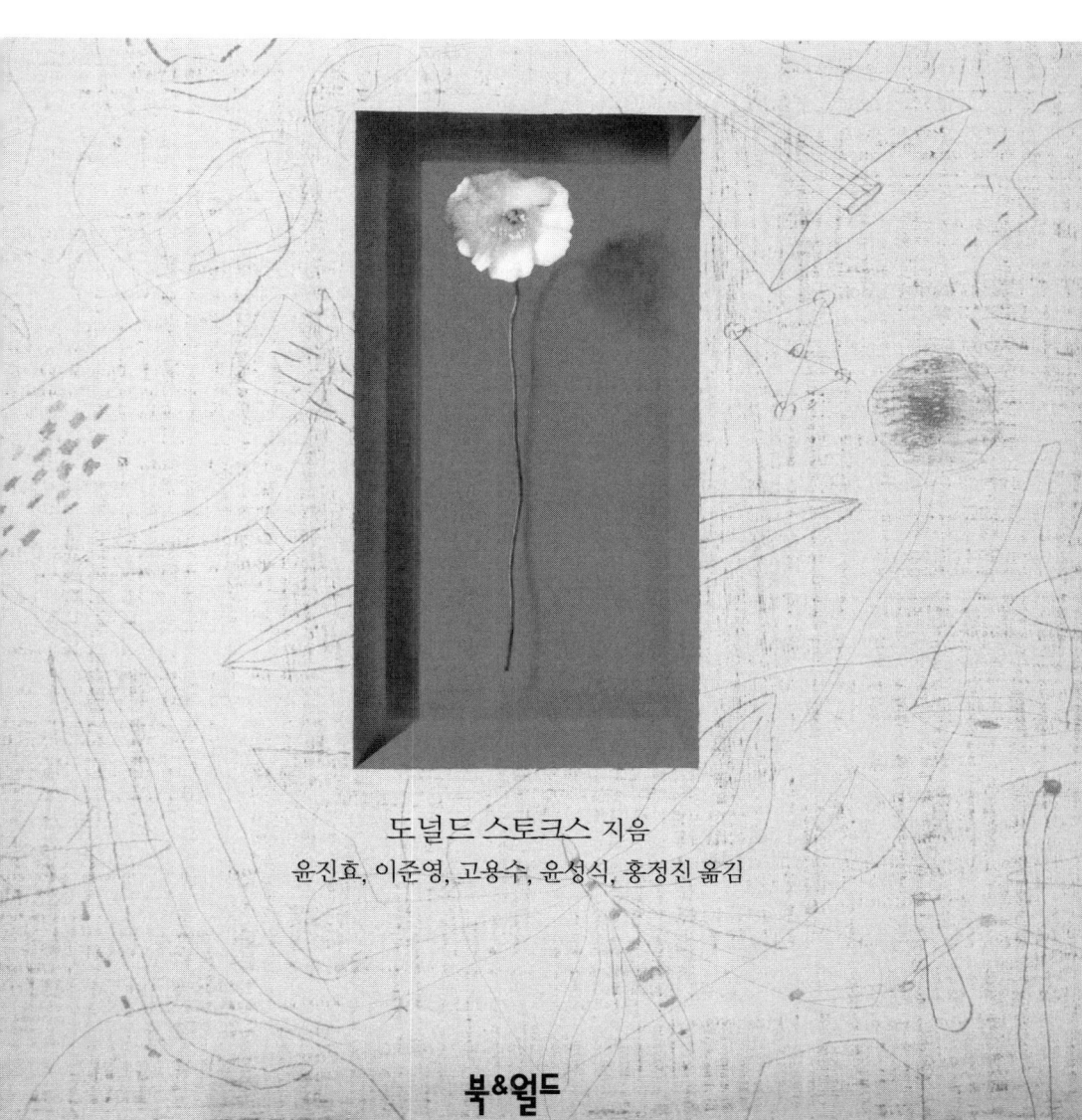

도널드 스토크스 지음

윤진효, 이준영, 고용수, 윤성식, 홍정진 옮김

북&월드

## 머리말

지금부터 50년도 더 이전에, 반네바 부시Vannevar Bush는 기초 과학과 응용 과학의 확실한 이분화를 단언한 보고서 『과학, 끝 없는 프론티어』를 출간하여 후대에 엄청난 영향력을 미치게 된다. 2차 세계 대전 이후에 과학 연구의 황금기를 이끈 정부와 과학 사이의 계약에서 — 지금 이 계약은 가혹한 곤경에 처해있다 — 핵심을 이루고 있는 것이 바로 이 견해이다. 이 책에서 저자인 도널드 스토크스는 부시의 견해에 이의를 제기하면서, 이 견해의 틀린 점을 깨달을 때 정부와 과학 공동체 사이의 관계가 비로소 새롭게 구축될 수 있다고 주장한다.

스토크스는 과학 연구의 이해와 활용이 추구하는 목표가 무엇인지를 먼저 분석하기 시작한다. 그리고 약 1세기 전에 미생물학의 토대를 마련한 루이 파스퇴르의 '기본적이나 활용 위주의 연구'를 모델 사례로 삼아, 과학 연구의 이해와 활용은 긴장 관계에 있다는 일반적인 견해를 수정하여 제시한다. 파스퇴르는 기초 과학과 기술 변화 사이의 관계가 현재와 같은 형식을 취하기 시작한 "2차 산업 혁명" 시기에 활동하였다. 그후 수십 년에 걸쳐 기술의 과학 의존성은 점점 더 커졌으며, 더불어서 사회적 필요에 기인한 문제 선정과 연구 수행도 늘어났다.

이처럼 변화된 과학과 기술의 상호작용 관점에 근거하여 스토크스는 우리가 활용 위주의 기초 과학의 중요성을 인지함으로써 과학과 정부 사이에 새로운 계약을 체결할 수 있다고 설득력 있는 사례를 제시하며 주장하고 있다. 그의 결론은 과학 공동체와 정책 공동체 모두에게 중요한 함의를 던지고 있으며, 미국 민주주의에서 기초 과학의 현재 역할에 대해 고민하는 모든 사람에게 큰 관심을 불러일으킬 것이다.

스토크스는 원고를 최종 손결하던 도중에 급성 백혈병으로 1997년 1월 26일에 사망했다. 사망할 당시에 그는 프린스톤 대학의 우드로 윌슨 공공 국제 관계 대학원의 정치학 및 정치 문제 교수였다. 스토크스는 1974년부터 1992년까지 이 대학원의 학장을 역임하였다.

브루킹스 연구소의 테레사 워커Theresa Walker가 원고를 편집하였고, 매튜 아틀라스Matthew Atlas와 아담스 라곤Adams Ragone이 검증하였으며, 잉게 록우드Inge Lockwood가 교정하였고, 쥴리아 페트라키스Julia Petrakis가 색인을 만들었다.

이 책에서 제시한 견해는 전적으로 저자의 견해이며, 브루킹스 연구소의 이사나 경영진 그리고 기타 직원과는 아무런 관계가 없음을 밝혀둔다.

연구소장 마이클 아마코스트Michael H. Armacost
1997년 7월, 워싱턴

# 서문

내가 이 책에서 제기한 문제를 최초로 떠올린 것은 미시간 대학의 대학원장으로 있으면서 주변에 『사이언티픽 아메리칸』이란 잡지의 구독을 열심히 권유하던 때이다.

여러 과학 분야를 접하면서 그 분야의 출중한 과학자들이 연구 목표에 관해—특히 근본적인 이해를 추구하는 것과 활용을 고려하는 것 사이의 관계에 관해—내가 생각하기에는 아주 의아한 방식으로 끊임없이 이야기하는 것을 보고 충격을 받았다. 나는 이 관계(즉, 근본적인 이해의 추구와 활용의 고려 사이의 관계)와 연구 목표에서 파생한 기초 연구 범주와 응용 연구 범주 사이의 관계에 대해 내가 과학자들보다 많이 알고 있다는 입장을 취하였기 때문에, 과학자들이 알아야 할 필요가 있다고 생각했던 것들을 과학자들은 모르고 있으면서 이러한 관계에 대해서 쉬지 않고 이야기 하는 것이 나에게는 의아하고 쓸모없는 것으로 여겨졌다.

이런 반응은 내가 국립 과학 재단 총재의 자문 위원으로 몇 년 동안 활동하면서 수십 차례에 걸쳐 과학자들의 똑같은 이야기를 들으면서 한층 더 굳건해졌다. 어느 날 아침, 자문 위원회에 참석한 유명 과학자 한 사람이 또 이런 소리를 하기에 이와는 다른 나의 견해를 들려주었더니 위원들이 깜짝 놀랐으며, 오후 회의가 시작될 때 오버헤드 슬라이드를 활용하여 나의 생각을 구체적으로 발표하게 되었다. 그때 발표한 슬라이드의 최신판이 3장의 몇몇 그림에 나와있다. 국립 과학 재단은 깊은 관심을 표명하며 내가 총재에게 보낸 주장을 출간하였다.[1] 사회적 문제의 연구에 관한 연방 정부의 지원을 조사하는 국립 연구 위원회 패널의 의장을 맡으면서 나는 과학자들이 지닌 문제에 관해 또 다른 측면을 탐구할 기회를 갖게 되었다.[2]

이 문제에 관한 나의 관심은 프린스톤 대학의 우드로 윌슨 대학원의 학장으로 몇 년 일하면서 계속 살아있었다. 우드로 윌슨 대학원에서의 연구는 사회 과학의 이해와 활용이라는 양자의 상호작용과 깊게 연관된 것이어서 이들의 관계에 대해 숙고하지 않으면 어떠한 연계도 이끌어낼 수 없었으며, 학교 부설 인구 연구 및 발전학 연구 프로그램 연구소의 경험을 마음껏 살려 연구하였다. 마침내 나는 이러한 문제가 책 한권 분량으로 탐구할 가치가 있다는 생각에 이르렀다.

나의 전공 분야가 아닌 과학사와 지식사의 내용을 책의 앞부분에서 다루려고 했기 때문에 실제로 내가 책을 써야겠다고 확신하기까지는 시간이 약간 더 걸렸다. 내가 제기하고 있는 문제들은 세 가지 측면, 즉 연구 의제의 설정, 연구의 제도적 환경 창출, 연구 지원 경로 측면에서 그 의미를 찾을 수 있다. 이러한 과학 정책의

---

1) Donald E. Stokes, "Making Sense of the Basic/Applied Distinction: Lesson for Public Policy Programs," in *Categories of Scientific Research*, papers prepared at 1979 National Science Foundation seminar, Washington.
2) 이 연구의 핵심 보고서는 National Research Council, *The Federal Investment in Knowledge of Social Problems*(National Academy of Science, 1978)이다.

각각의 측면에서 기초 과학과 기술 혁신의 새로운 연계성이 갖는 함의를 이 책의 뒷부분에서 살펴볼 것이다.

이 책처럼 다양한 분야를 다루지 않는 책은 독자가 누구인가를 명확히 정립하지 않으면 쓸 수 없다. 정부 안팎에서 과학 기술 정책을 다루는 사람들과 대학·정부·연구 기관·기업 내부의 과학 집단 구성원들은 나의 주장에 당연히 흥미를 갖는 독자이다. 내가 여러 산업 국가를 접한 경험이 있기 때문에 나의 주장은 또한 이들 국가의 과학 및 정책 집단들에게도 흥미로울 것이다. 그리고 내가 과학사와 사상사를 전공하지는 않았지만, 새로운 관점에서 기존의 자료를 해석하였기 때문에 과학사 및 사상사의 전문가들도 관심을 보일 수 있다.

사회 과학자들은 나의 책을 사회 과학 서적이라고 말할 것이다. 실제로, 나의 정치학 동료들은 이 책을 정치 제도적 분석의 결과물이라고 아무런 어려움 없이 규정할 것이다. 그러나 나의 주장은 모든 과학 분야 — 물리학, 공학, 생물학, 생의학, 사회 과학 등 — 에 뻗쳐있다. 그것은 과학의 통일성이 내 주장의 핵심 측면 중의 하나이기 때문이다. 그러나 이 말은 여러 과학이 모든 측면에서 동일하다는 것이 아니다. 생물학과 물리학이 가까운 것 못지않게 자연 과학과 가까운 사회 과학은 하나도 없다.

많은 친구와 동료의 도움이 없었다면 나의 주장을 날카롭게 다듬을 수 없었을 것이다. 너무도 많은 사람이 격려해주고 조언을 주셔서 일일이 감사의 뜻을 전할 수 없을 정도이다. 먼저, 나의 프린스턴 동료들인 클린톤 앤드류Clinton Andrews, 피터 아이젠버거Peter Eisenberger, 해럴드 페이브슨Harold Feiveson, 찰스 길리스피Charles Gillispie, 프랭크 폰 히펠Frank von Hippel, 다니엘 카멘Daniel Kammen,

월터 카우즈만Walter Kauzmann, 마이클 마호니Michael Mahoney, 해럴드 샤피로Harold Shapiro, 로버트 소콜로Robert Socolow, 토마스 스피로Thomas Spiro, 토마스 스틱스Thomas Stix, 노턴 와이즈Norton Wise에게 특별한 감사를 전한다. 이 책은 프린스톤 대학의 지적 교류에 대한 존경의 표시이다. 멀리서 놀라운 식견과 격려로 후원해준 '비공식적 연구 집단'의 구성원 중에서 깊은 관심과 심오한 통찰로 원고를 검토해준 하비 브룩스Harvey Brooks에게 특히 많은 빚을 지고 있다. 또한 막스 카제Max Kaase, 리차드 넬슨Richard Nelson, 스테판 넬슨Stephen Nelson, 알버트 테이크Albert Teich, 존 세르보스John Servos도 언급하지 않을 수 없다. 나는 제니퍼 슈 본드Jennifer Sue Bond, 패트리샤 가펑클Patricia Garfinkel, 칼로스 크립보쉬Carlos Krytbosch 등을 비롯한 많은 정부 관료의 도움을 받았다.

2학기 동안 나의 연구 조교였던 캐롤린 노스Carolyn North는 성심성의껏 이 책의 기초 자료를 수집하여주었다. 메리 후버Mary Huber는 이 연구의 토대를 닦았으며, 베치 샐리 젠센Betsy Shalley Jensen, 로버트 스프링클Robert Sprinkle, 프랭크 호크Frank Hoke, 크리스 톰슨Chris Thompson, 마이클 맥거번Michael McGovern, 에르사 다이커Esra Diker 등은 그들의 차례가 왔을 때 훌륭하게 일을 처리해주었다. 나는 각자에게 더할 나위 없이 큰 빚을 지고 있다.

귀중한 도움을 제공한 네 개의 연구 기관에도 감사의 뜻을 표하고 싶다. 1992년에서 1993년 사이의 가을과 겨울에, 동경에 있는 '국제 무역 산업 연구소Research Institute of International and Industry'의 도움으로 나는 일본의 과학 기술 정책을 접할 기회를 얻었다. 1993년 봄에는 '런던 왕립 협회Royal Society of London'와 서섹스 대학의 '과학 정책 연구소Science Policy Research Unit'의 도움으로 영국과 유럽에 관한 통찰을 심화시킬 수 있었다. 나는 왕립 협회의 피터 콜린스Peter Collins와 마이크 린지Mike Ringe, 서섹스 대학의 크리스토퍼 프리먼Christopher Freeman, 마이클 기븐스Michael Gibbons, 다이아나 힉스Diana Hicks, 벤 마틴Ben Martin, 케이스 파비트Keith Pavitt, 마가렛 샤프Margaret Sharp를 비롯한 많은 동료에게 매우 감사드린다.

끝으로 내가 다양한 과학 기술 분야와 수천 년 동안의 서구 과학과 과학 철학 그리고 주요 산업국에서 이용한 과학 기술 정책에 대한 현대적 접근 등 어느 범위에 국한되지 않고 자유롭게 연구하는 프로젝트를 수행할 때, 브루킹스 연구소 소장 브루스 맥로리Bruce MacLaury와 정부학 프로그램의 책임자 토마스 만Thomas Mann은 끊임 없는 지원을 아끼지 않았다. 이 두 분과 토마스 만의 전임자인 폴 피터슨Paul Peterson 그리고 브루킹스의 다른 동료에게도 감사드린다. 이해와 활용을 모두 추구하는 것이 브루킹스 연구소의 고유 임무이기 때문에, 이곳은 나의 분석을 책으로 편찬하는 데 이상적인 장소였다.

도널드 스토크스
1996년 가을

옮기고 나서

## 과학과 기술 혁신의 동시성을 통해 본
## 한국의 기술 정책 방향

　세계 경제 포럼에 따르면, 2007년도 국제 경쟁력 비교에서 한국은 세계 11위로 급격히 상승하였으며 혁신형 경제로 진입하였다고 밝힌다. 한국이 모방형 국가 혁신 체제에서 창조형 국가 혁신 체제로 급격히 전환하고 있을 뿐만 아니라, 국가의 주요한 생산력과 경쟁력의 원천이 노동과 자본보다는 새로운 지식과 기술에서 견인하는 지식 기반 경제로 진입하고 있음을 천명하고 있는 것이다.

　이 책의 저자 스토크스는 현대 과학 발전의 출발점에서부터 기초 과학과 기술 혁신 혹은 과학과 기술의 관계가 선후의 선형적 관계가 아니라, 동시적이면서 상호·강화하는 경향이 있음을 재발견하고 있다. 저자는 특히 파스퇴르가 '세포 이론'을 정립하는 과학 연구에 몰두하는 바로 그 시점에서 '발효' 기술의 폭넓은 응용과 활용으로 당시 인류의 삶에 직접적이고 구체적인 활용을 도모하였던 점에서 자신의 재발견의 출발점을 정립하고 있다.

　그런데 스토크스가 탁월한 통찰력을 통해 규명하고 있는 기초 과학과 기술 혁신 사이의 관계는 지식 기반 경제에 핵심적 화두를 제시하고 있다. 왜냐하면 새로운 지식과 기술 자체가 바로 경제 성장과 경쟁력의 핵심 원천이 되는 지식 경제가 바로 기초 과학과 기술의 동시성에 기반하고 있기 때문이다.

지식 기반 경제가 가속화되어감에 따라, 한국의 기술 정책 방향도 기존의 모방형 혁신 체제 하의 산업 정책 중심에서 창조형 혁신 체제 하의 혁신 정책 중심으로 전환할 필요가 있다. 이러기 위해서는 첫째, 한국 정부가 연구 개발 투자를 하는 데 있어서 국가와 시장의 역전 현상을 시급히 교정할 필요가 있다. 한국 정부는 현재 기업의 새로운 성장 동력 분야를 중심으로 국가 연구 개발의 투자 방향을 정립함으로써 기업이 새로운 소득 원천으로 자체 연구 개발을 집중하고 있는 시장 영역에서는 과다 투자를 하고 있으며, 기업이 거의 투자하지 않지만 국가 혁신 체제의 지속적 발전에 필요한 시스템 실패 영역에서는 과소 투자를 하고 있다. 한국 정부는 앞으로 국가 혁신 체제의 시스템 실패가 존재하는 공공 연구 분야 및 시스템 실패 교정에 필요한 분야 중심의 연구 개발 투자의 방향 재정립이 필요하다.

둘째, 한국 정부가 창조형 국가 혁신 체제 시대임에도 불구하고 계속 고수하고 있는 모방형 과학 기술 행정 체제의 조속한 타파와 시정이 시급하다. 연구 개발의 목표가 분명한 모방형 혁신 체제 하에서는 정부의 관료 주도로, 그리고 국가 출연 연구 기관을 중심으로 국가 연구 개발 투자의 방향을 정립·집중하는 것이 효율적이었다. 하지만 창조형 국가 혁신 체제 하에서는 목표 자체가 창조적 연구 결과물이기 때문에 과학 기술 전문가 주도로, 그리고 대학 중심으로 국가 연구 개발 투자의 방향과 내용을 정립할 필요가 있다. 이 경우에 출연(연)은 행정부를 대신하여 미국의 국립 보건원NIH 등과 같이, 국가 연구 개발 투자의 방향과 내용의 창조적 재설정에 주도적인 역할을 담당해야 할 것이다.

셋째, 세계적인 창조적 연구 인력의 양성이야말로 지식 기반 경제의 지속 가능한 국가 경쟁력 확보의 첩경이다. 즉, 새로운 탁월한 기초 연구의 성과와 세계적인 기술 혁신을 주도할 잠재력과 창조성을 가진 연구 개발 인재의 양성이야말로 새로운 시대에 국가가 최우선적으로 담당해야 할 역할인 것이다. 이러기 위해서는 정부의 연구 개발 투자 8,000억 시대에 KAIST를 설립한 바 있는 한국 정부는, 정부의 연구 개발 투자 10조 시대를 맞아 최소한 5개 이상의 세계적인 연구 전문 대학원의 확충에 집중적으로 투자할 필요가 있다. 지식 기반 경제의 지속 가능한 국가 발전은 바로 세계적인 지식 원천 연구 개발 전문 대학원의 확충을 통해서 달성할 수 있는 것이다.

넷째, 산업화 시대 한국의 경제 발전을 견인한 산업 단지를 대체하고 지역 단위의 지속적 혁신과 새로운 산업 창출 및 세계 시장을 주도할 수 있는 글로벌 지역 혁신 클러스터의 구축이 필요하다. 한국 정부가 창조적 R&D 클러스터 구축을 통하여 지역 거점별로 한국형 실리콘밸리를 집중적으로 육성할 필요가 있다. 정부가 창조적 R&D 클러스터 별로 세계적인 연구 전문 대학원과 대규모의 원천 연구 기관의 집적을 주도함으로써 기술 혁신형 기업의 지역 유치와 기술 혁신형 기업의 지속적인 창업을 견인할 필요가 있는 것이다.

스토크스가 제시하고 있는 과학고 기술의 관계를 고려하면, 이상과 같이 한국의 기술 정책 방향들 보다 분명하게 재설정할 수 있을 것이다.

기초 과학에서 새로운 제품 개발까지 모든 기술 혁신 사이클 상에 종사하고 있는 과학 기술자, 기술 기반 창업과 기술 경영에 관여하고 있는 CEO와 중간 경영자, 정부에서 과학 기술 정책, 산업 정책 및 지역 개발 정책을 담당하고 있는 공무원 그리고 기술 정책, 기술 경영, 기술 사회학, 기술사 및 기술 철학 분야에 관심 있는 학생들과 전문가들에게 이 책을 권하는 바이다.

 마지막으로, 이 책의 번역 출간을 선뜻 응해주시고 모든 과정에서 세심한 배려를 아끼지 않으신 북&월드의 신성모 사장님과 부족한 원고를 전부 다시 읽어보아주시고 문장 하나하나 교정을 마다하지 않으신 편집부 여러분에게 깊은 감사의 말씀을 드립니다.

2007년 11월 5일
옮긴이를 대표하여 윤진효

추천의 말

## 지식 경제형 기술 정책을 기대하며

피터 드러커Peter F. Drucker는 자본주의 이후 사회의 가장 중요한 자원으로 '지식'을 지적하고, 이것이 자본 및 노동과 함께 중요한 생산 수단으로 빠른 속도로 자리 잡는 '지식 경제knowledge economy'가 가속화되고 있으며 점차 '지식 사회knowledge society로까지 진화하고 있다고 밝힌 바 있다.

미래에는 새로운 지식 혹은 기존 지식의 창조적 재결합이 경제 성장과 국민의 삶의 질 향상, 그리고 선진형 사회 복지 국가 건설의 원동력이 될 것이다. 따라서 지식 경제에서의 기술 정책은 창조적 지식의 창출과 확산에 기초하여 한국 사회의 경제 및 사회 발전을 견인해야 한다.

이 책의 저자 스토크스는 17세기의 과학 혁명 이후부터 현대 사회까지의 과학 발전에 대한 엄밀한 분석을 통해 과학과 기술 사이의 관계에 대한 냉철하고도 대담한 통찰을 제시하고 있다. 그는 자신의 마지막 역작을 통해, "기초 과학과 기술 혁신이 선후가 아닌 동시적 관계가 있다"며 지식 경제를 살아가는 우리에게 새로운 기술 정책의 방향으로 제시하고 있다. 그에 따르면, 기초 과학이 응용과 개발 연구를 통하여 사후적으로 시장과 연결되는 비실용적인 것이 아니라고 한다. 스토크스는 파스퇴르가 '세균 이론'의 정립

등 점차 기초적인 과학 연구로 집중할수록 더욱 더 탁월한 응용 연구의 사례, 즉 '발효 기술'의 향상으로 나아갔던 점에 주목한다.

따라서 향후 기초 과학과 기술 혁신의 동시성에 기초한 지식 경제형의 새로운 기술 정책 방향 수립이 매우 필요하다.

우선, 지식 경제 시대의 경쟁력은 세계 최고 수준의 연구 개발 전문 대학원의 확충을 통해서 달성할 수 있다. 즉, 기초 과학과 기술 혁신의 동시 향상을 위한 연구 개발 인력의 양성 시스템의 획기적인 확충과 개선이 필요하다. 바꿔 말하자면, 글로벌 연구 전문 대학원 시스템의 확충을 통하여 기초 과학과 기술 혁신을 동시에 세계 최고 수준으로 견인할 필요가 있다.

둘째, 대학교 저학년 수준까지의 이공계 및 인문 사회계 분리 혹은 이과·문과 분리 교육의 조속한 철폐가 필요하다. 기초 연구를 통하여 창조적인 지식과 기술의 탐구뿐만 아니라, 경제와 사회가 요구하는 실재적 활용이라는 지식 경제 시대의 두 가지 소명을 달성할 수 있는 인재 양성의 기본 틀을 재정립할 필요가 있다.

셋째, 우리 나라의 창조적 원천 연구의 성과 혹은 기초 지식 스톡의 확충을 위한 획기적인 연구 개발 투자의 증가와 시스템 정비가 필요하다. 세계적인 연구 기반과 경험을 확보하고 있는 국가 출연 연구 기관과 탁월한 연구 개발 인력을 갖추고 있는 주요 대학 사이의 창조적 결합을 통한 국가 기초 과학 지식 스톡의 대대적인 증가가 필요하다.

넷째, 기초 과학과 기술 혁신 사이의 동시성을 시장에서 구체적으로 실현할 수 기술 경영Management of Technology 대학원의 대대적인 확충이 요망된다. 이 대학원은 과학적 지식이나 기술 혁신의 성과를 특정한 제품으로 구체화하고 회사를 설립하고 마케팅으로 실현하는 것을 핵심 내용으로 하는 교육 프로그램과 졸업 조건을 갖추어야 한다. 새로운 아이디어와 기술을 가진 연구자들과 새로운 기술을 시장으로 가져가고자 하는 잠재적인 혁신적 기업가들을 발굴하고 육성하는 것이 이 대학원의 목표가 될 것이다.

　이상과 같은 지식 경제형 기술 정책 방향은 스토크스가 기초 과학과 기술 혁신의 동시성을 탁월한 통찰력과 풍부한 과학사적 고찰을 통하여 이 책에서 규명하고 있는 내용과 일치한다.

　마지막으로, 중앙 정부와 지방 정부의 기술 정책 담당자, 광범위한 분야의 과학 기술자, 기술 기반 기업의 경영자 및 경영 분야 종사자, 그리고 다양한 과학 기술 분야 및 기술 정책·기술 경영 분야 학생들에게 이 책의 일독을 권고하는 바이다.

2007년 11월 1일
전 과학기술부 장관
현 한국 과학 기술 단체 총연합 회장
이학 박사 채영복

추천의 말

## 지역 중심의 창조형 혁신 클러스터 육성 제안

　토머스 L. 프리드먼Thomas L. Friedman은 인터넷, 광통신, 아웃소싱, 인소싱, 업로드 등 웹 2.0 및 그후 시대가 만들어내는 현상을 "세상은 평평하다World is flat"라고 표현하고 있다. 평평한 세계가 만들어내는 세상은 무한한 희망의 미래와 함께 경쟁의 가속과 개별적 가치 유지의 어려움 등을 동시에 가진다. 평평한 세계에서 살아남는 유일한 길은 특정 국가, 지역, 기업 및 개인이 각자 고유한 Untouchable 특징이나 능력을 개발하는 것이다.
　전 세계가 무한 경쟁을 하는 웹 2.0 이후 시대의 국가의 생존을 위한 핵심 정책은 지역 중심의 창조형 혁신 클러스터 육성임을 분명히 밝히는 바이다.
　이유인 즉 첫째, 지역 수준에서 창조적이고 차별화되는 지식과 기술이 산·학·연 협동을 통해서 집중적으로 생산되고 유통된다면, 현지에 있는 기업들이 보다 창조적인 제품과 공정을 가지고 평평한 세계에서 경쟁력을 지속적으로 유지·강화할 수 있을 것이기 때문이다.
　둘째, 전 국민이 지역 단위의 창조적 지식과 기술의 창출 거점과의 관계를 통해서 평평한 세계에서 창조적인이고 경쟁력 있는 세계 시민의 지위를 유지할 수 있을 것이기 때문이다.

셋째, 지역 중심의 창조적 혁신 클러스터의 확충은 우리나라 지역 간, 중소 및 대기업 간 그리고 전통 산업과 새로운 산업 간의 균형 있는 경쟁력의 향상을 통해 궁극적으로 지속 가능한 국가 경쟁력 향상의 확고한 근간을 이룰 것이다.

아울러, 지역 중심의 창조적 혁신 클러스터 육성을 위한 구체적인 정책 대안으로 아래의 세 가지를 제안하는 바이다.

첫째, 국가적인 지역 거점을 중심으로 최소 5개 이상의 창조형 혁신 클러스터를 집중 육성할 것을 제안하는 바이다. 현재 정부가 추진하고 있는 대덕 특구를 더욱 새로운 산업 지향적으로 강화한 혁신 클러스터를 최소 5개 정도 육성할 필요가 있다.

둘째, 혁신 클러스터별로 세계적인 연구 전문 대학원의 집중 육성을 제안하는 바이다. 기존의 대학과 국가 출연 연구 기관 등을 토대로 글로벌 지식 창출 거점으로서의 역할을 할 수 있는 연구 중심 대학원을 설립하거나 역량을 대폭 강화할 필요가 있다.

셋째, 정부가 지역 혁신 클러스터에 대한 집중적인 국가 연구 개발 투자 확대를 제안하는 바이다. 정부가 창조적인 연구 중심 대학원과 지역 혁신 클러스터에 연구 개발 투자를 집중할 때, 바로 새로운 산업 창출과 기존 산업 혁신으로 연결될 것이기 때문이다.

스토크스가 말하고 있는 과학과 기술의 일치성은 바로 지역 혁신 클러스터를 중심으로 대학, 연구 기관 및 기업체들이 협동하여 연구하고 기술 사업화를 선도하는 전 과정의 가장 중요한 전제 조건인 것이다.

2007년 11월 14일
대구 경북 과학 기술 연구 원장
이학 박사 이인선

# CONTENTS

머리말 · 5
서문 · 7
옮기고 나서 · 12
추천의 말 · 18

제1장 문제 제기 · 21
제2장 현대 패러다임의 등장 · 59
제3장 패러다임의 전환 · 113
제4장 과학과 정부의 새로운 관계 · 159
제5장 기초 과학과 미국 민주주의 · 193

찾아보기 · 254

# 제1장 문제 제기

17세기의 과학 혁명과 19세기의 산업 혁명에 의해 분출된 힘이 근대 사회의 형성을 도운 바 있다. 그러나 20세기 말의 시점에서 돌이켜볼 때, 선진 산업국들이 이 두 가지 근대화 엔진을 활용하기 위해 채택했던 구체적인 조치들은 각양각색이다.

제2차 세계 대전 직후인 반세기 전에 등장한, 미국을 중심으로 한 주요 과학 선진국들은 일반적으로 '기초 과학이 기술 혁신을 가져온다'는 관념을 가지고 있었으며 이러한 시각에 기초한 정책들은 그 이후 수십 년 동안 지속되었다. 하지만 그러한 전후의 관념은 최근에 상당한 변화의 압력을 받고 있으며 미국뿐만 아니라 영국, 프랑스, 독일, 일본과 같은 산업국들을 중심으로 새로운 관점의 과학 기술 정책이 탐색되고 있다.

미국에서는 이러한 변화의 원인으로 냉전의 종식이 자주 언급되었다. 물론 미국적 상황에는 적합한 이야기이긴 하지만, 소련과의 대치 상황에 묶여있던 수십 억 달러의 연구 개발비가 방출됨에 따라 불가피하게 미 연방 정부의 과학 기술 투자에 대한 의문이 제기되었다. 냉전 초기의 과학계와 정부 사이의 긴밀한 관계는 점차 느슨해지고 있으며, 과학자 공동체와 정책 공동체 사이에 새로운 계약을 체결하고자 하는 논의가 활발하게 전개되고 있다.

하지만 미국이 현재의 혼란을 단지 사라진 소련의 위협으로만 돌리는 것은 잘못이다. 더 깊은 내면을 들여다보면, 과학과 기술의 긴밀한 관계에 대한 전후의 신념이 점차 사라지고 있는 데에서 그 원인을 찾을 수 있다. 이러한 변화로 인해, 수십 년 동안 소련의 위협 아래서 팽배했던 지배적인 정책들에 대한 의문이 냉전 종식 이전에 이미 제기된 바 있다.1) 우리가 새로운 세기에 과학 기술 정책에 대한 새로운 틀을 설정하기 위해서는 기초 과학과 기술 혁신의 관계에 관한 더 현실적인 관점이 필요하다. 한편, 이와 같은 주제에 대한 본격적인 논의에 앞서 정치적 민주주의 아래에서의 기초 과학의 역할을 둘러싼 내면적 이슈들을 제기하고자 한다.

## 전후 패러다임의 형성

2차 세계 대전 종식 1년 전인 1944년 연말, 프랭클린 루즈벨트 Franklin D. Roosevelt 대통령은 과학 연구 개발국Office of Scientific Research and Development의 국장으로 재직하고 있던 반네바 부시에게 평화 시기 과학의 역할에 대해 전망해보라고 지시하였다. 부시가 이와 관련한 보고서를 제출하기 이전에 이미 루즈벨트 대통령은 사망하였고, 미국은 전쟁중에 뉴멕시코 사막에서 원자탄을 폭발시키면서 이룩하였던 과학의 성공을 덮어버릴 단단한 시금석을 준비하고 있었다. 그러나 루즈벨트의 요구에 의해 작성하였던 부시의 보고서, 즉『과학, 끝 없는 프론티어』는 향후 전쟁이 종결되

---

1) 베트남 전쟁과 그 이후에 이루어진 2차 세계 대전 직후의 '합의'에 대한 비판에 대해서는 2장과 4장을 참고하라.

었을 때 국가가 어떻게 과학 연구에 투자해야 하는가에 대한 명확한 비전을 제시하고 있었다. 그후 5년 뒤, 부시의 보고서에서 나타난 기초 과학과 기술 혁신 사이의 관계에 대한 관점은, 국가 과학 정책의 근간으로 정착되어 2차 세계 대전 이후 수십 년 동안 지속되었다.[2]

이 보고서는 부시의 구체적인 정책 청사진을 담기보다는, 정부가 평화 시기에도 기초 과학에 대한 지원을 확대하고 연구 성과에 대한 통제는 대폭 줄여야 한다는, 부시와 그의 동료들의 과학과 기술에 대한 일반적 사고틀을 반영함으로써 더 큰 영향력을 발휘했다. 이러한 개념적 틀은 전쟁중에 설치·운영되었던 과학 연구 개발국 규모의 국립 연구 재단(National Research Foundation, 이하 NRF)을 세우고자 했던 부시의 원래의 의도보다 훨씬 큰 함의를 담고 있어, 그후 과학자 공동체가 자신들의 목표를 획득하고자 할 때 부시의 논지에 빗대어 주장을 펴곤 하였다.

부시는 프란시스 베이컨Francis Bacon의 지적 유산을 본받아, 자신의 이론적 틀 안에 두 가지 주장을 담았다. 두 가지 모두 기초 연구에 관한 것이었는데, 그 첫째는 "기초 연구는 현실적인 목표를 두지 않고 수행하는 것이다"라는 것이다. 이것은 사실 정의처럼 들리지만,[3] 부시는 기초 연구의 개념적인 특성을 "일반적 지식과 자연 및 그 법칙에 대한 이해"에 기여하는 것이라고 별도로 명확히

---

[2] Vannevar Bush, *Science—The Endless Frontier: A Report to the President on a Program for Postwar Scientific Research*(Washington National Science Foundation, reprinted 1990).

[3] 이하의 영국 정부 보고서를 참고하라. Realising Our Potential: A Strategy for Science, *Engineering and Technology, Cm 2250*(London: Her Majesty's Stationery Office, 1993), p. 15. 이 보고서는 "기초 연구는 특정한 목적 없이 수행하는 것"이라고 규정하고 있다.

밝힌 바 있다.4) 부시의 기초 연구에 대한 첫 번째 주장은, 기초 연구가 실용이라는 미숙한 사고에 의해 제한받는다면 기초 연구의 창의성이 사라지고 말 것이라는 함의를 담고 있다. 부시는 연구의 목적으로서 '이해'와 '사용'은 본질적으로 상충되는 것이라고 간주하였다. 그리고 기초 연구와 응용 연구 사이의 내재적인 구분이 이러한 목적에서 기인한다고 보았다. 그리고 그의 논지는 양 성격의 연구를 함께 수행하면 "결국에는 응용 연구가 기초 연구를 배척하게 된다"는 데에까지 나아가고 있다.5) 이러한 양자 사이의 긴장은 기초 연구와 응용 연구를 단일 차원의 스펙트럼으로 간주하여 어느 하나에 가까이 가면 다른 하나에 결코 가까워질 수 없다는 2차 세계 대전 직후의 정태적인 연구 패러다임과 거의 유사하다.

부시의 첫 번째 주장이 제2차 세계 대전 직후 패러다임의 정태적인 버전을 나타내는 것이라면, 두 번째 주장은 동태적인 버전의 전후 패러다임을 제시하는 것이다. 부시는 두 번째 주장으로 "기초 연구는 기술 발전 속도의 결정 인자이다"라고 밝히고 있다.6) 그는 기초 연구를 단기간의 미숙한 활용으로부터 격리해두면, 결국에는 그것이 장기적으로는 강력한 기술 발전을 가져올 것이라는 신념을 이렇게 표현하고 있다. 그에 따르면, 응용 연구 개발을 통해 기초 연구의 성과를 사회, 경제, 국방, 보건뿐만 아니라 그 이외의 광범위한 다양한 수요에 부합한 기술 혁신으로 전환할 수 있다고 한다. 이러한 연구의 동적 비전에 대한 제2차 세계 대전 이후의 단순한 이미지가 바로 기초 연구가 응용 연구, 개발, 생산 및 운행 — 혁신

---

4) Bush, *Science*, p. 18.
5) Ibid., p. 83. 강조는 필자.
6) Ibid., p. 19.

의 종류가 제품 혁신일 경우에는 생산이, 공정 혁신일 경우에는 운용이 대상이 된다 — 을 선행한다고 보는 "선형 모델"이다.

근본적인 과학과 기술 혁신 사이의 관계에 대한 부시의 관점은 그의 기초 연구에 대한 두 번째 주장과 밀접히 관련되어있는 새로운 요소를 포함하고 있다. 즉, 기초 과학에 투자하는 경우에 발전된 과학이 기술 이전 과정을 통해서 기술 혁신으로 전환되기 때문에 기술을 통해 이득을 얻게 된다는 것이다. 그는 이러한 믿음을 바탕으로 "자국의 기본적인 과학 지식을 다른 나라에 의존하는 나라는 산업 발전의 속도가 점차 느려져서 국제 무역에서 경쟁력이 뒤쳐지게 된다"고 주장한 바 있다.[7]

50년이 지난 지금, 우리는 오로지 부시의 업적을 찬미할 수 있을 뿐이다. 부시의 두 가지 아이디어는 과학 및 과학 철학 분야에서 서양의 뿌리 깊은 전통에 근간을 두고 있다. 그 중의 하나는 고대 시대에 고안된 과학적 탐구 scientific inquiry라는 전통에, 다른 하나는 근대 유럽 초기에 프란시스 베이컨과 다른 사람들에 의해 주장된 과학에 대한 믿음 beliefs about science이라는 전통에 근거하고 있다. 부시는 미국이 앞서 나갈 수 있는 어떤 기초 연구 분야나 과학자들이 연구에 몰두할 수 있도록 제안하는 등, 자신의 생각을 국가적 목표를 수반한 계획 안에 구체적으로 담았다. 그로 인해 미국은 최고의 교육을 받은 많은 능력있는 과학자들이 공공의 비용을 토대로 자유롭게 기초 연구를 수행할 수 있도록 하여, 해당 분야마다 세계 최고 수준의 기초 연구 성과를 산출하였다.

또한 우리는 과학이 2차 세계 대전 중에 산출하였던 성공을 평

---

[7] Ibid., p. 19. 강조는 필자.

화 시기의 잠재적 에너지로 구체적으로 전환하도록 하였던 부시의 공헌을 찬미하지 않을 수 없다. 다시 세계는 태평양 전쟁을 종결시켰던 과학의 힘 앞에 어쩔 줄 몰라 하고 있었다. 원자탄의 폭발로 인해 국가의 미래에서의 과학의 역할에 관해 정리한 보고서에 대해 정부는 폭발적인 관심을 보였다. 그 결과 부시가 과학과 기술에 대해 제시하였던 주장들은 그 이후에 20세기 내내 과학과 기술의 관계를 이해하는 지배적인 패러다임이 되었다. 지금까지도 이러한 아이디어는 과학계, 정책 분야, 통신 미디어 그리고 대중 홍보 등에서 여전히 쉽게 접할 수 있다. 그리고 전후 미국의 과학 분야에서의 세계적인 리더십은 부시의 주장들을 국제 사회에서조차 회자되도록 만들었다.

그러나 이 패러다임의 영향은 대론 명확하게, 때론 모호하게 일정한 비용을 지불하여왔다. 부시가 제시한 기초 연구의 핵심 목표는 기초 연구를 유도하는 동기를 너무 협소하게 설명하고 있다. 그 결과로 이 패러다임은 과학적 연구의 목표는 물론, 과학적 발견과 기술 진보 사이의 관계에 대한 명확한 비전을 담고 있는 정책 이슈에 대한 고려를 어렵게 만들었다.

현재의 이러한 어려움은, 2차 세계 대전 직후에 미국이 과학과 기술 분야에서 세계적인 우월성을 확보하고 있던 때보다 훨씬 심각하다. 미국을 포함한 많은 나라가 과학에 대한 투자를 전 지구적 경제 체제 내부에서 자신들의 경쟁력을 유지하는 수단으로 간주한다. 이러한 큰화는 기초 연구의 성과를 새로운 기술로 연결함으로써 경쟁 우위를 확보할 수 있을지, 그리고 이러한 성과가 라이벌에 의해 탐구될 수 있는 보편적인 과학 지식 자산의 일부가 될 것인지 여부 등의 새로운 의문을 제기한다. 진정으로 과학 기술 정책의 변화하는 맥락은 장기적인 발전의 원동력으로서의 기초 연구에 대한 인식에 상당한 압박을 가한다. 비록 기존 패러다임의 일반적인 관점이 기초 연구의 의의를 인정한다 하더라도, 오늘날의 상황은 그것을 점차 한시적인 것으로 만들고 있다.

이 책은 과학의 목표와 기술 사이의 관계에 대한 새로운 시각을 다루고 있다. 즉, 우선 기초적인 이해와 실용적인 사용의 관계를 다시 한번 포괄적으로 탐구하고 관계가 종종 잘못 인식되는 방식, 이에 대해 우리가 지불하는 비용, 과학의 목표와 기초 과학과 기술 혁신 사이의 관계에 대한 새로운 관점 그리고 새로운 관점이 과학기술 정책의 여러 측면에 제공하는 새로운 시각 등을 다룬다. 우선 첫 번째 장에서는 전후 패러다임의 문제점을 다룬다. 2장에서는 이러한 패러다임이 광범위하게 수용됨으로써 나타난 패러독스를 해결하기 위해 제안되었던 아이디어들을 역사적인 관점에서 살펴본다. 3장에서는 논의의 중심적인 내용으로, 연구의 목표로서의 이해와 사용의 관계에 대한 새로운 관점을 제시한다. 아울러 이러한 목표에 근거하여 기초 연구와 응용 연구의 카테고리에 관한 새로운 관점도 제안하는데, 새롭게 제시하는 관점은 기초 과학과 기술 혁신 사이의 관계에 완전히 새로운 시각을 가지고 있다. 4장은 새로운 관점이 과학계와 정부의 계약을 어떻게 새롭게 만들 수 있는가를 보여준다. 5장은 어떻게 미국 민주주의가 연구의 전망에 대한 판단과 사회적 수요를 함께 고려하여 사용자 지향적인 기초 연구의 의제를 설정할 수 있는 가를 탐색한다.

분석의 시작은 기초 연구와 응용 연구의 본질에 대한 파악에서부터 시작하고자 한다. 왜냐하면 사물의 이해를 위한 연구와 사물의 사용을 위한 연구 사이의 관계가 우리의 핵심 문제를 정의하는 데 도움이 되기 때문이다. 이러한 분석을 토대로 우리는, 과학의 목표와 기초 과학과 기술 혁신 사이의 관계의 내부적인 실재 상황에 대한 이해를 통하여 기존 패러다임이 어디에 근거하고 있으며 어느 부분이 왜곡되어있는가를 파악할 수 있을 것이다.

## 기초 및 응용 연구의 개념

연구는 여러 차례의 선택을 거치면서 진행되어간다. 과학적인 연구가 새로운 정보나 지식을 창출해내는 구체적인 행위는 매우 다양하지만, 그것은 항상 일련의 결정 혹은 선택의 과정을 포함한다. 그것 중의 일부는 문제 영역 혹은 특정 탐구 분야에 대한 선택과 관련이 있고, 일부는 이론 혹은 모델의 구성과, 일부는 예측·추론 혹은 가정의 유래와, 일부는 도구 혹은 기구의 개발과, 일부는 실험 및 자료 관찰의 디자인과, 일부는 분석적 기술의 사용과, 일부는 연속적인 탐구 방법의 선택과 그리고 일부는 다른 과학자와의 연구 결과에 대한 의사 소통과 관련되어있다. 하비 브룩스 Harvey Brooks는 연구의 이러한 보편적인 속성을 간파하고서 "어떤 연구도 여러 단계의 연속적인 의사 결정의 과정으로 이해될 수 있다"고 밝힌 바 있다. 각각의 연속적인 국면에서 다음 단계를 위한 많은 대안이 존재한다.[8] 사실 기초 연구와 응용 연구의 구분은 이러한 대안들 사이의 선택을 결정하는 기준의 문제로 치환된다.

---

[8] Harvey Brooks, "Basic and Applied Research," in *Categories of Scientific Research*, papers presented at 1979 National Science Foundation seminar, Washington, pp. 14-18.

세 가지 소견을 통해 논의를 이끌어가고자 한다. 첫 번째 소견은

기초 및 응용 연구의 목표의 차이가 각각의 연구 형태를 개념적으로 명확하게 한다.

기초 및 응용 연구의 목표에 대한 어떤 합리적인 관점도 이러한 연구의 구분이 개념적으로 다르다는 것을 의심할 여지가 없다. 사실 기초 연구의 질에 대한 정의는 과학 분야의 현상에 대한 이해를 확대하는 것이다. 비록 기초 연구가 많은 방식으로 정의되어왔고, 핵심적 내용에 매우 다양한 단계가 관련되어있지만, 보편적이면서도 설명력 있는 과학 지식을 만들어내는 것이야말로 그것의 결정적인 특징이다. 이러한 인식에 기초하여 경제 개발 협력 기구OECD는 기초 연구를 "현상이나 관찰 가능한 사실의 기저에 존재하는 새로운 지식을 얻기 위한 실험적 혹은 이론적 작업"으로 정의하고 있다. 물론 실재적인 사용과 관련한 응용 연구에 대한 정의는 기초 연구에 대한 부인을 포함한다.9) 때때로 기초 연구는 독창성, 연구자의 자유, 공표된 결과에 대한 동료 평가, 발견과 실재적인 사용 사이의 시간 지체 등에서 응용 연구와의 차이가 정의되기도 한다. 그러나 이런 것들을 어떤 분야의 현상에 대한 이해의 확대와 관련한 기초 연구의 질적인 특성을 나타내는 것으로 단정할 수는 없다. 이러한 특성들은 연구의 역사에서 수많은 사례를 찾을 수 있다.

---

9) OECD Directorate for Scientific Affairs, *The Measurement of Scientific and Technological Activities: Proposed Standard Practice for Surveys of Research and Experimental Development: Frascati Manual 1993*(Paris: Organization for Economic Cooperation and Development, 1994), p. 29.

이러기 위해 더 심층적으로 토의해볼만한 예로 파리 고등 사범 학교École Normale Supérieure의 학생으로 포도에 함유된 산의 수수께끼에 매료되었던 루이 파스퇴르Louis Pasteur의 과학자로서의 경력을 살펴보는 것이 유용할 것이다. 독일의 화학자 미처리히Mitscherlich는 두 가지 유사한 산인 주석산과 병렬 주석산(라세미산)을 발견했는데, 전자는 중핵이 햇볕의 주위를 특징적인 각을 가지고 회전하는 데 반해 라세미산은 그렇지 않는 등 이 둘이 햇볕에 반응하는 데 전혀 상이한 모습을 보였다. 하지만 화학적 구성물에 대한 분석에서는 모두 결정체 구조, 특정한 무게 등의 기타 다른 특성에서 일치하였다.

미처리히의 이러한 변형에 관한 보고서는 파스퇴르로 하여금 그 이유를 탐구토록 하였다. 그가 자신의 현미경으로 라세미산에서 만들어진 결정체를 주의깊게 관찰하여, 주석산의 결정체와 같은 것과 그것의 거울 이미지와 같은 것 등 두 가지 형태의 결정체를 발견하였다. 그는 두 가지를 분리했을 때, 주석산과 일치하는 결정체의 용액이 편광 불빛을 따라 순환하는 반면에, 거울 이미지 결정체의 용액은 정반대로 회전하고 있는 것을 발견하였다. 아울러 그는 이와 같은 성향의 두 가지 구성물을 가진 하나의 용액은 정확히 중립적이어서 편광 불빛이 조금도 빗겨가지 않았다는 것도 밝혀냈다. 파스퇴르는 흥분하여 "아 찾았다tout est trouvé"라고 소리쳤고, 그곳은 위대한 과학 발견의 장소로 기록되었다. 그는 라세미산이 두 개의 서로 상이한 결정체로 구성되어있고, 이들은 같은 크기이지만 불빛에 정반대로 반응하기 때문에 이 둘이 결합하였을 때 서로의 영향을 없애서 중립적이 된다는 사실을 밝혀냈다. 그의 연구는 진리에 대한 이해의 탐구의 일환으로 추진되었으며, 그 결과 결정체학의 영역이 확대되었다.

　기초 연구가 기초적인 이해의 폭을 넓히고자 한다면 응용 연구는 개별적, 집단적 혹은 사회적 수요 및 사용을 충족시키고자 한다. 이러한 내용은 파스퇴르가 초기의 이해 목적의 연구 이후에 사탕무우로부터 알코올을 만드는 과정에서 오랫동안 경험하던 어려움을 극복하기 위해 수행한 응용 연구의 예를 통해서 더욱 명확히 알 수 있다. 한번은 사탕무우로 알코올을 만드는 과정의 어려움으로 인해 릴Lille 지역의 한 사업가가 파스퇴르에게 도움을 요청하였다. 이제 막 지방에 과학 관련 학부가 설립되는 시기임에도 불구하고, 파스퇴르는 자신의 학생들에게 산업체에서 업무에 종사하기 이전에 산업체에서 필요로 하는 실재적인 연구를 해보도록 권고하였던 것이다. 그는 현미경으로 조사하기 위하여 한 공장을 방문하여 발효중인 사탕무우 즙의 표본을 추출하였다. 파스퇴르는 과학에 대한 오해의 미로를 헤쳐나가서 발효의 원인이 되는 미생물을 찾아내고, 그것들이 산소 없이도 생존할 수 있다는 사실을 규명하였다. 그는 나아가, 미생물들이 발효되고 있는 액즙 안의 설탕 분자로부터 산소를 제거함으로써 발효 과정에서 알코올이 만들어지는 것을 밝혀냈다. 이와 같은 연구 결과는 산업계의 고객으로 하여금 발효 과정에 대한 통제를 더 효율화하고 부패를 방지할 수 있도록 하였다. 제임스 브라이언트 코난트James Bryant Conant는 이 사례를 연구하여, 응용 연구의 가장 중요한 특징은 "실재 상황에서 시행착오를 줄이는 것"이라고 밝히고 있다.[10] 파스퇴르의 연구는 발효 공정을 활용하는 산업 분야의 시행착오를 대폭 줄였다.

---

10) James Bryant Conant, ed., *Case 6: Pasteur's Study of Fermentation* (Harvard University Press, 1952), p. 9.

기초 연구의 목적이 이해이고 응용 연구의 목적이 사용이라면, 양 형태의 연구가 개념적으로나 분석적으로 상이하다는 것은 의심할 바 없이 자명하다. 그러나 과학 연구의 지배적인 관점은 때때로 우리의 논의를 더욱 활발하게 만들 두 번째 견해를 제기한다.

일반적인 이해와 응용을 위한 사용이라는 목표들 사이의 본질적 차이로 인해 기초 연구와 응용 연구의 범주를 경험적으로 분리할 수 있다.

이 관점에 따르면, 어떠한 연구도 이 범주들 중 하나에 속하게 되며 절대로 둘 다에 속하지는 않게 된다. 이것은 『과학, 끝 없는 프론티어』에서 "연구를 지배하는 일반 법칙에 따르면, 응용 연구는 항상 순수 연구를 배격한다"라고 언급한 부시의 관점과 일치한다.11) 기초 연구와 응용 연구의 목표의 본질적인 상충으로 인해 경험적으로도 이 두 연구와 탐구의 범위가 각각 별개로 존재한다고 생각되어진 것이다.

이러한 관점은 전후 부시의 머리에서 갑자기 떠오른 것이 아니다. 가령 순수 연구에 대한 아이디어는 약 2000년의 역사를 가진 것이었다. 그러나 기초 연구와 응용 연구의 목표의 상충에 대해서는 부시의 보고서에서 비로소 명확히 표명되고 있었다. 기초 및 응용 연구의 분리 시각은 과학 기술 정책의 지배적 관점이자 정부, 연구 공동체, 통신 미디어의 과학 인식의 기본을 형성하였다.12)

---

11) Bush, *Science*, p. 83.
12) 과학 공동체 구성원들이 연구의 본질을 설명할 때도 이러한 시각에 자주 의존하였다. 글렌 시보그Glenn T. Seaborg가 의회의 한 위원회에서 "기초 연구의 동기는 실용적 목적이 아니라 우주와 그 속에 존재하는 현상에 대한 더 깊은 이해를 위한 것이다"라고 답한 예에서도 알

최근 수십 년 동안의 과학에 대한 수많은 주장은 이러한 기초 연구와 응용 연구의 이분법에 기초하고 있다. 기초 및 응용 연구가 분리된 범주를 가지고 있다는 관념도 사실상 상당한 역사를 가지고 있는데, 2장에서 이 관념이 19세기와 20세기에 유럽과 미국의 과학에 관한 제도적 발전 과정에서 강화된 구체적 내용을 살펴볼 것이다.

## 패러다임의 정태적 및 동태적 형태

이해와 사용은 상충되는 목표라는 믿음, 기초 연구와 응용 연구가 별도의 범주를 가지고 있다는 관념 등은 기초 및 응용 연구를 양끝으로 하는 '정태적' 스펙트럼 형태의 그림으로 표현할 수 있다.

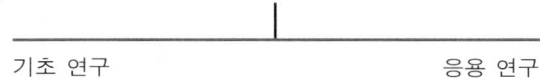

기초 연구　　　　　　　　　　응용 연구

---

수 있다.(*Federal Research and Development Programs*, Hearings before the House Select Committee on Government Research, 88 Cong. 1 sess. Government Printing Office, 1964, pt. 1, p. 66; 레런드 하워드Leland Haworth는 기초 연구를 최종 결과의 활용을 고려하지 않고 자연의 법칙에 대한 이해를 추구한다고 간주한다.(*Federal Research and Development Programs*, Hearings, pt. 1, p. 6 참조) 에드워드 텔러Edward Teller는, 기초 연구를 호기심, 취향, 스타일, 개인적 판단이나 비가시적인 무엇에 의해 유도되는 게임이자 유희라고 정의한다.(*Government and Science*, Hearings before the Subcommittee on Science, Research, and Development of the House Committee on Science and Astronautics, 88 Cong. 1 sess. GPO, 1964, p. 115 참조)

유클리드 1차원 공간의 이 그림은 이해와 사용이라는 목표 사이의 내재적인 긴장과 부시의 첫 번째 주장의 아이디어를 함께 담고 있다. 왜냐하면 이 그림상의 어떤 과학 관련 행위도 특정 연구 쪽과 가까워지면 다른 쪽과 멀어지기 때문이다.

기초 연구로부터 응용 연구까지의 거리는 전후 패러다임의 동적인 형태로 통합할 수 있다. 부시의 첫 번째 주장과 관련되어있는 정적인 기초-응용 스펙트럼은 부시의 두 번째 주장, 즉 기초 연구에서 새로운 기술까지의 연속적인 단계를 나타내는 "선형 모형"과 관련된 동적인 모형의 출발점이다.

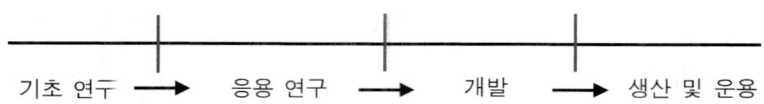

과학으로부터 기술까지의 동적인 흐름에 의해, 과학의 진보가 실질적인 사용으로 연결된다는 믿음이 도처에서 연구 개발 관리자들의 주요한 테마가 되어왔다. 부시는 이러한 믿음을 기초 과학의 발전이 기술 혁신의 최대 원천이 된다는 식으로 인정하였으며, 과학과 기술의 관계에 관한 지배적인 비전에 이상과 같은 믿음이 포함되었다. 국립 과학 재단의 초창기 보고서를 보면, 이러한 내용을 기초 과학으로부터 기술까지의 '기술의 연속technological sequence'으로 표현했으며, 나중에는 "기술 이전"으로 알려졌다.

─기술의 연속은 기초 연구, 응용 연구, 개발로 구성되어있다……
─기초 연구는 실질적 응용을 위한 과정을 제시하고, 무의미한 목적

을 제거할 뿐만 아니라 응용 과학자나 공학자들이 자신의 목표를 최대 속도로 가장 정확한 방향으로 경제적으로 달성할 수 있도록 만든다. 자연과 그 법칙에 대한 더 완전한 이해를 지향하는 기초 연구는 알려지지 않은 가능성의 영역을 밝히고자 한다.

- 응용 연구는 기초 연구에 의해 알려진 지식을 정교하게 하고 응용하는 데 주된 관심을 가진다. 응용 연구의 목적은 가능성을 실재적인 것으로 전환하고 과학적 혹은 공학적 개발의 가능성을 분명히 할 뿐만 아니라 실재적 목적을 달성하는 데 적합한 대안적 길과 방법을 탐구하는 것이다.

- 기술 연속의 마지막 단계인 개발은 연구 성과를 유용한 물질, 장치, 시스템, 방법, 과정 등에 체계적으로 적용하는 것이다.

이상의 정의로부터 연속적인 각각의 단계가 이전 단계에 달려있음이 명확해진다.[13]

기초 연구를 새로운 제품이나 공정으로 전환하는 마지막 단계로 생산과 운행을 추가하면 선형 모델이 완성된다. 이러한 종류의 동적인 선형 모델 식의 사고는 국방부의 연구 개발 활동을 촉진시켰으며, 그것은 곧 전후 미국의 연구 지출 중에서 가장 많은 몫을 차지하게 되었다.

정태적 선형 모델과 함께, 이 동적인 선형 모델의 이미지는 과학자 공동체 및 정책 공동체뿐만 아니라 일반 대중에게 연구의 속성을 이해하는 일반 패러다임을 제공한다.[14]

---

13) Second Annual Report of the National Science Foundation Fiscal Year 1952(GPO, 1952), pp. 11-12.(강조는 필자)
14) 여기에서 사용한 "패러다임"은 단지 토마스 쿤의 그것과 유사한 의미

전후에 세계의 여러 곳에서 조금 다른 목소리로 이 패러다임의 확산이 제안된 바 있다. 옥스퍼드대 링컨 단과 대학의 학장을 역임하고 영국의 대학 승인 위원회 우 원장을 역임한 바 있는 케이스 머레이Keith A. H. Murray는 호주의 수상이었던 로버트 멘지즈Robert Menzies와 그의 동료 정부 관료들의 요청으로, 전후 20년 안에 호주의 대학들이 해야 할 일에 대한 보고서를 제출한 바 있다. 머레이 위원회는 1957년 보고서에서 아래와 같이 제안하고 있다.

대부분의 기본적인 자연의 비밀은, 새로운 지식 그 자체의 발견에 의의를 가지고서 지적 호기심에 의해 동기가 부여되는 사람들에 의해 점차 밝혀져 왔다. 새로운 지식의 응용은 나중에 혹은 상당한 시간이 경과한 뒤에 발생한다. 이따금, 새로운 지식의 응용이 원래의 지식의 발견자가 아닌 다른 자질과 관심을 가진 타인들에 의해 성취된다.15)

이 선언문에는 기초 연구와 응용 연구가 분리되고 각자 다른 자질과 관심을 가진 사람들에 의해 수행되는 점과 기초 과학의 발견이 시간적으로 앞서 일어난다는 것이 표현되어있다.
이러한 신념의 정당성을 밝힘에 있어 기초 연구와 응용 연구의 목표의 정의가 과학 활동을 수행하는 여러 다양한 동기 자체를 고갈시키지는 않음을 명심해야 한다. 연구에 종사하는 과학자들의

---

를 가질 뿐이다. 따라서 쿤의 과학 패러다임의 모든 특성을 본 분석에 반영하지는 못했다. Thomas S. Kuhn, *The Structure of Scientific Revolutions*, 2d ed.(University of Chicago Press, 1970) 참조.
15) Parliament of the Commonwealth of Australia, *Report of the Committee on Australian Universities*, September 1957(Canberra: Commonwealth Government Printer, 1958), p. 9.

일반적인 혹은 특별한 동기를 밝혔던 사람들은, 실제의 연구 동기로 독특하고 다양한 많은 이유를 제시한다. 이것들 중 일부는, 로버트 머튼의 과학 공표의 우선권에 관한 전통적 연구에서와 같이 과학의 규범적 구조와 강력하게 연결되어있다.16) 그러나 여러 다양한 연구 동기가 존재한다고 해서 이해라는 목표와 사용이라는 목표 사이의 관계에 대한 탐구의 필요성이 줄어들지는 않는다. 왜냐하면 전후의 패러다임이, 기초 연구와 응용 연구의 목표들 사이에 본질적인 긴장 관계에 있고, 기초 및 응용 연구의 각 범주가 필연적으로 분리되어있으며, 뿐만 아니라 기술 혁신은 앞선 기초 연구에서 그 원인을 찾을 수 있다는 믿음에 기초하고 있기 때문이다.

## 과학의 경험

연구의 연대기로부터 과학과 기술의 전혀 새로운 관계에 관한 관점의 형성이 가능하다. 이와 관련하여 세 번째 주장을 통해 문제 제기를 끝낸다.

이해와 사용이라는 목표가 본질적으로 상충된다는 믿음, 그리고 기초 연구와 응용 연구의 범주가 필연적으로 분리된다는 믿음은 과학의 실재 경험과 일치하지 않는다.

---

16) 특히 Merton's 1957 presidential address to the American Sociological Society, reprinted as chapter 14, "Priorities in Scientific Discovery," in Robert K. Merton, ed., *The Sociology of Science: Theoretical and Empirical Investigations*(University of Chicago Press, 1973), pp. 286-324 참조.

많은 연구가 이해 혹은 사용의 목표에 의해 전적으로 운영되고 있지만, 매우 중요한 몇몇 연구에 의하면 연구의 연속적인 선택은 이 두 가지 목표 모두로부터 영향을 받는다.

이러한 가능성은 19세기 미생물학의 등장과 관련한 파스퇴르의 사례에서 확실하게 설명할 수 있다. 파스퇴르가 질병의 진행 과정뿐만 아니라, 그가 발견했던 여타의 미생물학 과정에 대한 기초적 이해를 추구했던 점에 대해서는 이론의 여지가 없다. 그러나 다른 한편으로 그가 이런 이해를 토대로 맥주, 와인, 우유의 부패를 방지하거나 양 및 소의 탄저병, 닭의 콜레라, 동물 및 인간의 광견병을 극복하고자 하는 응용 목표를 추구한 점 또한 부인할 수 없다.

이러한 목표의 혼합이 젊은 파스퇴르에게서는 아직 나타나지 않는다. 라세미산의 수수께끼에 빠져있던 22살의 젊은 파스퇴르는 이해에 대한 순수한 탐구에 종사하고 있었다. 파스퇴르는 이 수수께끼를 연구하면서, 왜 라세미산이 특정 장소에서는 나타나고 다른 장소에서는 나타나지 않는가 등의 더 복잡한 수수께끼로 빠져 들어갔다. 그는 미세한 무엇이 작용하고 있다고 강력하게 추측하였고, 이러한 추측은 그의 미생물에 대한 관심을 한층 강화시켰다. 사실, 그는 릴에서의 연구에서 사탕무우 즙을 발효하여 알코올로 전환하게 하는 요인이 미생물이라는 것을 규명한 바 있다. 이 연구를 수행하면서 그는 점차 자연 현상에 대한 전반적으로 새로운 이해의 틀을 만들어냈다. 그리고 그는 결국 어떤 미생물은 산소 없이 살 수 있다는 매우 놀라운 새로운 결과를 얻게 되었다. 이러한 연구 결과로 인해, 그는 중세 이후에 주장되어오던 생물체의 자연 발생설을 공격하기에 이르렀다. 그리고 그는 그후 일련의 화려한 연구를 통해 질병에 대한 세균 이론을 개발하기에 이르렀다. 결국 파스토르의 과학 연구가 점차 기초적인 것으로 나아감에 따라, 그가 선택한 문제나 그가 추구한 탐색의 노정은 점점 더 응용 연구로 향해갔다.

사탕무우 즙에서 알코올을 추출해내는 문제는 이러한 상황을 명확하게 드러낸다. 코난트가 언급한 바와 같이, 이 문제에 대한 파스퇴르의 연구는 탁월한 응용 연구의 사례로, 발효 기술을 향상시키고자 한 성공적인 노력의 결과이다. 그러나 코난트가 대표적인 응용 연구의 사례라고 한 이 연구는, 동시에 탁월한 기초 연구의 사례였다. 사실 파스퇴르의 인생 후반기 연구의 가장 특징적인 모습이 바로 성격이 혼합된 연구의 수행이었다. 그는 릴 지역의 사업가, 농업 장관, 심지어는 나폴레옹 3세 황제, 광견병에 걸린 개에 물린 한 아이의 정신이 혼미한 어머니로부터 응용 문제의 해결을 요청받고서 점점 더 미생물학 연구에 깊이 빠져들었다. 그의 많은 일련의 상세한 연구들, 예를 들어 우유의 "저온 살균" 과정을 개발했던 실험이나 환자를 질병으로부터 면역을 가지게 하기 위하여 박테리아의 부하를 점차 약화시키는 실험 등은 원래의 응용 목표와는 별개의 매우 난해한 것이었다. 성숙기의 파스퇴르는 응용 목적이 없는 어떠한 연구도 수행하지 않았는데, 그 과정을 통해 그는 전혀 새로운 과학 분야를 제안하였다.17)

---

17) 파스퇴르의 연구에서 목표들 사이의 관계의 복잡성은 제럴드 게이슨의 중요한 연구 주제가 되었다. Gerald L. Geison, *The Private Science of Louis Pasteur*(Princeton University Press, 1995) 참조. 게이슨은 이전까지는 접근할 수 없었던 물질에 대한 연구를 통해서 파스퇴르가 미생물에 관한 이해에서 얼마나 놀라운 업적을 남겼는가를 보여주었다. 사실, 파스퇴르는 사탕무우로 알코올을 제조하는 사람들로부터의 도움 요청에 적극적으로 대응하였고, 그 결과가 놀라운 업적으로 연결된 것이었다. 그후 그가 상세하게 제시한 발효와 질병에 관한 세균 이

파스퇴르의 사례만이 유일한 것은 아니다. 영국 해협을 건너, 켈빈Kelvin의 물리학은 심오한 사업적 시각과 대영 제국의 필요에 의해 고무된 것이었다.18) 라인강을 가로질러 독일의 생화학자들은 화학 염료 산업, 의약 산업 및 스타우딩거Staudinger 시대의 플라스틱 산업의 기본이 되는 기초적인 과학의 발전을 이룩하였다. 미국에서는 어빙 랭뮤어Irving Langmuir가 초기 전자 공학 산업에 의해 제조된 부품의 표면에 관한 물리 화학적 연구의 공로를 인정받아 1932년 노벨상을 받았다. 파스퇴르 이후의 세계의 모든 과학 분야가 부분적으로 사용에 대한 고려에서 영감을 얻은 것이었다.

확실히 현대의 생물 과학은 전통적인 기초 및 응용 연구의 개념으로는 구분하기 힘들다. 분자 생물학 혁명은 인터페론(바이러스 증식 억제 물질)이 어떻게 작동하는가에 대한 의문을 제기했다. 다양한 의문의 제기는 재조합 DNA에 관한 기본적인 지식의 발전이나 이익이 무궁무진한 다양한 응용을 위해 매우 중요하다. 그리고 현대 생물학의 비분자 생물학 부분에서도 비슷한 현상이 나타나고 있다. 어군魚群의 점증과 밀도를 다루는 생물학처럼, 개체군 변동에 관한 중요한 연구 중에는 해당 분야에서 가장 혁신적인 연구를 촉진하는 데 응용된 것도 있다.

이러한 목표의 혼재는 비단 생명 과학만의 문제가 아니다. 지구 과학의 여러 분야에서도 생명 과학과 마찬가지로 이해와 사용이라는 목적이 매우 긴밀하게 연결되어있다. 지진학, 해양학, 대기 과

---

론은 새로운 지식의 발견과 실재적 응용 양 측면의 성공으로 평가할 수 있다.
18) Crosbie Smith & M. Norton Wise, *Energy and Empire: A Biographical Study of Lord Kelvin*(Cambridge University Press, 1989) 참조.

학 등의 분야들의 경우에 지진, 폭풍, 가뭄, 홍수 등의 전통적인 두려움에 대한 대응으로 지구 과학의 영역에 편입되었다. 아울러 지구 온난화나 핵 폭발의 감시 등과 같은 명확히 현대적인 관심들로 인해 지구 과학의 내용이 더욱 풍부해졌다.

"순수" 물리 과학과 공학의 분리는 2장에서 설명하는 바와 같이, 기초 및 응용 과학의 본질적인 분리라는 관점을 더욱 강화하였다. 분리되는 분야 중에서 물리 과학에 종사하는 많은 사람은, 물리 과학의 사례가 순수 및 응용 과학의 본질적인 분리를 확실하게 보여주고 있다고 생각한다. 반면에 분리되는 분야 중에서 물리 공학 분야에 종사하는 사람들은, 자신들의 분야를 기본적인 이해 그리고 응용을 통한 사용이라는 양 목적을 모두 내포하는 연구 영역으로 간주한다.

가시적인 사례 중의 하나로 MIT의 루이스W. K. Lewis, 노이즈A. A. Noyes, 루이스G. N. Lewis 등이 1차 세계 대전 이후에 이룩한 물리 화학의 발전을 들 수 있다. 사실, MIT는 화학 공학이 증류, 여과, 흡수와 같은 일반적인 과정을 중심으로 재조직되는 데 결정적인 역할을 한 바 있었다. 노이즈와 두 명의 루이스는 이러한 발전을 열 교환heat exchange과 고열 화학high temperature chemistry, 고압 반응reactions at high pressure, 더 일반적이고 추상적 수준의 가스 흡수gas absorption at a still more general and abstract level 등의 현상으로까지 확대하고 새로운 물리 화학 관련 학과를 설립하였다. 그러나 그들은 아울러 산업계 고객의 요구를 충족할 더욱 강력한 지식 기반을 제공하였다. 일반적인 이해라는 목표가 이러한 일을 강력하게 유도하였기 때문에, 사용이라는 목표의 약화 없이 가능하였을 것이다. 찰스 길리스피는, 이 연구를 미국 과학이 특정 학문 분과를 형성하고 내용을 구성하는 데 기초적으로 기여한 바 있는 세 가지의 초창기 사례 중의 하나로 인용하였다. 그리고 이 연구의 중요성을 아래와 같이 밝히고 있다.

> 일반성generality을 습관적으로 기초 과학의 영역으로 돌릴 것이 아니라, 오히려 산업 과학industrial science의 영역으로 이해하여 질문과 해답을 구해야 한다.19)

이러한 발전은 이해와 사용이라는 혼합 목표에 의해 추동된 물리학 연구의 명확한 사례이다. 쿠이스 등도 파스퇴르와 마찬가지로 양자 모두의 필요에 의해 연구를 수행했다.

현대 물리학 연구가 이해와 사용이라는 목표를 혼합하여 세계대전 도중에 원자 폭탄을 개발한 점 또한 기존의 지배 패러다임의 관점에서 과학의 경험을 보는 사례이다. 맨하탄 프로젝트에 참여했던 과학자들이 가졌던 불안감의 부분적인 원인은 원자 폭탄의 도덕적 모호함 때문이었다. 그러나 그들의 불안감 중의 상당 부분은 전쟁중의 연구 문제 선택에서의 속박과 연구자들의 기초 연구의 자율성에 대한 믿음 사이의 갈등뿐만 아니라, 꽉 짜여진 조직 안에서 엄격한 안전 수칙에 따라 일해야 하는 현실과 개별 학자 -

---

19) 다음 문헌을 참고하라. Charles C. Gillispie, *The Professionalization of Science*, The Neesima Lectures(Kyoto: Doshisha University Press, 1983), p. 12; John W. Servos, "The Industrial Relations of Science: Chemical Engineering at MIT, 1900-1939," *Isis*, vol. 71, no. 259(1980), pp. 531-549.
길리스피가 미국의 과학을 세계적인 수준으로 향상시킨 것으로 평가한, 모건Morgan의 유전학에 대한 연구도 역시 사용에 대한 고려에서 큰 영향을 받았다.

과학자들이 자유롭게 멀리 떨어져있는 기업의 전문가 동료들과 자신의 발견을 공유할 수 있었던 전전 기초 연구에 대한 비전 사이의 상충에 기인한 것이었다.20)

그 결과, 제2차 세계 대전 이후에 맨하탄 프로젝트를 응용 연구 및 개발을 위한 거대한 시도로 기억하면서 기초 연구의 놀라운 시도로는 전혀 기억하지 않게 되었다. 로스 알라모스 과학 연구소Los Alamos Scientific Laboratory 소장이었던 로버트 오펜하이머Robert Oppenheimer는 다음과 같이 밝히고 있다.

전쟁중에 우리가 배운 것은 대단한 것이 아니다. 1890년, 1905년, 1920년, 그리고 전쟁으로 이어지는 매년, 우리는 많은 설익은 성과를 생산하였으며, 그 중에서 레이더 및 원자탄 같은 탁월한 업적을 달성하곤 하였다. 동 시기의 시대 정신은 알려진 지식과 기술의 적극적이고 능동적인 탐구이지 알려지지 않은 지식의 소박한 탐색이 아니었다.21)

원자탄 개발에 관한 권위 있는 보고서의 작성자인 헨리 스미스 Henry DeWolf Smyth는 전쟁 기간을 "거의 완전한 정체기"로 표현하면서 "미래의 과학 발전의 원천이 고갈되었다"고 토로한 바 있다.22)

---

20) 여기서 인용한 오펜하이머와 스미스의 견해는, 대부분의 기초 연구가 알려진 원리로 새로운 현상을 설명하기보다는 광범위한 보편성을 가진 새로운 법칙을 발견하는 것이라고 한다. 즉, 그들은 바이스코프Weisskopf의 말처럼 기초 연구를 광범위한extensive 것이라기보다는 집약적인intensive 것으로 본다.
21) *First Annual Report of the National Foundation: 1950-51*(GPO, 1951), p. 10.
22) Ibid., p. 10.

이러한 언급들은 유명 과학자들이 전쟁중에 과학에 대해 가졌던 암묵적인 과정을 나타내는 것이다. 맨하탄 프로젝트를 통해 2차 세계 대전 이전에 활동했던 닐스 보어Niels Bohr나 다른 과학자들만큼 원천적인 과학의 성과를 달성했다고 할 수는 없다. 그러나 맨하탄 프로젝트를 통해 핵 물리학을 탄생시켰을 뿐만 아니라, 중성자 에너지 수준에 따라 핵에 의해 이것이 포획될 확률, 다양한 핵 동위원소의 중성자 산란 및 흡수 등과 같은 이 분야의 기초 현상에 관한 기본 지식을 규명함으로써 프로젝트 자체의 목표를 달성했다. 핵 물리학은 우라늄과 플로투늄의 분열 및 중성자 포획을 통해 만들어진 많은 새로운 동위원소의 발견과 연구로부터 적지 않은 이득을 얻었다. 맨하탄 프로젝트에 의해 이룩된 기초 과학의 발달은 관련 분야의 후속 성과를 촉진시켰다. 예를 들어, 이 프로젝트를 통해 규명된 내파 현상implosion phenomena에 관한 이해는 훗날 초신성 연구에 중요한 단서를 제공하였다. 사실 이 프로젝트에서, 기초 과학을 토대로 한 탁월한 지적 도전 영역이 없었다면 루이스 알베르즈Luis W. Alvarez, 한스 베테Hans A. Bethe, 엔리코 페르미 Enrico Fermi, 폰 노이만John Louis von Neumann, 오펜하이머 Robert Oppenheimer, 라비Isidor Isaac Rabi, 글렌 시보그Glenn T. Seaborg, 에밀리오 세그레Emilio Gino Segre, 레오 시질라드Leo Szilard, 에드워드 텔러Edward Teller, 스타니슬라브 울람Stanislaw M. Ulam, 빅토르 바이스코프Victor Frederik Weisskopf, 유진 폴 위그너Eugene Paul Wigner 등과 같은 우수한 과학자들이 열광하지는 않았을 것이다. 이러한 전쟁중의 경험은 기초 연구의 기회를 부정하는 것이 아니라, 기초 연구를 단기적인 국가 목표를 넘어서는 것으로 인식하는 계기를 제공하였다.

사회 과학에서도 역시 기초 지식을 확장하거나 응용 목표를 달성하고자 하는 의도로 인해 놀라운 발전이 이룩되는 사례가 종종 있다. 대표적인 사례가 존 케인즈John Maynard Keynes와 그의 제자들이 제시한 거시 경제 이론이다. 케인즈는 기초적인 차원에서 경제의 동학을 이해하고 싶어했다. 그러나 그는 또한 경기 침체라는 재난을 회피하기를 원했다. 비록 우리의 경제에 대한 이해가 완전하지 않고 지속적인 경제 성장이 부분적으로만 실현되었다고 하더라도, 사회 과학 연구에서도 현상에 대한 기초적 이해와 현실 응용이라는 목표의 혼재를 발견할 수 있다.

　경제 발전의 원천에 관한 최근 연구들에서도, 현실 개선을 목표로 하는 사회 연구에서의 목표의 융합을 발견할 수 있다. 경제 발전 분야에 종사하는 연구자들은 사람들을 가난으로부터 구제하기를 원했다. 그러나 그들은 또한 기초적인 차원에서 경제 발전의 원천을 이해하고자 했다. 경제 발전 연구 분야의 개척자로 일찍이 노벨 경제학상을 받은 바 있는 아더 루이스Arthur Lewis의 연구는 파스퇴르와 같이 명확하게 이해와 사용 사이에 구체적인 연계를 가지고 있었다. 그는 제3세계 출신이었기 때문에, 식민지 시대 이후에 개발 도상국들이 직면한 경제 문제를 해결하는 데 도움이 되기를 더욱 간절히 원했다. 맨체스터와 프린스턴의 그의 강의실로 몰려든 제3세계 출신의 많은 학생은 자신들의 나라로 돌아가 조국을 발전시키는 데 사용할 수 있는 경제 발전 수단을 배우고 싶어했다. 루이스는 노벨상 수상 기념 강의에서 자신이 발전 경제학, 즉 두 부문 발전 모델two-sector model of development에서 가장 기여할 수 있는 점은 경제학의 깊은 지적 퍼즐을 규명하는 것이라고 스스로 밝힌 바 있다.23)

근대 인구 통계학의 대두는 사회 과학의 이해와 사용의 융합이 더 명확한 사례를 보여주고 있다. 이 분야의 기초를 정립한 선구자들은 거시 경제학의 선구자들과 유사한 시각을 가지고 있었다. 그들은 기초적인 수준에서 인구 변화의 원천을 이해하고 싶어했다. 그러나 다른 한편으로, 그들은 인구 변화를 조화와 정보의 확보가 필요한 문제라고 보았다. 이 사례는 이해에 대한 바람이 깊어질수록 문제의 초점이 더욱 명확해짐을 보여준다는 점에서 흥미롭다. 초창기 인구 통계학의 연구 의제는 재빠른 실천 계획을 원하는 쪽으로부터 강력한 압력을 받았었다. 이 단계에서 인구 통계학 연구의 일부 핵심 연구자들이 초창기의 관점으로 되돌아가서, 세련된 인구 대체 통계 모델의 개발 등을 통해 더욱 기초적인 연구 의제를 추구하는 쪽으로 나아갔다. 기초적인 이해를 통해서 응용 목표를 추구하는 이런 전략의 가치는, 이 모델이 2차 세계 대전 이후에 제3세계의 제한된 출생률 및 사망률 데이터 그리고 불과 수십 년 전에 나타나기 시작한 인구 폭발 여정의 동요를 초래한 힘으로 인해 계속 유지되었다.24)

---

23) Sir Arthur Lewis, "The Slowing Down of Engine of Growth," Nobel Memorial Lecture, December 8, 1979, in Les Priz Nobel 1979: Nobel Prizes, Presentations, Biographies, and Lectures (Stockholm: Almqvist and Wiksell International, 1980), pp. 259-269.
24) Frank W. Notestein, "Demography in the United States: A Partial Account of the Development of the Field," Population and Development Review, vol. 8(December 1982), pp. 651-658.

## 과학과 기술

　제2차 세계 대전 이후의 정태적 패러다임에 모순되었던 과학사의 사례들은 동태적 모델에 대해서도 이의를 제기하고 있다. 응용 목표가 직접적으로 기초 연구에 영향을 미친다면, 기초 연구는 더 이상 호기심에 근거한 과학적 발견으로서 새로운 제품이나 공정으로 기술을 이전하기 위한 연속적인 응용 연구와 개발 활동이 필요하지 않은 것이라 할 수 있다. 하지만 이러한 주장은 기초 연구와 기술 혁신 사이의 관계에 대한 더 현실적인 설명을 일부 추가한 것에 불과하다.

　전후 패러다임의 역동적인 형태에 대해 세 가지 문제가 중요하게 대두되고 있다. 이 가운데 비교적 중요성이 떨어지는 것은, 선형 모형이 과학에서 기술로의 흐름을 너무 단순하게 설명하고 있다는 점이다. 부시가 남긴 아이러니 중의 하나는, 부시 자신은 이런 일차원적인 선형 모형의 이미지를 결코 좋아하지 않았다는 것이다. 과학의 응용 분야에서 탁월한 경력을 가진 엔지니어였던 그는 과학적 발견과 기술 진보 사이의 복잡한 여러 경로 및 다양한 시간 지체에 대해서 정확히 알고 있었다. 그가 2차 세계 대전 중에 이룩한 여러 기술의 새로운 기원은 여러 상이한 과학 분야로부터의 지식에 근거하고 있다. 부시의 보고서 어디에도, 부시 자신이 선형 모델을 인증했다는 흔적은 없다.25)

---

25) 부시의 복잡한 견해는 하버드 대학 총장이었던 코난트James Bryant Conant에게 제출한 고든 멕케이Gordon McKay의 유증품 처리와 관련한 그의 보고서에 잘 나타나 있다. "Report of the Panel on the McKay Bequest to the President and Fellows of Harvard College"(Harvard University Printing Office, 1950) 참조.

2차 세계 대전 직후에 지나치게 단순한 선형 모형을 제시하였던 과학 공동체의 주요 대변자에게서 이러한 단순화는, 과학을 멀리 떨어진 난해한 세계의 일로 여기는 정치인들이나 일반 대중에게 자신의 아이디어를 전달하기 위해 부담해야 할 적은 비용에 불과한 것이었다. 이러한 맥락에서 미국 국립 과학 재단의 두 번째 연례 보고서 제안자들은 선형 모형을 이 글의 서두에 제시한 바와 같이 단순한 언어로 표현하고 있다. 어쨌든 당시 과학계의 대변인들은 기초 연구로부터 응용 연구를 거쳐 개발 및 생산 혹은 운행으로의 연속이라는 식으로 기초 연구와 새로운 기술의 관계를 잘 설명하였다. 하지만 그것은 명백히 지나치게 단순화되었고 현실을 왜곡한 것이었으며, 광범위하게 받아들여지기 시작하자마자 공격의 표적이 되었다.

진정, 선형 모델은 2차 세계 대전 이후에 모델의 역동적 형태에 배태되어있는 덜 단순한 오해들과는 다르게 쉽게 공격의 표적이 되었다. 덜 단순한 오해 중의 하나는 모든 혹은 대부분의 기술 혁신이 과학에 뿌리를 두고 있다는 것이다. 부시가 과학과 기술 사이의 관계에 대해 선형적 이미지를 묘사하지 않았지만, 그는 과학적 발견이 기술 진보의 원천이라고 주장하였다. 그러나 그는 이 둘의 관계가 중첩적이며 복잡하다는 것을 분명히 하고 있다. 그는 다음과 같이 주장하고 있다.

새로운 제품이나 공정이 완전히 성숙된 형태로 나타나지는 않는다. 그것들은 순수 과학 영역의 연구를 통해서 어렵게 개발된 새로운 원리와 개념에 뿌리를 두고 있다.26)

비록 "배태된 과학imbedded science"의 기술에 대한 영향이 상당한 시간 지체를 갖는다는 것을 인정한다고 하더라도, 이러한 관점은 어떤 시대이든 간에 기술 변화에서의 과학의 역할을 과장하고 있다. 이전에는 분명 기술이 과학에 기반하고 있다는 생각이 잘못된 것이었을 것이다. 대부분의 인간 역사에서 인간의 실생활은 과학을 모르는, 알았더라도 그것으로부터 도움을 받지 않았을, 로버트 멀사우프가 말하는 "기술의 개선자들improvers of technology"에 의해 점차 완전하게 되어가고 있다.27) 이러한 상황은 단지 19세기 말에 물리학의 진보로 인한 전력의 발전, 화학의 진보에 따른 새로운 화학 염료의 개발, 미생물학의 진보에 따른 공중 위생의 획기적 발전 등과 같은 "제2차 산업 혁명"에 의해 변모하였다. 하지만 오늘날 많은 기술 혁신은 과학의 자극 없이 이루어지고 있다. 제2장에서, 2차 세계 대전 이후 수십 년 동안 전 세계를 선도하고 있는 분야의 군사 기술의 발전이 어떤 기초 과학의 사전 도움 없이 이루어지고 있는 증거들을 살펴볼 것이다. 그리고 최근 수십 년 동안 일본은 자동차와 가전 분야에서 세계적인 입지를 얻었는데, 이것은 기초 과학의 응용보다는 디자인과 생산 공정에서의 작고 빠른 변화로, 고객의 요구에 즉각적으로 대응하고 비용 절감을 게을리 하지 않은 결과이다.28)

---

26) Buch, *Science*, p. 19.
27) Robert P. Multhauf, "The Scientist and the 'Improver' of Technology," *Technology and Culture*, vol. 1(Winter 1959) pp. 38-47 및 Thomas S, Kuhn, *The Essential Tension: Selected Studies' in Scientific Tradition and Change*(University Printing Office, 1950) 참조.
28) Ralph E. Gomory & Roland W. Schmitt, "Science and Product," *Science*, vol. 240(May 27, 1988), p. 1132, 1203. "Japan: A New

그러나 제2차 세계 대전 이후에 동학 모델에서의 치명적인 약점은 과학과 기술 사이가 과학적 발견에서 기술 혁신으로 한 방향으로만 흐른다고 가정한다는 점이다. 즉, 둘 사이가 중첩되어있을 뿐만 아니라 간접적으로 상호 연결되어있음에도 불구하고 과학을 기술의 외생적인 것으로 간주한다 하지만 과학의 연대기 안에서 과학과 기술 사이의 관계를 보면, 이러한 가정은 옳지 않다. 베이컨 시대부터 제2차 산업 혁명에 이르기까지, 과학자들이 어떠한 개선 노력도 없이 이미 입증된 성공적인 기술을 모델링하여 과학의 발전을 도모하는 과학과 기술의 관계가 역전되는 사례가 적지 않다. 멀하우프는 18세기의 물리학자들은 주로 존재하는 어떤 기계의 활동을 개선하기보다는 그 기계의 활동을 설명하는 데 더 많은 노력을 투입하였다고 밝히고 있다.29) 쿤은 이러한 다른 방향의 영향을 과학과 기술의 상호작용의 가장 오래된 사례로 언급한 바 있다. 그에 따르면, 요하네스 케플러Johannes Kepler가 와인통의 제작자들에게 이미 최적의 디자인을 취하고 있는 와인통을 어떻게 개선할지를 묻지 않고 와인통의 여러 차원을 연구함으로써 미적분학calculus of variations을 발명하는 데 기여할 수 있었다고 밝히고 있다. 뿐만 아니라 쿤은 사디 카눗Sadi Carnot이 증기 기관에 대한 연구를 통하여 열 역학 분야를 한 단계 발전시킬 수 있었으며, 공학적 관행 속에서 이미 그가 고안해낸 이론상의 원리가 제시되어있었던 점을 발견한 바 있다고 밝히고 있다.30)

---

National System of Innovation?" in *Technical Change and Economy Theory*, edited by Giovanni Dosi et als(Pinter, 1988), p. 346.
29) Multhauf, "The Scientist and the 'Improver' of Technology," p. 42.
30) Kuhn, *The Essential Tension*, p. 144.

이 상황은 두 가지 측면에서 2차 산업 혁명 이후에 근본적으로 변화되었다. 하나는 적어도 몇몇 영역에서 과학이 기술에 좋은 단서와 근거를 제공하였다는 점으로, 이러한 추세는 20세기에 더욱더 가속화되어 점점 더 많은 기술이 과학에 기반하게 되었다. 그러나 다른 하나의 변화는 이보다 덜 광범위하게 인식되는 것인데, 기술의 발전이 점점 더 과학이 설명하고자 하는 현상의 중요한 원천이 되고 있다는 점이다. 이것은 임시방편 이상의 문제로 갈릴레오 시대 이래로 어렴풋하게나마 과학의 영역에 광범위하게 나타나기 시작한 현상이다. 기초 과학이 탐구하는 상당히 많은 구조와 과정은 기술의 진보로부터 밝혀졌다. 심지어 몇몇 경우에는 과학이 기술 내부에서만 존재하기도 한다. 다시 말해서, 점점 더 많은 과학이 기술로부터 파생되고 있다.

이러한 발전은 랭뮤어의 GE 및 그 시대의 다른 전자 회사들이 만든 제품들의 외양에 대한 연구에서 잘 설명되고 있다. 수십 억 년의 우주의 역사에서 랭뮤어를 매혹했던 외양과 유사한 것이 우주에서 만들어진 적이 없다고 말할 수는 없을 것이다. 그러나 어떤 인간, 어떤 과학자 공동체도 전자 산업의 기술 발전으로 그것이 밝혀질 때까지는 그것을 직접 볼 수가 없었다. 랭뮤어는 자신의 물리학 연구 업적으로 인해 1932년에 노벨상을 받을 때, 기술이 자기 스스로 계속 진보할 것이라고 밝힌 바 있다. 레오나드 리치에 따르면, 랭뮤어는 "물리적인 외부 세계의 원리를 이해하는 것과 기술을 발전시키는 것은 똑같이 모험을 수반한다"고 이미 지각하고 있었다고 한다. 그리고 응용 가능성에 관한 그의 관심은 도구, 분석 방법, 개념적 견해뿐만 아니라 그의 연구 방향 전반에 상당한 영향을 미쳤다.[31] 전자 산업 분야에서 나날이 발전하는 기술은 그가 단언한 물리적 현상을 나타내는 것이다. 뿐만 아니라 결정 내부와 표면의 분자 사이의 상호작용molecular interaction in cry- stals and surface films에 대한 그의 이해는 해당 기술의 상당한 발전을 가능하게 하였다.

기술에 기반한 기초 연구에 대한 또 다른 사례는, 반도체가 원자층 단위로 자라도록 하는 데 필요한 새로운 과학 지식을 탐구하는 고체 물리학자들condensed-matter physicists에 의해 제공되었다. 전쟁중에 고체 물리학의 창시자들에 의해 축적된 그 지식은, 2차 세계 대전 이후에 발견된 트랜지스터의 이해에 필수적인 것이었지만, 더 중요한 것은 반도체가 놀라운 크기의 축소와 속도의 증가를 수반하면서 연속적으로 다음 세대로 옮아가는 데 과학보다는 기술이 결정적인 역할을 하였다는 것이다. 이러한 소형화는 개인용 전자 제품을 통해 정보를 전달할 수 있는 경지까지 이르렀다. 이러한 이유 때문에 새로운 기초 지식의 증가가 점점 더 필요해질 것이다. 예를 들어, 양자 점 혹은 샘quartum dots and wells으로 구성된 회로 안에서 전자가 파장과 입자 모두로 반응할 수 있다는 것은 기초 물리학뿐만 아니라 미래 기술에서 매우 중요한 발견이다.

기초 과학의 기술에 대한 영향은 제품뿐만 아니라 공정 기술 혁신에 명확히 나타난다. 이것은 생명 과학의 진보에 의료 행위가 얼마나 중요한 영향을 미치는가를 보면 더 분명히 드러난다. 19세기에 전염병 통제 기술은 나날이 발전하고 있었지만 여전히 불완전한 상태였고, 이러한 당시 기술은 응용을 고려한 기초 연구라는 파

---

31) Leonard S. Reich, *The Making of American Industrial Research: Science and Business at GE and Bell, 1876-1926*(Cambridge University Press, 1985), pp. 124-126.

스퇴르의 사고에 영향을 미쳤다. 브루노 라투어가 밝힌 바와 같이, 프랑스와 영국에서 파스퇴르는 첨단 연구 분야를 공중 위생 운동에 도입하였다. 파스퇴르의 노력으로 질병의 원천에 대해 이론적으로 무장하기 이전까지는, 공중 위생 운동이 대중에게 확신을 주지 못해 답보 상태에 머물러있었다.32) 쥬디스 스와지와 카렌 리즈에 따르면, 특정 내분비선의 문제에 대해 관심을 가졌던 임상 내과 의들의 노력을 통해서 출현한 내분비학이 또한 좋은 사례가 될 수 있을 것이다.33) 19세기 후반에 이 내과 의사들은 지금은 혈통적으로 타고나는 것으로 알려진 당뇨병, 갑상선종, 크레틴병 등과 같은 일련의 질병들을 관찰하였다. 그들은 자신들이 관찰한 질병을 해부학자들이 발견한 바 있는 일련의 도관 없는 내분비선과 연결하였다. 에디슨병에 자신의 이름을 붙인 바 있는 영국의 내과 의사 토마스 에디슨Thomas Addison은, 이런 질병 증세를 가진 사람들이 질병과 함께 부신副腎의 내분비선에 병리적인 변화를 나타내는 것을 파악하고 양자를 연계하는 데 기초를 다졌다. 한편 프랑스의 내과 의사 피에르 마리Pierre Marie는 선단 비대증 환자를 뇌하수체 내분비선의 병리적 변화와 연결한 같은 분야의 또 다른 개척자이다. 유사한 방식으로 당뇨병이 췌장 부위 질병과 연결되었고, 점액수종과 크레틴병이 갑상선 부위의 질병과 연결되었다.

---

32) Bruno Latour, Alan Sheridan and John Law(trans.), The Pasteurization of France(Harvard University Press, 1988); Claire Salomon Bayet and others, Pasteur et la Revolution Pastorienne(Paris: Payot, 1986) 참조.
33) Judith P. Swazey & Karen Reeds, Today's Medicine, Tomorrow's Science: Essays on Paths of Discovery in the Biomedical Sciences(Department of Health, Education, and Welfare, 1978). 특히 4장, pp. 53-72 참조.

이러한 관찰로부터 착수한 연구는 현대 내분비학 분야의 초석을 놓아, 내분비 시스템을 통한 생리적 절차에 대한 화학적 통제를 가능케 하기에 이르렀다. 이러한 연구들은 20세기 초에 이르러, 도관 없는 내분비선이 신체의 생리에 필수적인 각종 호르몬을 혈류 속에 직접적으로 흐르게 한다는 사실을 명확히 확립하였고, 아울러 내분비선이 혈액 속의 독을 제거한다는 가설을 기각하기에 이르렀다. 1920년대와 1930년대 무렵에 기와 같은 성장세에 있던 분야들은 호르몬 시스템의 여러 내분비선의 복잡한 상호작용에 대한 이해를 제공하였고, 제2차 세계 대전이 끝날 무렵에는 호르몬과 신경 시스템의 상호작용에 대한 지식을 밝힌 바 있다. 최근 수십 년 동안은 세포와 신체 장기가 호르몬의 지시를 받아 반응하는 분자 과정molecular processes에 관심이 집중되고 있다. 호르몬 시스템의 장애에 대한 임상 관찰과 그 이후의 질병의 전개 과정에 대한 개입은 애디슨과 마리 시대와 마찬가지로 최근의 연구에 중요한 영향을 미치고 있다. 병리학은 계속 시스템의 정상적인 작동 여부에 대한 통찰의 원천이자 기초 지식 확장의 동기가 되고 있다.

## 누가 과학으로부터 기술적 성과를 수확하는가?

경험은 부시의 개념적 시스템에서 확인된 제3의 요소, 즉 국가는 기초 과학에 대한 투자를 통해서 기술이라는 이득을 수확할 수 있다는 것이 문제를 제기한다. 부시가 "새로운 기초 과학 지식을 다른 나라에 의존하는 나라는 산업의 발전이 점점 늦추어지고 국제 무역에서 경쟁력이 약화될 것이다"라고 주장하였다면, 부시와 가까운 비판론자는 『과학, 끝 없는 프론티어』 곳곳에서 미국은 기초 과학 분야에서 여전히 유럽에 뒤쳐져있으면서도 산업 기술 분야에서 세계 최고 수준에 이르렀다고 밝히고 있음을 지적하였을 것이다.

> 19세기 미국인들의 기계 발명의 능력은, 유럽의 과학자들의 기초적인 발견에 주로 의존하여 엄청난 기술 발전을 이룰 수 있었다.34)

제2차 세계 대전 이후에 미국이 과학과 기술 양자에서 우위를 유지하고 있는 상황에서는 기초 과학의 발전으로부터 누가 기술적 성과를 수확하는가 하는 문제가 거의 제기되지 않았다.

그러나 지금, 일본이 기초 과학 분야에서 한참 뒤쳐져있음에도 불구하고 생산 기술 분야에서 세계에서 가장 큰 발전을 보여주면서 일찍이 미국이 기술에서 차지했던 위치를 꿰차고 미국이 과학에서 일찍이 유럽이 차지했던 위치를 점하는 상황이 전개됨에 따라 전 세계는 과학 발전으로 인한 기술적 성과의 수확 주체에 대한 문제를 더 이상 간과할 수 없게 되었다. 랠프 고모리와 롤랜드 슈미트는 일본이 기술 분야에서는 세계 최고 수준인데 반해, 과학에서 상당히 뒤쳐지는 것은 1920년대 미국이 기술 분야에서 세계 최고에 이르렀지만 과학 분야에서는 아직 세계 최고가 되지 못했던 점을 파악하면 더 쉽게 이해할 수 있을 것이라고 지적한다.35) 제4

---

34) Bush, *Science*, p. 19.
35) Ralph E. Gomory & Roland W. Schmitt, "Science and Product," pp. 1131-1132, 1203.; Freeman, "Japan: A New National System of Innovation?," in *Technical Change and Economic Theory*, ed. by Dosi et als, p. 346.

장에서 과학의 기술적 성과에 대한 지나친 집착의 위험뿐만 아니라, 생산 기술에 대한 과도한 관심으로 인해 과학적 지식을 쇄신하고자 하는 전 세계의 여러 집단적 노력을 손상시켜서는 안 된다는 점을 논의한다.

## 아이디어의 역사 속에 나타난 수수께끼

과학의 경험에 대한 조사 과정에서, 우리는 지성사의 놀랄만한 수수께끼에 직면하게 된다. 연구의 연대기를 살펴보면, 과학이 이해에 대한 탐구와 사용에 대한 고려로부터 동시에 동력을 얻어 발전하여온 것을 알 수 있다. 그런데 어떻게 이해와 사용이 상호 긴장 관계에 있고 기초 과학과 응용 과학의 범주가 완전히 구별되는 것으로 점점 더 광범위하게 믿게 되었을까? 물론 많은 연구들은 둘 중 하나의 목표를 갖고 추진된다. 닐스 보어는 20세기 초에 원자의 구조에 관한 모델을 탐색함으로써 순수하게 현상에 대한 이해를 추구하는 과학자의 대표적인 모습을 보여준 바 있다. 다른 한편, 토마스 에디슨Thomas Edison은 자신의 연구팀을 독려하여 상업적으로 시장성이 있는 전구를 개발토록 함으로써, 자신의 발견에 대한 깊은 과학적 함의에 전혀 관심이 없는 응용 탐구자applied investigator의 전형을 보여주었다. 에디슨은 5년을 응용 연구와 개발에 집중하면서 자신의 새로운 기술에 배태되어있는 기초적인 물리 현상에 대해서는 전혀 관심을 두지 않았다.[36] 다른 사람들이

---

[36] 로젠버그는 기초 과학자로서의 에디슨의 일화 하나를 밝히고 있다. "1883년에 에디슨은 진공관 속의 드거운 필라멘트와 금속 선 사이에

그에게, 그의 전기 기술들에 대한 초보적인 이해가 결국 그의 공학적 모험을 제한할 것이라고 말했을 때, 에디슨은 스스로 영국의 맥스웰Maxwell 후계자들에게 절을 하는 "제대로 교육받지 못한 전기 기사"처럼 백기를 흔들면서, 자신은 전기 기술을 이해했던 적이 없으며, 맥스웰 쪽의 이론을 배운 몇몇 기술자를 고용했었다고 고백했다.37) 비록 많은 사례가 과학자들의 분명한 목표에 따른 것이기는 하지만, 과학의 연대기상의 또 다른 많은 경우에는 이해와 사용 모두를 위해 수행되는 연구로 기초 연구와 응용 연구의 관점에서 영역이 본질적으로 분리되지 않는 경우도 많이 있다.

그러므로 우리는 아이디어의 역사에서 수수께끼에 직면하여있다. 비록 제2차 세계 대전 이후에 부시에 의해 명료해진 과학 및 기술의 비전이 보편적인 것으로 이해되지 않았다 하더라도, 그것은 20세기 후반에 과학과 기술의 관계를 이해하는 패러다임으로 광범위하게 생각되고 있다. 2차 세계 대전 이후의 이 패러다임이 많은 과학의 실재 경험들과 상충되었다면, 어떻게 이 관점이 지배

---

있는 간극에서의 전류의 흐름을 관찰한 바 있다. 그는, 이 관찰을 통해 실용의 여지를 발견하지 못하자 자신의 노트에 관찰한 내용을 기록하고는 전구의 성능을 향상하는 데 활용할 수 있는 더 큰 다른 문제에 매달렸다.

에디슨은 전자의 흐름을 관찰하였다. 그리고 그 관찰은 에디슨의 노력의 결과라고 언급되고 있다. 에디슨이 더 인내심 있는 과학자로서 단기간의 활용에 덜 관심을 가졌다면, 이후에 열을 가한 진공관 내부의 전자의 흐름을 분석한 오웬 리차드슨Owen Richardson이나 전자를 최초로 발견한 톰슨J. J. Thompson과 공동으로 노벨상을 받았을 것이다."
Nathan Rosenberg, "Critical Issues in Science Policy Research," *Science and Public Policy*, vol. 18(December 1991), p. 337 참조.

37) Bruce J. Hunt, "'Practice vs. Theory': The British Electrical Debate, 1888-1891," *Isis*, vol. 74(September 1983), pp. 341-355.

적인 것이 될 수 있었을까? 그 수수께끼는 제2장에서 다룬다. 그 수수께끼가 해결될 때, 우리는 전쟁 과정에서 생성되었던 아이디어 체계들에 관한 더욱 깊은 이해가 가능해질 것이다. 그 다음 장들에서는 전후의 패러다임 재형성과 새로운 비전이 과학 및 기술 정책에 어떤 함의를 제공하는가를 살펴볼 것이다.

## 제2장 현대 패러다임의 등장

2차 세계 대전 이후에는 기초 과학에서 실용적 활용이라는 사고를 차단해야만 비로소 기초 과학이 기술 진보의 촉진자로 공헌할 수 있을 거라는 인식이 널리 퍼져있었다. 근대 과학modern science을 확립한 이들이 기초 과학의 응용이라는 목적에 의해 얼마나 자주 영향을 받았는지를 고려한다면, 이러한 인식은 상당히 역설적인 것이라 할 수 있다. 이미 앞 장에서 보았듯이, 루이 파스퇴르의 경우에 미생물학의 기초 연구를 수행할 때마다 늘 실용적인 목적들이 영향을 미치지 않았는가. 그렇다면 이러한 역설적인 상황은 어떻게 해소될 수 있을 것인가. 과학에서 실용성을 배제해야 하고, 그렇게 될 때 과학이 기술 혁신에서 역할을 할 수 있을 것이라는 과학에 대한 환상은 아주 명백히 불완전한 것으로 보임에도 불구하고 도대체 어떻게 널리 퍼졌던 것일까?

이러한 패러다임의 시각은 2차 세계 대전이 끝난 뒤에야 현대적인 형태로 명확하게 표현되긴 했지만, 앞에서 말한 역설을 해결하기 위해서는 과거로 거슬러 올라가 이데올로기와 제도에 대한 통찰을 해야 할 것이다. 이런 시각에 나타난 이데올로기의 근원은 고대 그리스 시대의 '순수 탐구pure inquiry'라는 관념에서 찾을 수 있을 것이다. 물론 그러한 순수한 탐구가 인류의 상태를 향상시킬 수 있다는 근거 없는 추론에 의한 믿음은 근대 초기의 유럽에서 비롯한 것이라고 할 수 있어도 말이다. 또한 과학에 대한 환상에 영향을 미친 제도들은 19~20세기의 유럽과 미국에서 찾을 수 있다. 기초 연구와 응용 연구가 분리된 활동이라는 믿음은 19세기에는 영국과 독일에서, 20세기에는 미국에서 제도적 장치라는 형태로 자리 잡았다. 한편 이러한 영향들에 과학자 사회의 정치적 동기도 덧붙일 수 있다. 과학자 사회는 2차 세계 대전 이후에 누렸던 과학의 자율성은 회복하게 하면서도 한편으로는 기초 과학에 대한 정부의 지속적인 지원을 정당화해주는 그러한 패러다임의 시각을 수용했던 것이다. 오늘날 과학과 기술을 둘러싼 여러 가지 쟁점을 명확하게 보려면 고대 국가, 유럽, 미국이 각각 겪은 역사에서 그러한 패러다임적 시각이 어떻게 등장하는지를 추적하고 2차 세계 대전 이후의 과학 정책의 정치적 맥락을 조사해야 할 것이다.

## 고대 시대의 순수 탐구라는 관념

과학 철학이 이야기를 풀어나갈 때처럼, 먼저 고대 그리스 시대에서부터 논의를 시작해보자. 고대 그리스에서는 현대에 "과학"이라는 낱말이 포괄하는 범주와 동등한 것이 없기는 했지만, 그리스인들이 과학적 탐구를 발명했음은 분명하다. 이에 반해 고대 그리스 이전에 진보된 기술을 보유했던 이집트, 앗시리아, 바빌론, 인도, 중국 문명은 과학적 탐구를 발명하는 데 실패했다. 현대인들의 귀에는 이상하게 들리겠지만, 그리스인들은 무엇보다도 "자연"을 발견함으로써 성공을 거두었다고 할 수 있다. 그들은 이 세계를 보편적이고 발견 가능한 자연의 원인이 지배하는 자연 시스템으로 여겼다. 벤자민 패링턴이 한 말을 인용하자면, 그들은 이 세계에서 신들을 몰아낸 것이다.1) 여기에다가 그리스인들은, 그러한 원인들이 합리적인 탐구에 의해 명확하게 드러날 수 있다는 믿음을 덧붙였다. 기원전 5세기에서 6세기에 걸친 밀레토스의 철학자에서부터 시작한 "그리스의 기적"은 자연적 원인과 이성을 통한 탐구가 갖는 힘에 대한 믿음에서부터 자란 것이다.

그리스 사람들은 어떤 점에서는 철학적 탐구와 실용적인 기능 기술 사이에 존재하던 연결고리를 끊어버림으로써 위에서 말한 것들을 발견했다고 할 수 있다. 그리스 이전의 초기 문명들의 기술을 살펴보면, 자연에 존재하는 매우 보편적인 특성을 지각했음을 알 수 있다. 이집트인들은 그들이 보유한 실용적인 기하학이 없었더라면 해마다 발생한 나일강의 범람 뒤에 나일 계곡에서 땅의 경계를 다시 그리는 작업을 할 수 없었을 것이다. 바빌론인들은 그들의 실용적 천문학이 없었다면 일식과 월식을 예측할 수 없었을 것이다. 그러나 이들 문명에서는 원인들을 초자연적인 영역에 남겨두었다. 바빌론 문명에서 남긴 쐐기 문자로 새겨진 어떤 글에서는 어찌하여 천체들이 천문학자들이 공들여서 찾아낸 경험적 규칙성에 그토록 정확하게 복종하는지에 대한 물음을 던지고 있다. 그 답은 이랬다. 일단의 신들이 그렇게 되도록 공포했기 때문이라고. 과학사에서 이보다 더 유명한 위원회의 결정이 있을까? 이와 달리, 그리스인들은 실용적인 기능 기술에서 자연 철학을 풀어버리고서 보편성에 대한 이해를 추구하는 것에 초점을 맞추었다. 그렇게 함으

---

1) Benjamin Farrington, *Greek Science : Its Meaning for Us*(Penguin Books, 1953).

로써 그리스인들은 이집트의 실용 기하학을 피타고라스와 유클리드의 작업으로 변환시켰고, 나아가 데모크리토스의 원자 이론에서 보듯이 물체의 본성physis에 대한 설명을 이끌어내는 데까지 도달하였다. 물론 이러한 데모크리토스의 이론은 매우 제한적으로 자연의 신비를 풀어내기는 했지만, 현대 과학을 예지한 것이라고 할 수도 있을 것이다.

이렇게 실제적인 사용과 탐구를 단절시킨다는 철학적인 동기는 그리스 문명에서 낮은 신분에 처한 사람들에게 실용적인 기능 기술을 위탁하게 — 육체 노동은 점점 더 노예의 손에 넘겨지고 — 됨으로써 점점 더 강화되어간다. 그에 따라 초기 이오니아 철학자들은 실제적인 효용성이 자연 철학의 정당한 목표가 될 수 없다고 보았고, 이후에 이러한 주장은 플라톤과 아리스토텔레스의 사상체계에 핵심적인 신념으로 자리 잡게 된다. 이러한 부정은 플라톤에게는 두 가지 형태로 나타난다. 플라톤이 말한 이상적 공화국에서는 철학적 탐구에 종사하는 사람들을 수공예에 종사하는 사람들로부터 철저하게 분리하고, 철학 탐구를 하는 사람들에게 더 높은 지위를 부여한다. 또한 플라톤에게는 철학자들이 추구하는 궁극적인 실재가 친숙한 세계의 대상들보다는 보편적인 형태와 관념에 있었다.2)

비록 아리스토텔레스가 플라톤의 관념주의 철학에서 후퇴하고 경험적 관찰을 장려하기는 했지만, 그의 목표는 여전히 특수에서

---

2) 이런 이중적인 입장은 4권에 소크라테스와 불운한 글라우콘Glaucon 사이의 대화에서 잘 나타나 있다. 글라우콘은 그의 첫 재판에서 천문학을 연구하는 적절한 이유를 대는 데 실패하였다. 소크라테스는 결국 천문 관측이 실제적이고 경험적인 것에서 비가시적인 것으로 우리를 인도할 때에야 비로소 가치 있는 것이 될 것이라고 설명한다.

보편을 확인하고, 합리적이고 연역적인 방법을 동원하여 자신의 관찰을 걸러내는 것이었다. 아리스토텔레스는 여전히 실용적인 효용성을 탐구의 목적으로 삼는 것을 거부하였고, 철학적 탐구는 그 자체로 보상이 따른다는 신념을 자신의 스승과 공유하였다. 실로, 이러한 신념은 두 철학자의 심리에 중심을 차지하고 있었다. 이들은 철학이란 행복에 가장 근본적인 것으로, 이성 기능은 영혼의 최상부에 있다고 주장하였다.3)

철학에 대한 아리스토텔레스의 소명 의식은 『형이상학』에서 한 그의 진술에서 잘 드러난다. "점점 더 많은 기능 기술이 발명되었다. 어떤 것은 생활 필수품으로 쓰게 되어있고, 또 다른 것은 유희를 위해 쓰게 되어있다. 당연히 후자를 발명한 사람들이 전자를 발명한 사람들보다 언제나 더 현명하다. 왜냐하면 그들이 소유한 지식의 분과는 효용을 목적으로 하지 않기 때문이다."4) 로이드는 다음과 같은 결론을 내린 적이 있다. "아리스토텔레스는 이론적인 사상들을 실제적으로 활용한다는 가능성을 무시했다기보다는 지식 추구라는 관념이 그 자체로 영예로운 것임을 긍정하려고 했던 것이다."5) 로이드는 『형이상학』에서 아리스토텔레스가 말한 다음 구절을 인용한다. "무지에서 벗어나기 위해 철학을 하게 된 사람들은 명백히 과학을 추구하는 까닭을 알고자 하기 위함이지 실용주의적 목적을 위해서 하는 것이 아니다.6)

---

3) Geoffrey Ernest Richard Lloyd, *Early Greek Science: Thales to Aristotle*(W. W. Norton, 1970), p. 131.
4) *Metaphysica*, Book A, 1, p. 981b, lines 16-19, in W. D. Ross, ed., *The Works of Aristotle*, vol. 8, 2d ed.(Oxford: Clarendon Press, 1928).
5) Lloyd, *Early Greek Science*, p. 132.
6) *Metaphysica*, Book A, 2, lines 19-22.

플라톤과 아리스토텔레스에서 보듯이, 실제적인 효용에 대한 편견은 그리스 시대뿐만 아니라 헬레니즘 시대와 로마 시대까지 이어졌다. 비록 그리스 시대에 공학과 전쟁 기술에서 거둔 업적은 상당하지만 말이다. 아르키메데스는 이러한 시대 정신의 유명한 사례라고 할 수 있다. 플루타르크는 그의 글에서 이에로 왕이 아르키메데스에게 갖가지 전쟁 기기들을 설계하라고 종용했다고 적고 있다. 그러나 아르키메데스는 그런 일들이 철학 담론의 주제로 가치가 없는 것이라 보았고, 그에 따라 방대한 이론적인 저술에서 기계학이나 공학과 관련된 단어를 하나도 집어넣지 않았다고 한다. 이런 일들은 신新 플라톤 학파에 속한 플루타르크에게는 만족스럽게 보였을 것이다. 이와 관련해 로이드는 다음과 같이 쓰고 있다.

플루타르크가 전형화한 교육 엘리트들은 일반적으로 엔지니어들의 삶을 경멸하고 엔지니어의 작업에 대해 무지한 이들이었다. 이러한 태도는 플라톤과 아리스토텔레스로부터 상당한 지지를 받기도 했지만, 무엇보다도 고대의 모든 시기에 줄곧 지배적인 것이었다는 점은 의심의 여지가 없다.7)

이에 대해 크롬비는 다음과 같이 판단을 내리고 있다. "우선적으로 지식과 이해에 관심을 기울이고, 부차적인 수준에서만 실용적 유용성에 관심을 갖는 것은 그리스의 과학적 사고가 갖는 특성이었다."8) 고대 그리스 세계의 황혼기에는 스토아, 에피쿠로스, 신플

---

7) G. E. R. Lloyd, *Greek Science after Aristotle*(W. W. Norton, 1973), p. 95.
8) A. C. Crombie, *Medieval and Early Modern Science*, vol. 1:

라톤주의자들이 철학을 앎의 수단이기보다는 점점 더 문제가 많아져가는 세상에서 마음의 평화를 이루는 수단으로 생각하게 되었고, 그러면서 탐구와 활용 사이의 간극이 더욱 벌어졌다.

이러한 흐름에서 가장 중요한 예외는 히포크라테스파 의사들이었다. 현재까지 남아있는 이들의 글에는 진료 행위에 대한 상세한 설명은 물론이고, 기원전 5세기 무렵인 히포크라테스파 시대 이후부터 그리스 의학은 인간 해부, 생리학에 걸쳐 상당한 연구를 진행했으며 타박상, 골절상, 질병 등을 다루는 의학적, 외과적 수단들이 발전해왔음이 잘 나타나 있다. 그리스 의사들은 외과 시술 행위, 동물 해부뿐만 아니라, 헬레니즘 시대의 짧은 기간이긴 했지만 톨레미 왕조 시대에 지배자들이 내어준 범죄자들을 해부하는 데까지 지식을 넓혀 나갔다.

히포크라테스파들은 자연적 원인에 대해 주의를 기울인다는 점에서─다시 말해서, 신들을 배제시킬 용기를 갖는다는 점에서─그리스 철학의 주류에 있었다. 그러나 그들은 그들의 탐구와 이를 통해 얻은 지식을 실제적인 기능 기술을 개선하는 데 썼다는 점에서 사실상 유일한 이들이었다. 이들과 대조적으로, 아리스토텔레스는 생물학적 지식을 확장하는 수단으로서 동물을 해부해야 한다고 촉구하면서도, 자신은 의료 행위를 개선하는 것은 전혀 염두에 두고 있지 않다는 점을 분명히 했다.9)

그리스 과학은 이후에 유럽 과학이 세워진 기초였다. 예상치 못

---

*Science in the Middle Ages: v-xⅲ Centuries*(Doubleday Anchor Books, 1959), p. 5.
9) "Of the Parts of Animals," book Ⅰ, chap.1, *Historia Animalium*, J. A. Smith and W. D. Ross, eds., *The Works of Aristotle*, vol. 4 (Oxford: Clarendon Press, 1910), pp. 468A-489A.

한 경로를 거쳐 플라톤, 아리스토텔레스, 아르키메데스 등과 같은 그리스 시대의 과학계를 이끌었던 이들의 거의 모든 저작이 중세 말 무렵부터 서유럽 라틴어로 구독할 수 있었다. 사실 이들의 저작들은 로마 시대에 라틴어로 번역되었던 것이 아니었다. 로마인들은 그리스 과학에 대해 피상적인 관심만을 가졌었다. 대신에 그리스 과학의 집적물들은 이슬람 정복 이후에 아랍어로 번역되어 아랍 학계의 중심으로 퍼져 나갔고 이후에 지중해 세계에 널리 확산되어 나간다. 이후에 이들 아랍어로된 그리스 과학 저작들은 유럽 기독교 세력이 이슬람 세력이 차지했던 영토를 회복하면서 스페인과 시실리에서—비잔틴에서드 몇 가지 중요한 저작이 복구되기는 했지만—볼 수 있게 된다. 그때부터 12세기와 13세기 초 사이에 아랍어에서 그 당시 보편즈으로 통용되던 학문 언어인 서유럽 라틴어로 재번역하는 작업이 비범한 학자들에 의해 다시 진행되어 새로운 지식의 학습이 널리 퍼져 나갔다. 이렇게 지적인 자원이 풍성하게 된 결과 옥스포드, 파리, 볼로냐, 파두아 등에서 새로운 과학에 대한 교과 과정에 초점을 맞춘 새로운 대학 조직의 출현이 촉진되었다.

## 초기 근대 과학에 나타난 자연에 대한 통제라는 관념

크롬비의 말을 빌리면, 13세기 유럽에 들어온 과학적 사고 체계는 "일부분만을 제외하고는 …… 일관성이 갖춰진 하나의 완벽한 체계였다. 이전의 서구 라틴 문명에 알려진 어떤 것들보다도 설명력과 설명의 대상 영역에서 비교할 수 없을 정도로 뛰어난 합리적인 설명 체계였던 것이다. 이 체계에서 제공한 보편 원칙들은 17세기까지 유럽의 과학을 사실상 지배해왔다."10) 이 사고 체계를 흡수하는 데에는 한 세기가 걸렸으며, 이 새로운 기반 위에 중세의 스콜라 과학을 세우고 최고조로 번성하게 하는 데에는 역시 또 다른 한 세기라는 세월이 흘렀다. 이러한 고전 과학의 흡수 없이 갈릴레오와 뉴튼이 17세기의 과학 혁명을 이룰 수 있었다고 상상할 수는 없을 것이다.11) 더구나 서부 유럽 지역의 상류 계층들은 그리스 세계의 자연 철학, 다시 말해서 르네상스 시대에 들어온 고전 철학과 관련 문헌들을 계속 읽어 나갔고, 이를 바탕으로 이후 수 세기 동안 자연 철학자들이 꾸준히 배출된다.

그리스에서 깊이 뿌리 박혀있던 순수 과학의 우월성에 대한 시각은 유럽에서 여전히 살아있음은 분명하다. 그 자체를 목적으로 하는 지식에 대한 믿음 또한 이 시기 이후에 줄곧 유럽 과학자들의 사고에 반영되어 나타나고 있다는 점도 의심할 여지가 없다. 우리 시대에서도 이러한 예를 찾을 수 있다. 과학과 인문학의 "두 문화"에 대한 유명한 분석에서 스노우는 지난 시절을 회고하며 자신의 동료였던 캠브리지 과학자들에 대해 다음과 같이 조망하고 있다.

> 우리가 수행하고 있는 과학이 어떠한 조건에서도 실용성이 없음을 우리는 스스로 자랑스러워했다. 그러한 주장을 확고하게 할수록, 우리는 더욱 더 우월해짐을 느꼈다.12)

---

10) Crombie, *Medieval and Early Modern Science*, vol. 1, p. 65.
11) Edward Grant, *Physical Science in the Middle Age*(John Wiley and Sons, 1971). p. 18.
12) C. P. Snow, *The Two Cultures: And a Second Look: An Expanded Version for the Two Cultures and the Scienific Revo-*

그러나 그리스 전통에서 나온 순수 과학에 대한 믿음이 과학에 대한 유럽식 사고의 유일한 요소는 아니었다. 과학에 대한 유럽식 관점에는 독특한 요소들이 있었다. 이 요소는 과학 이론의 실체가 혁명적으로 변화되어 결국 스콜라 과학의 아리스토텔레스식 구조를 뒤엎은 사실과는 전혀 별개의 것이다. 일찍이 13세기 무렵부터 과학에 대해 실용주의적 태도를 취하는 주장들이 나왔는데, 이는 고전 세계의 관점과는 아주 동떨어진 것이었다. 유럽의 자연 철학자들은 그리스 사람들에 비해 자신들의 과학은 자연을 이해하는 수단으로서만이 아니라 통제하는 수단으로 보려고 한다는 점에서 더 준비되어있었던 것이다.

어째서 이러한 사실이 일어났는지에 대해서 우리는 단지 일부 단서들만을 갖고 있을 뿐이다. 중세 후기와 근대 초기의 유럽에서 실용적인 기능 기술을 수행하는 사람들은 그리스 세계와는 다른 지위를 갖고 있었다. 중세의 길드를 통해 이들 기능 기술자들은 상당한 위세를 갖게 되었고, 기독교 전통에서는 육체 노동에 대해 고대 세계와는 상당히 다른 의미가 부여되었다. 기독교가 퍼진 유럽에 그리스 과학을 가져온 로저 베이컨Roger Bacon과 같은 성직자들은 육체로 하는 봉사의 가치를 긍정하는 교단에 속해있었다. 또한 기독교 신앙은 과학의 이용에 대해 좀 더 복잡한 사상을 산출하였다. 이를테면 과학 지식은 인류로 하여금 인류의 타락으로 인해 잃어버린 지배권을 회복하게 해줄 것이라는 믿음이 한 예라고 할 수 있다.

초기 근대 과학을 키운 문화적 묘판이라고 할 수 있는 이탈리아

---

*lution*, 2d ed.(Cambridge University Press, 1964), p. 32.

르네상스 시대는 지식과 활동이 결합하였다는 점을 특징으로 하고 있다. 이에 대해 길리스피는 다음과 같은 주장을 하였다.

> 브루넬레스키, 레오나르도 다 빈치, 미켈란젤로, 바스코 다 가마, 크리스토퍼 콜럼버스가 기획했던 것들은 ……이후에 갈릴레오라는 인물을 형성했던 본능적인 성향과 똑같은 것에 의해 고취되었다. 그 성향이란, 다시 말해서 지식은 그 목적을 활동에서 찾고, 활동은 그 이유를 지식에서 찾으려고 하는 것이다.

길리스피에 따르면, 바로 이들이 보여준 행동 양식은 "이탈리아 르네상스 문화를 모태로 삼아, 고대와 스콜라 시대의 학문과 기술들을 근대 과학과 공학으로 전환시켰다."13) 이러한 변환은 매우 크게 일어나 마치 "르네상스"라는 용어를 조롱하는 것으로 생각할 수 있을 정도였다. 비록 길리스피는 갈릴레오가 특수에서 보편을 찾으려고 했던 것을 두고 플라톤의 이데아론이 영향을 미쳤다고 했지만 말이다.

실용적인 기능 기술에 대한 유럽 과학자들의 관심은 실험주의의 성장과 궤를 같이하며 늘어갔다. 실로, 17세기에 과학의 커다란 약진이 일어난 것은 기능 기술과 기예에서 빌려온 기법들을 기꺼이 과학에 응용하려는 그 시대 과학자들의 태도 때문이기도 했다. 또한 이들은 기술을 향상시키는 데 자신들의 재능을 기꺼이 빌려주기도 했다. 이러한 예로는 타르탈리아Tartaglia와 갈릴레오가 대포

---

13) Charles Coulston Gillispie, *The Edge of Objectivity: An Essay in the History of Scientific Ideas*(Princeton University Press, 1990), p. ix.

를 개량한 것, 스테빈Stevin이 수력 공학에 기여한 것, 라이프니츠와 호이겐스가 동력 기기를 개량한 것, 갈릴레오·토리첼리·데카르트·호이겐스·뉴튼이 망원경을 개량한 것 따위를 들 수 있다.14)

이러한 실용주의 관념의 가장 영향력 있는 대변인으로는 영국의 철학자였으며, 귀납 방법의 강력한 옹호자로 남아있는 프란시스 베이컨이 있었다. 베이컨은 "지식은 힘"이라는 경구의 창시자이기도 한데, 여기서 '힘'이란 바로 자연을 지배하는 힘을 뜻했다. 베이컨에게서 과학의 목적은 자연을 지배하는 것이었으며, 이러한 관점은 아리스토텔레스의 오래된 저서인 『기관』을 대체하기 위해 준비한 자신의 저서 『신新 기관』에 잘 나타나 있다. 여기에서 베이컨은 다음과 같이 선언하고 있다.

> 지식과 인간의 힘은 동의어다. 왜냐하면 원인에 대한 무지함은 원인에 의한 결과를 좌절시키기 때문이다. 자연은 인간에게 복종케 함을 통해서만 정복할 수 있다.15)

인간의 지식과 인간의 힘 사이를 연결하려는 베이컨의 관점에는 그러한 힘으로 인해 나타나는 실용주의적이며 물질적인 성과가 지식의 적절성을 확증해줄 것이라는 믿음이 깔려있다.

과학과 기술에 대한 근대의 구별은 베이컨과 베이컨의 동시대 사람들에게서 상당히 흐릿해졌고, 그들은 오히려 둘을 병합하려고

---

14) Robert P. Multhauf, "The Scientist and the 'Improver' of Technology," *Technology and Culture*, vol. 1(Winter 1959), p. 41.
15) Francis Bacon, *Novum Organum*(1620), book 1, aphorism 3, ed. by Joseph Devey(P. F. Collier, 1901).

까지 하였다. 베이컨이 보기에는, 기술이란 지식의 성과라기보다는 바로 지식이었다. 이러한 전망은 바로 백과사전식 과학에서 추구하던 것이기도 했다. 다시 말해서, 사물들이 조화를 보이는 곳을 찾아 확립하는 것으로 계통 분류학의 연습 활동과도 같았다. 하지만 이는 19세기에 유행했던 실증주의, 독일 관념론, 칸트의 신新플라톤주의와 같은 사조의 영향을 받아 형성된 현대의 관점과는 크게 다른 것이었다. 실로, "기술technology"이라는 현대의 개념은 19세기에야 비로소 일반인들이 사용한 신조어였다.

과학에 대한 베이컨의 실용주의 개념은 베이컨이 죽은 뒤에 설립한 왕립 학회의 헌장에 기록됨으로써 그 영향력은 크게 확장하였다. 베이컨이 자신의 유고집 『새로운 아틀란티스New Atlantis』에서 꿈꾸었던 연구 기관인 '솔로몬의 집'은 왕립 학회의 형태로 나타난 것이다. 왕정 복고 시기에 정식으로 허가된 왕립 학회 헌장에는 베이컨 특유의 언어로 특별 회원에게 "실험의 권위를 통해 자연 사물과 유용한 기능 기술에 대한 과학을 증진시켜 ……인류에게 이로움을 가져다주어야"16) 한다는 임무를 부과하고 있다. 또한 왕립 학회는 항해, 채광과 같은 실용적인 기술들에 대해 다양한 연구에 착수하였다. 베이컨의 귀납 방법과 실용주의 관점은 18세기의 프랑스 백과전서학파에 큰 영향을 미쳤고, 이후에도 계속하여 과학에 대한 서구의 사고에 중요한 부분으로 자리 잡아 나갔다.

하지만 베이컨이 그린 환상이 성공했다는 점은 역설적인 측면이

---

16) 인용문은 1663년 4월 22일, 찰스 2세가 반포한 왕립 학회의 두 번째 헌장에서 따온 것으로, 왕립 학회는 이후에 줄곧 이 헌장에 따라 운영되었다. *Record of the Royal Society of London for the Promotion of Natural Knowledge*, 4th ed.(Edinburgh: Morrison and Gibb Ltd., 1940), p. 251.

없지 않다. 왜냐하면 과학과 실용적 기술을 밀접하게 결합시켜야 한다는 베이컨의 견해는 현실보다 300년이나 앞선 것이기 때문이다. 그럼에도 불구하고 과학이 기술을 위해 길을 닦아야 한다는 믿음은 우리 시대에는 너무나 보편화된 것이기에 이러한 관계를 형성해온 그동안의 실제 역사는 매우 놀랄만한 것으로 보인다. 이 책의 1장에서도 언급했듯이, 과학의 진보와 기술 혁신 사이의 연결고리는 19세기의 '2차' 산업 혁명 시기까지만 하더라도 사실상 약하고, 문제가 있는 것이었다. 이 시기에 들어와서야 비로소 화학 염료, 전기 동력, 공중 보건에서 나타난 기술의 진보가 화학, 물리학, 생물학에서 이룩한 진보에 의존하고 있음이 확실해졌던 것이다.17)


## 유럽의 순수 과학과 응용 과학의 분리 및 제도화

과학에 근거한 결정과 과학자들이 쏟는 정열에 의해 실제적인 유용성이 창출된다는 주장은 베이컨에서 페러데이까지 여러 세기 동안에는 매우 제한될 수밖에 없었다. 왜냐하면 이 시기에 활짝 성장한 유럽의 기술에 갓 등장한 과학이 도움을 줄 것은 거의 없었기 때문이다. 이 오랜 시기 동안 '이해'와 '이용' 사이의 간격은 점점 더 벌어졌으며, 이로 인해 둘 사이의 연결을 즉각 실행해야 한다는

---

17) 여러 세기에 걸친 과학과 기술 사이의 상호작용에 관해서는 Thomas S. Kuhn, *The Essential Tension*(University of Chicago Press, 1977), pp. 144-147을 보라. 또한 Multhauf의 "The Scientist and the 'Improver' of Technology," pp. 38-47을 보라.

실용주의에 대한 베이컨의 호소는 시들해졌고, 오히려 과학자들의 노력은 언젠가 인간의 상태를 개선해줄 것이라는 믿음이 나타나게 되었다. 자연 철학자가 이런 믿음을 갖게 된다면 오로지 이해를 추구하는 데에만 주의를 기울이면서 자신의 실험실에서 작업을 할 수 있을 것이다. 어쨌든 자신의 발견이 인류에게 유익을 주리라고 ── 후대에 그리고 다른 사람의 손에 의해 ── 믿으면 되었으니까 말이다.18) 그러므로 근대 과학은 실용적 기술에 많은 기여를 할 수 있기 전에 등장했던 탓에, 베이컨주의 전통을 이후 여러 세기에 걸쳐 약화된 형태로 바꾸어놓았다. 이후에 이 형태는 20세기 중반에 반네바 부시가 명료하게 표현해놓은 연구 규범canon에 통합되

---

18) 여기서 말한 수 세기 동안 자연 철학자들이 순수하게 오성을 추구했다고 과장해서 말해서는 안 된다. 소련의 과학자 헤센B. Hessen이 1931년에 런던 국제 과학 기술사 대회에 참석하여 뉴튼의 이론 동역학 mechanics과 뉴튼 시대의 기술적인 수요 ── 항해, 산업, 군사 업무 ── 사이의 관계에 대한 흥미로운 설명을 발표한 바 있다. 그는 뉴튼의 『프린키피아Principia Mathematica』의 철학서 같은 표지 이면에는 실용적인 동기가 발견되었다고 추론했다. 이는 맑스-레닌주의식의 관점에서 비롯한 것이기도 하지만, 어쨌든 헤센은 뉴튼 동역학이 그 당시의 기술적인 문제들에 대해 효용성을 갖고 있었다는 점을 명쾌하게 분석하여 보여주고 있다. "『프린키피아』의 서설에서 비록 추상적인 수학의 특성이 나타나고 있다고는 하지만, 뉴튼은 일반인의 생활과 완전히 동떨어져 있는 박식한 학자에 지나지 않는 것이 결코 아니었으며, 그 시대의 물질적, 기술적 ── 이 단어들이 갖고 있는 의미 그대로 ── 문제들의 중심에 있었다." B. Hessen, "The Social and Economic Roots of Newton's 'Principia'," in *Science at the Cross Roads: Papers Presented to the International Congress of the History of Science and Technology*, 2d ed.(London: Frank Cass and Company, 1971), p. 171. 하지만 순수한 연구라는 관념은 적어도 뉴튼으로 하여금 실용적인 내용을 노골적으로 담고 있지 않은 철학 특유의 양식으로 자신의 작업들을 다듬게 하였다. 마치 아르키메데스가 남긴 철학 저서들에서 그 자신이 히에론 왕을 위해 해결한 공학 문제들이 전혀 언급되고 있지 않는 것처럼 말이다.

었다.『새로운 아틀란티스』에서 제시되고, 왕립 학회 헌장에도 기재되었던 강경한 베이컨주의 교의에서는 과학과 실용적 관심이 융합되어 즉각 편익이 산출되고 과학자들은 이 둘을 연결하려고 하는 것으로 앞날을 내다보고 있었다. 하지만 이후 수 세기 동안 많은 자연주의자들이 채택했던 것은 베이컨주의 전통의 약화된 형태였다. 이 관점에서는 과학의 진보와 인류 복지의 개선, 이 두 가지가 서로 연결되는 데 걸리는 시간이 늦추어졌다. 이 둘은 이렇게 시간적으로나, 이들을 수행하는 사람들 사이에서도 분리가 일어났던 것이다.

　두 용어의 분리는 이 시기 과학과 기술의 관련 제도가 정렬되면서 더욱 심해졌다. 특히 과학과 실용 기술의 각각에서 진보를 이루는 사람들의 사회적 배경과 경제적 환경 차이가 커서 분리는 더욱 강화되었다. 18세기와 19세기의 대부분의 시기에 자연 철학자들은 물타우프의 표현을 빌리면, '기술 개량가'들과는 어쩔 수 없는 경제적 이유 탓에 서로 매우 많이 달랐다. 기술에 거의 어떠한 영향도 주지 않았기에, 그 당시 과학은 경제적 수익을 가져다주지 못했다. 따라서 과학은 성직자나 일부 전문가들처럼 자신이 재력가이거나 후원자를 둔 사람들만 할 수 있었다.

　이에 반해 기술은 실제적인 노동에 종사하고 기술이 가져다주는 경제적 수익에 의해 생계를 유지하는 사람들의 손에 있었다. 이러한 사람들이 이룬 작지만 중요한 공헌들은 기술 진보 사회에서 대부분이 그렇듯이 으레 묻히기 마련이었다. 그러다가 특허법이 고쳐져 '발명가'들이 기술 변화를 통한 수익의 일부에 대한 권리를 주장할 수 있도록 허용되기도 하였다.19) 하지만 유럽 사회에서 발명가들은 신사 계급의 과학자들과는 동떨어진 집단이었다. 비록 발명가들이 발명을 매우 체계적으로 접근할 수도 있었다고는 하더라도, 여전히 그들은 과학을 이론적으로 파악하지 못했고 산업 혁명에 대한 공헌을 가속화하면서도 과학을 거의 필요로 하지도 않았다.

이 모든 사실은 18~19세기의 영국에서 명백하게 드러난다. 이 시기에 있었던 과학 진보의 상당수는 유복한 집안 출신 또는 교육을 잘 받은 사람들이 이룩한 것이었으며, 이들 중의 일부는 대학 환경에 남아있었다. 비록 조셉 프리슬리Joseph Priestly, 달턴Dalton, 마이클 패러데이Michael Faraday 같은 사람은 평범한 가문 출신이기는 했지만 말이다. 실로, '스코틀랜드 계몽 시대'의 과학자들이 영국 귀족 계급에게서 과학을 존경하는 풍토를 만드는 데 공헌했다는 점은 찬사를 받을만하다. 이와는 반대로 산업 혁명의 위대한 기술적 진보는 거의 대부분이 실용 발명가들과 기업가들이 전적으로 이루어낸 업적이며, 이들은 대개 과학자들에 비해 교육도 덜 받았고, 사회적 지위도 낮은 사람들이었다. 이들은 과학을 이론적으로 이해하지도 못했고 또 그럴 필요도 없는 사람들이었다. 에릭 애쉬비는 다음과 같이 말하고 있다.

산업 혁명은 실제적이고 솜씨 좋은 손재주를 가진 사람들이 성취해 낸 것이었다. 브라마, 모즐리, 아크라이트, 크롬프턴, 코올브룩데일의 다비스, 글래스고우의 닐슨은 과학 또는 기술에 대해 체계적인 교육을 전혀 받지 못한 이들이었다. 영국 산업의 힘은 아마추어들과 자수성가한 이들, 이를테면 숙련공 발명가, 제분소업자, 철기 제조업자 같은 사

---

19) H. Stafford Hatfield, *The Inventor and His World*(Penguin Books, 1933), pp. 11-22.

람들에서 나왔다. (19세기 중반의 만국 박람회의) 크리스털 팰리스는 영국 기술의 우월함을 눈부시게 보여주는 상징이었는데, 이 건물이 아마추어가 설계했다는 사실은 결코 우연이 아니다. 이러한 영국 산업의 부흥에 잉글랜드의 대학들은 조금도 기여한 바가 없다. 스코틀랜드 대학만이 아주 작은 부분에 기여했을 뿐이다. 실로, 어떠한 형태의 정규 교육도 산업 혁명의 성공 요인으로 보기는 어려웠다.20)

과학과 기술을 구별하는 중요한 요소인 계급을 고려할 때 과학의 진보와 산업의 진보가 완전히 서로 다른 배경을 갖고, 훈련도 다르게 받으며, 서로 다른 목적에 맞추어진 완전히 서로 다른 사람들의 손으로 이루진 셈이다.21)

이렇게 뿌리가 분리되었다는 인식은 19세기까지 이어졌지만, 이러한 분리와 관련한 제도적 형태는 크게 바뀌었다. 한 세기가 진행되면서 과학자들은 점점 더 대학의 지원을 얻을 수 있었고, 과학은

---

20) Sir Eric Ashby, *Technology and the Academics : An Essay on Universities and the Scientific Revolution*(London: Macmillan, 1958), p. 50. 또한 A. E. Musson and Eric Robinson, *Science and Technology in the Industrial Revolution*(University of Toronto Press, 1969)을 보라.
21) 영국 산업 혁명의 아이러니는 많은 사람이 발명품을 통해 커다란 부를 얻었는데, 그들은 아들들을 상층 계층으로 보내기 위해서 "공공" 학교에 보냈다. 그런데 그곳에서 상층 계층에 팽배해있던 반산업적 가치뿐만 아니라, 고전적 수업 내용을 통해 순수 호기심이라는 그리스적 사고를 배웠다는 점이다. *Marshalls of Leeds*(Cambridge University Press, 1960)에서 림머William G. Rimmer는 2~3대가 농촌 신사의 삶에 매혹되면서 힘들어진 어떤 기업의 이야기를 상세히 서술하고 있다. 더 일반적인 분석을 위해서는 "The Gentrification of the the Industrialist," in Martin J. Wiener, *English Culture and the Decline of the Industrial Spirit 1850-1980*(Cambridge University Press, 1981), pp. 127-154를 보라.

엘리트의 소명과도 같은 것이 되어갔다. 대학과 연구소에서 연구를 전문으로 하고, 이를 통해 경제적으로 생활을 영위할 수 있는 직업이 생겨나면서 과학의 성장은 더욱 강력하게 촉진되었다. 또한 이러한 점은 과학 연구가 그 자체를 위해 추구되어야만 한다는 관점을 강화하는 데 제도상의 뒷받침이 되기도 했다. 19세기에는 과학의 목적에 대한 서구의 가장 오래된 관점이 완전히 다시 일깨워진 것이다. 그러나 19세기는 또한 베이컨이 제안했던 과학과 기술의 결합이 마침내 완료되는 시기이기도 했다. 수많은 손꼽히는 과학자들── 유명한 사례로 켈빈을 들 수 있음 ──은 근원적인 이해뿐만 아니라 실제적인 기술에 눈을 돌려 문제들을 선택하고, 이와 관련하여 세부적인 연구를 추구했다.22) 막스웰의 장 이론이 "교육을 제대로 받지 못한 전기 기사"들의 좀 더 원시적 사고를 대체한 것은 이후 영국과 미국의 전력 발전에 분수령이 되었다.23)

과학이 기술에 직접 영향을 미치기 시작하자 기술자의 역할은 더욱 극적으로 변하였다. 기술 혁신을 위해서는 과학의 방법들을 산업 공정에 지속적으로 응용하는 것이 필요하다는 인식이 점차 퍼져 나가자 전문 기술 학교들이 생겨나기 시작했고, 프랑스의 에콜 폴리테크닉École Polytechnique은 그 시초이다. 19세기가 끝날 무렵에는 산업계가 수많은 훈련된 기술자 또는 엔지니어들을 고용해야 한다는 점이 분명해졌다. 이러한 점은 많은 경우에 경험적인 방

---

22) 켈빈Kelvin 경의 과학에서 국가적 수요가 가치는 역할에 대한 재미있는 설명을 위해서는 Crosbie Smith and M. Norton Wise, *Energy and Empire: A Biographical Study of Lord Kelvin*(Cambridge University Press, 1989)를 보라.
23) Bruce J. Hunt, "'Practice versus Theory': The British Electrical Debate, 1888-1891," *Isis*, vol. 74(September 1983), pp. 341-355.

법들을 계속 더 선호하기 마련인 산업계에서도 마찬가지였다.

    새로운 체계를 가장 완전하게 제도화한 이들은 독일인들이었다. 이러기 위해 독일인들은 무엇보다도 대학을 독창적인 과학 연구를 위한 환경으로 만들었다. 이러한 환경은 전례가 없는 것으로, 학문 Wissenschaft에 대한 위대한 환상에 고취된 것이었다. 이전 세기부터 괴팅겐과 할레의 대학들은 연구를 통한 새로운 지식의 창출을 강조하기 시작했다. 이런 변화는 19세기 초에 새로운 대학들—1810년에 베를린, 1811년에 브리슬라우, 1818년에 본, 1826년에 뮌헨—이 속속 설립되어 나가면서 더욱 빨라졌다.24) 또한 라이프찌히와 같은 기존의 대학들에도 이러한 분위기가 계속 퍼져 나갔다. 그 결과, 과학의 에너지는 폭발하였다. 등록 학생, 교직원, 예산의 규모가 급상승했다. 새로운 학과가 탄생하고, 기존 학과에서는 세부 전문 분야가 새로 생겼다. 한편, 연구와 교수로서 하는 교육 사이의 연결이 강화되었다. 교수들은 자신의 연구소에서 연구 작업을 지휘했고, 또한 자신의 분야에서 수업을 책임지고 있었다. 과학 교과 과정의 필요를 충족하기 위해 새로운 학습 형태들—전문가 강의, 연구 세미나, 실험 실습, 전공 논문 연구—이 창조되었다. 이 시기에 독일 대학에는 어두운 면이 있었다. 그것은 중요한 새로운 분야의 발전을 제한하는 대학 구조의 경직성이었다. 교수들은 연구소를 개인의 왕국으로 보았고, 교수들의 독재 권력에 매달려있던 교직원들은 승진에 대해 과도한 불안에 시달렸으

---

24) Joseph Ben-David, "The Universities and the Growth of Science in Germany and the United States," *Minerva*, vol. 7(Autumn-Winter 1968-69), pp. 1-35와 John S. Brubacher and Willis Rudy, *Higher Education in Transition: A History of American Colleges and Universities, 1636-1976*, 3rd ed.(Harper & Row, 1976) 참조.

며, 가르치는 과학 지식의 양을 단일한 수준으로 묶어놓아 다른 직업으로 진출하려는 학생들에게는 필요한 것보다 더 많은 것을 가르치고, 연구직을 바라는 학생들에게는 필요한 것보다 부족하게 가르치는 현상이 발생했다. 그러나 전반적인 기록은 매우 뛰어났다. 독일, 오스트리아, 스위스에 설립되었던 독일어 통용 대학들은 과학 발전을 선도하는 중심이었던 것이다.

독일인들은 19세기의 급속한 기술 진보를 지원하기 위해 여타 나라들과는 다른 독특한 제도상의 장치를 이용했다. 그들은 응용 과학과 개발 부문을 '공과 대학Technische Hochschulen'과 산업계에 맡기고 이들 기술 학교와 이 학교를 통해 얻은 직업들에 새로운 명성을 부여했다. 그에 따라 독일인들은 순수 과학과 기술의 분리에 대한 견고한 인식을 제도화하였고, 순수 과학은 대학과 연구소에 맡기게 되었다. 학생들은 어린 시절부터 이들 대안적인 직업 경로를 따라 편성되었으며, 과학의 추동력이 증가하는 산업의 분야들에서는 필요한 숙련 인력을 기술 학교와 기술 관련 기관들에게서 제공받았다. 화학 염료나 의약과 같은 분야에서 급속한 기술 진보를 유지하기 위해서 독일인들은 최초로 광범위한 응용 연구 프로그램을 개발하였다. 그에 따라 그들은 순수 연구와 응용 연구 사이의 분리 —— 과학 연구와 실용적 발명 사이의 분리만이 아니라 —— 를 뚜렷하게 제도화하여, 물타우프가 지적했듯이 "고대에 서로 적대적이었던 철학자와 상인들"의 관계를 상기시킬 정도의 관계를 생성해내었다.[25]

---

25) Multhauf, "Scientists and the 'Improvers' of Technology," *Technology and Culture*, p. 43. 물타우프는 여기에서 독일의 경험 그 이상에 대해서 얘기하고 있다.

이러한 제도상의 장치들은 응용 과학과 순수 과학의 분리를 분명히 하는 것처럼 보였지만, 이해와 이용이라는 연구 목적의 상호작용에 얽힌 복잡한 과정들을 감추는 것이기도 했다. 기술의 변화에 과학의 중요성이 점차 증가함에 따라 대학에서 수행하는 연구에도 근본적인 이해뿐만 아니라, 실용적 기술을 목적으로 하는 연구 사례들이 어쩔 수 없이 하나둘 나타나기 시작했다. 화학 산업계는 대학 교육을 받은 화학자들을 모집하여, 이들로 하여금 일괄 처리 방법들을 통해 새로운 합성 연료를 생산하도록 하였다. 이들이 쓴 방법은 대학 교육을 통해 익히 터득하고 있었던 것을 재연한 것이었다.26) 한편 대학 바깥에서는 두 가지 목적을 병합한 중요한 연구 사례들이 있었다. 19세기 후반기에는 연구에 대한 산업계의 수요가 증대하여 오늘날 막스 프랑크 연구소Max Planck Institutes의 전신인 카이저 빌헬름 연구소Kaiser Wilhelm Institutes가 탄생했고, 이 연구소는 효용성을 반영한 과학 연구의 중심이 되었다. 그러나 독일의 제도는 응용 과학과 순수 과학의 분리를 너무 강하게 조장

---

26) 루이스W. W. Lewis는 "독일 대학을 나온 화학자들은 이러한 업무에 잘 맞도록 교육을 받았지만 독일이 성공한 만큼 전문직의 발전 측면에서는 잘못된 방향으로 전개되었다"고 말하고 있다. 염색료는 소규모의 일괄 공정을 통해 화학자들에 의해 만들어졌는데, 이들은 여전히 실험실적 관점에서 사고하고 있었고 대규모의 실험실 장비는 화학에 대한 이해가 거의 없는 기계 공학자들에 의해 만들어졌다. '그 결과는 화학 인력과 공학 인력이 분리되었는데' 이런 현상은 독일의 산업계에서만 나타난 것이 아니라 전문 교육을 받은 인력을 공급하는 대학과 기술 학교에서도 마찬가지였다"는 것에 주목하고 있다. 루이스의 관점에서는 바로 이러한 점 때문에 대규모 화학 공정을 제어하는 데 필요한 화학, 물리학, 기계 공학에 대한 지식을 보유하고 있던 미국에서 화학 공학의 연속 흐름 기법, 대량 생산이 가능했다. W. K. Lewis의 "Chemical Engineering—A New Science" in Lenox R. Lohr, ed., *Centennial of Engineering: History and Proceedings of Symposia 1852-1952* (Chicago: Centennial of Engineering, Inc., 1953), pp. 696-699를 보라.

하였다. 이러한 분리는 독일의 관념론 철학에 의해 강화되었으며, 순수 연구라는 그리스의 관념이 독일 대학에서 근대적 형태로 두드러지게 부활한 것이다. 헬름홀쯔는 1862년에 하이델베르크에서 연설한 「대학 담론Academical Discourse」에서 이러한 부활의 정신을 명료하게 표현하고 있다. 헬름홀츠는 "과학을 추구하면서 즉각적인 실용적 효용성을 찾아내려고 하는 사람들은 ……아무것도 찾지 못할 것이다"라고 선언한 것이다. 이러한 용어들은 훗날 80년 뒤에 반네바 부시의 주장에 반영되기도 했다.27) 한편, 응용 과학은 이 시기까지 전례 없던 위신을 갖추면서, 산업의 성장을 추진하는 데 기여하였다.

## 미국의 응용 과학과 순수 과학의 분리 및 제도화

순수 과학과 응용 과학 모두에서 이룩한 독일의 눈부신 업적으로 인해 독일의 체계는 특별한 영향력을 갖게 되었다. 두 영역 모두 매우 뛰어나다보니 이를 탄복하면서 바라보던 세계의 눈에는 독일의 제도적 장치들이 마치 사물들의 자연 질서와도 같은 것으로 비쳐졌다. 19세기 말과 20세기 초에 수천 명의 미국인들이 독일 대학에 밀물처럼 몰려들었다.28) 이러한 흐름은 1880년대에 절정기를 이루었는데, 이 사실은 신흥 산업국의 수요에 적절한 고등 학문들이 미국 체계에서는 부족했다는 점을 반영한다. 또한 그러

---

27) Ashby, *Technology and the Acadmics*, p. 25에서 재인용.
28) Ben-David, "The Universities and the Growth of Science," pp. 1-35를 보라.

한 진보된 학문 연구를 창조해내는 것은 지속적인 과제였다. 궁극적으로 과제를 해결하는 과정에서 독일로 갔던 학생들이 미국에 가져온 과학 교육과 연구에 대한 환상이 큰 역할을 했다는 사실은 그리 놀랄 일이 아니다. 하지만 미국에서의 제도 발전의 세부 경로는 독일의 그것과는 상당히 달랐다.

이전 시기의 미국 과학이 아주 강한 공리주의의 특징을 갖고 있었음을 볼 때, 독일의 경험을 모방해서 미국에서 순수 과학의 제도적 기반을 새로운 대학 안에 대단히 성공적으로 마련했다는 사실은 무척 놀라운 것이었다. 식민지 시대부터 미국의 과학자들은 이해에 대한 추구와 이용에 대한 추구, 이 둘을 서로 결합하는 것이 자연스러운 것임을 알아냈다. 미국은 기술 지향성이 강한 사회였으며 진보에 대한 믿음도 강력했다. 그리고 미국인들이 과학에 대해 마음이 끌린 것은 과학에서 무언가를 발견한다는 것이 갖는 매력 때문이기도 했지만, 그 과학이 실제적인 방식으로 도움을 줄 수 있을 것이라는 믿음 때문이기도 했다. 미국 독립 혁명 이전에 벤자민 프랭클린Benjamin Franklin은 이러한 목적들의 융합에 대해서 미국 철학회 헌장에 글을 쓰기도 했다. 또한 1819년에 실리만은 『미국 사이언스지American Journal of Science』를 창간하고, 이 학술 잡지에 실린 연구들이 기술과 유용한 목적을 위해 응용하는 데 기여하길 바랬다.[29] 19세기 중반에 이르자 예일, 프린스턴과 같은 대학에서 과학 관련 학부, 대학원이 앞 다투어 설립되었는데, 이들 과정은 오늘날의 관점에서 보면 순수 과학과 공학이 혼합된 것이었다. 남북 전쟁이 끝나고 수십 년 동안 농업 대학과 시험소의 임

---

29) Multhauf, "The Scientist and the 'Improver' of Technology," p. 43에서 재인용.

무는 과학과 기술을 그 내부에서 혼합하는 것이었다. 19세기 후반에 연방 정부 안에 설립한 과학 관련 기관들은 공공에 대한 과학의 편익을 확고히 믿고 있었다. 또한 이후 19세기 말에서 20세기 초에 이르는 진보주의 시대에 활발히 일어났던 자연 보호 운동 conservation movement의 기반을 마련해주기도 하였다.30)

위와 같이 과학을 추구하는 목적들이 섞여버린 것은 18~19세기에 미국이 배출한 걸출한 과학자들──많지는 않지만──의 연구에서도 잘 드러난다. 프랭클린이 실용 기술에 얼마나 푹 빠져있었는지는 너무 유명해서 굳이 따로 언급을 안 해도 될 정도이다. 프랭클린은 자신의 프랭클린 난로를 발명했던 것처럼, 자신의 가장 중요한 과학 연구 업적이라고 할 수 있는 전기 연구를 할 때에도 실용적 목적을 제쳐두었다고 말하기는 어려울 것이다. 프랭클린의 전기 연구가 물려준 유산은 원천 지식의 비약적인 도약뿐만 아니라 최고로 실용적인 피뢰침까지도 포함하는 것이다.

이처럼 과학 연구의 서로 다른 동기들이 혼합되는 모습은 조셉 헨리의 연구에서도 찾아볼 수 있다. 헨리는 페러데이와는 별도로 전자기 유도 원리를 발견하였고, 이로써 자기를 전기로 전환하여 전력 생산의 길을 열게 한 인물이다. 일찍이 증기에 대한 탐구를 해 나가던 헨리는 산업에서 증기력의 이용이 확산되고 움직이는 '증기 마차'가 이미 논의되고 있음을 잘 파악하고 있었다. 이후에 전자기로 연구 방향을 돌렸을 때, 헨리는 자신의 중요한 발견에서

---

30) Michael James Lacey, "The Mysteries of Earth-Making Dissolve: A Study of Washington's Intellectual Community and the Origins of American Environmentalism in the Late Nineteenth Century," Ph. D. dissertation, George Washington University, 1979.

산출될 실용적인 편익을 잘 이해하고 있었다. 1분에 75번 왕복 운동을 할 수 있는 전자기 기계 장치를 처음 만들고나서, 헨리는 이 장치를 '철학적 장난감'으로 묘사하기도 했지만, 이어서 "이 장치의 개량판이 나오면 유용한 목적에 응용할 수 있을 것"임을 특별히 언급하였다. 사실상 이 장치는 격류 전기 모터를 앞서서 만든 것이라고 할 수 있다.31) 그럼에도 불구하고 헨리는 이 연구 결과를 발표하지 않기로 결정하는데, 이는 석탄에서 증기력을 발생하는 것보다 아연을 쓴 배터리에서 전기력을 발생하는 것이 효율면에서 떨어진다는 자신의 계산에 근거한 것이었다. 헨리는 상업적 발명을 의도적으로 삼갔고, 19세기 중 미국의 가장 유명한 발명가가 되는 데 전혀 노력을 기울이지 않았다. 하지만 헨리는 이용에 대한 고려를 통해 자신의 과학 연구 방향을 결정하는 것을 전적으로 자연스럽게 생각했다.

화학 열 역학의 상태 규칙을 정식화하고 통계 역학의 창립자인 조지아 깁스Josiah Willard Gibbs의 경우를 보면 이보다 더 미묘하다. 이 과학자가 열 역학 제2법칙의 함의를 찾고자 했던 열정, 그가 이용했던 수학적 우아함, 그가 예일 대학에서 박사 학위를 받은 세 번째 사람이라는 사실은 이해에 대한 순수한 추구를 보여주는 것일지 모른다. 그러나 깁스는 그의 연구 문제로 증기와 전기의 시대에 중요할 수밖에 없는 문제를 선택했고, 이러한 실제 자연 현상을 더 광범위하게 이해할 수 있도록 도와주는 학문인 물리학과 교수 자리에 그를 모셔오려던 학생들의 열정도 대단하였다. 이질적 물질의 평형에 대한 그의 접근이 얼마나 우아했던지, 그의 추종자였

---

31) Thomas Coulson, *Joseph Henry: His Life and Work*(Princeton University Press, 1950), pp. 65-72.

던 영국의 제임스 맥스웰James Clerk Maxwell의 지속적인 홍보에도 불구하고 산업계에서는 몇 년 동안 그 가치를 제대로 이해하지 못하였고, 그의 업적을 제대로 읽어낼 수 있는 이도 거의 없었다. 이후에 독립적으로 이루어진 일련의 연구들은 깁스의 발견을 일부분씩 밝힘으로써, 결과적으로 그의 공식이 얼마나 포괄적이고 설명력이 높은가를 보여주었다. 결국, 당시 시대에 맞춰 그가 추구했던 연구의 실용적 가치가 유럽과 미국에서 인정을 받았다.

  미국 과학이 갖는 공리적 가치는 연구 대학의 성장으로 근본적으로 변화하였다. 이들의 출현은 미국 교육사에서 한 장을 장식하게 된다. 대학 교육을 마친 학생이 수천 명에 이르러 19세기 후반에 독일 대학으로 유학하는 학생들이 늘어나게 되자 심화 학습을 위한 기구를 만들어야 한다는 필요성은 점점 뚜렷해졌다. 미국 고등 교육에서 이러한 간극을 메우기 위한 노력은 미국 경제의 팽창, 특히 남북 전쟁 이후에 수십 년 동안 부를 축적한 개인들에 의해서 이루어졌다. 이러한 노력은 제임스 앤젤James Rowland Angel, 찰스 엘리엇Charles W. Eliot, 다니엘 길먼Daniel Coit Gilman, 스탠리 홀G. Stanley Hall, 윌리엄 하퍼William Rainey Harper, 데이비드 조던David Starr Jordan과 같은 인물들에 의해 선도되었다. 이들 대부분은 독일 대학에서 자신들이 배운 것을 미국에서 이루어야 한다는 비전을 갖고 있었다.

  미국 고등 교육을 휩쓴 새로운 변화의 물결은 1865년 코넬Cornell 대학, 1876년 존스 홉킨스Johns Hopkins 대학, 1891년 스탠포드Stanford 대학, 1892년 시카고Chicago 대학을 만들어냈다. 대학원이 만들어졌고 박사 과정 프로그램이 만들어졌으며, 이러한 변화는 예일Yale, 하버드Harvard, 프린스턴Princeton과 같은 사립 대학과 미시간Michigan, 위스콘신Wisconsin, 버클리California at Berkeley 와 같은 주립 대학을 종합 대학으로 탈바꿈시켰다. 하버드 대학의 선택 과목 시스템은 다른 대학으로 퍼져 나갔으며, 새로운 분야가 교과 과정으로 포함되었다.

이러한 변화는 대학이 창의적 연구와 순수 과학 교육의 중심지로서의 모습을 갖춰가는 데 제도적 뒷받침이 되었다. 이러한 점은 19세기 후반~20세기 초반에 얼바니 대학Albany Academy에서 자유롭게 연구할 수 있었던 것에 비해, 교육 책무 때문에 패러데이가 연구 결과를 발표하기 전까지 전자기 유도를 발견하고 보고를 연기해야 했던 조셉 헨리의 상황을 보면 확실해진다. 길리스피는 교수의 첫 번째 특징은 지식 체계의 보존과 발전이며 두 번째는 경제적 수익이 보장된 직업을 제공하는 것이라 일갈한 적이 있다.32) 조지 다니엘스는 미국의 남북 전쟁 이전에 이미 미국 과학자들은 그들의 전문 분야에 대한 통제권을 획득하고 아마추어들의 진입을 막고 있었다는 점을 보여주고 있다.33) 그러나 과학 연구를 경제적 수익이 보장된 전문 직종으로 탈바꿈시킨 것은 독일처럼, 연구 대학이었다.

사실, 어떤 면에서는 독일 대학에 비해 더욱 개선된 면이 있었다. 그 중의 하나가 연구 대학이라는 새롭게 정의되는 직업 경로로

---

32) Charles C. Gallispie, *The Professionalization of Science*, The Neesima Lectures(Kyoto: Doshisha University Press, 1983), p. 36; Charles C. Gillispie, *Science and Polity in France at the End of the Old Regime*(Princeton University Press, 1980), pp. 84-85.
33) George H. Daniels, "The Process of Professionalization in American Science: The Emergent Period, 1820-1860," in *Science in America since 1820*, ed. by Nathan Reingold(New York: Science History Publications, 1976), pp. 63-78.

진입하는 방식이 더욱 확실히 제도화되었다는 것이다. 독일에서는 19세기에 들어와서야 우수한 연구를 할 수 있는 역량은 교육 훈련을 받아서 얻어지는 것이 아니라 선천적으로 뛰어난 몇몇 개인에게만 주어진 특별한 기질이라고 여겨졌고, 이러한 관점을 견지하는 것은 연구 교수, 집합적 의미로는 연구 대학의 이해와 맞아떨어지는 것이다. 결과적으로 연구자 경력으로 진입할 수 있는 방법이 명백하게 제시되지 않았으며 몇 세대에 걸쳐 사강사들Privatdozenten은 슬프게도 자신들의 뛰어난 재능이 인정받을 때까지 그늘 속에서 기다릴 수밖에 없었다. 반면에 미국의 대학들은 명쾌한 접근 방법을 취하고 있었다. 단일한 수준의 학위에 집착하기보다는 학부 과정을 마치고 대학원생으로 등록하여 연구 경력을 시작하기 위해 교육을 받는다. 박사 학위 취득자 중에서 가장 유능한 사람들은 연구 대학의 신진 교수junior professor로 임명되고, 여기서 그들의 잠재력이 인정되면 정교수full professor로 진급할 수 있다34)

  미국 방식이라는 것은 결국 독일식을 그 분야에 대한 교수 한 사람이 아닌 평등한 교수 집단의 권위를 통해 발전시킨 것이다. 독일 시스템은 그것이 갖고 있는 활력으로 인해 결국 어려움에 직면한 셈인데, 급속한 특성화와 급속한 팽창에 따른 지식의 변화는 아무리 뛰어난 교수라고 하더라도 혼자 감당하기는 힘든 것이었다. 반면에 행정가 역할을 하는 동료 교수를 두고 동료들이 학과를 형성

---

34) 미국 대학 개혁자들이 학부 공부를 마치고 독일 대학으로 진학했다는 점을 고려할 때 상위 학위를 위해 진학한다는 것이 그리 중요하지 않을 수도 있다. 이러한 점 때문에 새롭게 만들어진 미국 대학원에 입학한 학생이 경험할 수 있는 것도 이들이 독일에서 경험한 것과 유사했다. 그러나 이러한 경험은 독일 대학에서 단위 학위를 위해서 공부하는 독일 학생들의 경험과는 분명히 다른 것이었다.

하는 미국식은 이러한 변화에 쉽게 적응할 수 있었다.

당연히 기초 연구를 위한 제도가 형성됨에 따라 순수 과학에 대한 관점은 19세기 초와는 완전히 달라졌다. 이러한 제도적 장치가 마련되는 과정에서 독일로부터 순수 연구 혹은 과학 교육이라는 직업 개념을 수입하면서 지식 자체를 위한 지식이라든가 기초 과학과 응용 과학 사이의 구분이라는 개념을 같이 들여오게 되었다. 이런 것을 일부 받아들임으로써 대학 안에 기초 연구를 확립할 수 있었다.

순수 과학은 대학을 통해서 제도적으로 보장을 받았지만, 산업계에서는 응용 과학이 제도화되면서 순수 과학과 응용 과학의 구분이 더욱 강조되었다. 미국 산업계에서도 과학 지식과 과학 기법이 점차 산업에 영향을 미치면서 작업대에서 이루어지던 문제 해결을 벗어나 실질적인 응용 연구를 수행하였다. 대기업에서는 현장 경험만을 갖고 있는 기술자 대신에 응용 과학자와 공학자들을 이용하였고 이들 중의 상당수가 공과 대학과 기술 학교에서 교육을 받은 사람들이었다. 이런 경향은 특히 화학 산업에서 우선적으로 나타났다. 전기 산업에는 수십 년 동안 경험적인 방법에 의존하였지고, 결국에는 20세기 전자 공학이 성장하면서 이러한 경향에 동참하였다. 다른 산업에서도 이러한 경향을 따르게 됨에 따라 에드윈 레이톤의 표현을 빌리자면, 미국의 과학과 기술은 일종의 "거울에 비친" 쌍둥이가 되어갔다.

1800년까지만 해도 기술자 집단은 기능적인 일을 하면서 중세와 달라진 것이 거의 없었지만 과학자 집단의 "거울에 비친" 쌍둥이로서 새로운 모습을 갖추게 되었다. …… 장인이 도제에게 구두口頭로 전승하는 방식 대신에 이때 기술자들은 대학 교육, 전문 조직, 전공 문헌을 도입하였는데, 이런 것들이 바로 과학자들의 방식이었다. ……결과적으로 19세기에는 기술적 문제가 과학적인 문제로 다뤄졌다. 전통적인 방식과 시행착오를 통한 경험 방식은 과학 영역에서 빌려온 방식에 밀려나게 되었다.35)

상당히 유사하면서도 다를 수밖에 없는 "거울에 비친" 쌍둥이 때문에 기초 연구와 응용 연구의 구분이 제도화되었고, 이러한 구분은 대학 내부의 순수 과학 분야로부터 상당한 환영을 받았다.

기초와 응용을 구분짓는 제도적 요인을 통해 물타우프와 그 이후의 토마스 쿤의 주장은 더욱 확장되고 있다. 물타우프는 이러한 구분이 과학자와 기술 개발자 사이에 존재하는 기질 혹은 세계관의 근본적 차이에서 발생하는 것으로 보고 지난 2000년 동안 여러 가지 비교 사례를 들어, 이들은 서로 의존적이고 가끔은 상대 영역으로 넘어가기도 하지만 육상 생물과 수중 생물처럼 구분이 명확한, 즉 상이한 종種이라고 주장하였다.36) 쿤 또한 그의 역사적인 글을 통해, 이와 유사한 차이점을 주장하고 있지만 "역사적으로 어떠한 사회도 ─ 독일은 예외적이지만 ─ 동시에 과학과 기술, 이 두 가지를 성공적으로 육성하지 못했다"는 점에서 이런 차이를 통해 그 시대의 문화 혹은 사회의 특징을 파악할 수 있다고 보았다.

---

35) Edwin Layton, "Mirror-Image Twins: The Communities of Science and Technology," in George H. Danniels, ed., *Nineteenth-Century American Science: A Reappraisal*(Northwestern University Press, 1972). pp. 210-230.
36) Multhauf, "The Scientist and the 'Improver' of Technology," p. 44.

과학을 높이 평가했던 그리스에서는 기술은 완성된 형태로 고대 신(神)으로부터 물려받은 유산으로 간주하였다. 반면에 기술력으로 유명한 로마에서는 괄목할만한 과학을 만들어 내지 못했다. ……영국에서는 독자적으로 중요한 기술 혁신을 이룬 사람들도 있었지만 일반적으론 별다른 발전을 이루지 못했고 산업 혁명이 본격화될 때 비로소 과학을 발전시킨 반면, 기술적으로 2류 국가였던 프랑스는 세계적인 과학 강국이었다. 1930년 이후에 미국과 소련도 예외적일 수 있지만(속단하기엔 아직은 좀 이르다), 2차 세계 대전 이전 한 세기 동안 동시에 과학과 기술을 최고 수준으로 유지한 유일한 국가는 독일이었다. 제도적 구분, 즉 학문을 위한 종합 대학과 산업계와 기능인을 위한 기술 전문 대학은 이러한 예외적 성공의 원인으로 볼 수 있다.37)

독일의 예외적인 성공을 보면서 쿤은 기초와 응용의 구분을 사회적 요인보다 제도적 요인으로 설명하였다. 그의 주장대로라면, 독일에서는 과학과 기술이 내재적으로 상이한 과정을 거치면서 발전한다는 점을 간파하고서 각자가 성장할 수 있는 독특한 제도적 환경을 조성하였다. 더욱 주목할 점은, 기초 과학과 응용 과학 혹은 기술을 철저하게 분리함으로써 결국 기술적 발전은 과학적 발전에 따라 결정되도록 만들었다. 이러기 위해서 순수 과학은 종합 대학과 연구소에 맡기고 기술은 전문 기술 학교와 산업계에 맡겼기 때문에 결과적으로 순수 과학과 기초 과학의 구분선은 대학 밖에 존재하는 셈이었다.

독일 못지않게 미국에서도 제도적 요인으로 인해 기초 과학과

---

37) Kuhn, *The Essential Tension*, p. 143.

응용 과학은 상이한 목적을 가진 사람들이 상이한 환경에서 벌이는 완전히 다른 활동이라는 생각을 갖게 되었다. 그러나 미국에서의 순수 과학과 응용 과학에 대한 제도적 변화는 독일과 몇 가지 점에서 크게 달랐다. 미국의 대학 개혁자들은 순수 연구에 전념할 수도 있었지만 그렇게 하려 하지 않았다. 베이컨 철학을 지닌 실용적 사회에서 연구 대학은 산업 자본의 지원을 받으며 지역의 이해 관계를 반영한 응용 연구를 수행하였다. 그 중의 하나가 모릴-햇치 법Morrill and Hatch Acts의 강력한 지원을 받은 농업 과학으로서, 이 법을 통해 토지를 공여받은 대학, 농업 시험소, 지역 담당자, 공개 강좌라는 독특한 체제가 만들어졌다.38) 또 다른 예는 생의학으로, 연구를 수행하는 새로운 의과 대학이 만들어졌다. 또 공학은 19세기 과학의 계승자로 미국 사관 학교, 메사추세츠 공과 대학MIT, 레이Lehigh 대학, 렌슬러 공과 대학Rensselaer Polytechnic Institute과 같은 독립적인 공과 대학의 등장으로 이러한 양상은 더욱 강화되었다. 미국에서 공과 대학이나 학과가 순수 물리 과학과 응용 과학의 구분을 제도화한 것으로 볼 수 있지만 신생 대학에서 공학을 퇴출해야 한다는 움직임은 없었다. 기초 과학과 응용 과학 사이의 경계는 대학 안에 존재했다.

주의 깊게 읽으면, 미국의 이러한 경험은 또 다른 면을 말한다는 것을 알 수 있다. 기초 과학과 응용 과학을 구분짓게 만든 응용 분야는 이해understanding와 이용use, 이 두 가지 모두를 목표로 하는 연구를 가능하게 하는 제도적 기반이 되고 있다는 것이다. 벨 연구

---

38) "The contrasting pattern of agricultural research," in Bruce L. R. Smith, *American Science Policy since World War II*(Brookings, 1990), p. 22 참조.

소Bell Labs와 같은 대학 밖의 연구 기관들은 이러한 복합적인 목표를 가진 연구의 터전이 되었다.

## 분리의 재강화―2차 세계 대전의 유산

2차 세계 대전을 거치며 과학과 정부 사이의 관계가 얼마나 크게 변화하였는지는 굳이 과장을 하지 않더라도 쉽게 알 수 있다. 연방 정부는 국가 수립 초기부터 과학 활동을 줄곧 지원했고, 그에 따라 19세기 말 무렵에는 연방 정부가 설립한 기관들이 미국 과학의 상당한 부분을 맡아서 수행했다. 이들 기관에는 스미소니안 연구소Smithonian Institute, 미국 지질 조사 연구소U.S. Geological Survey 따위가 있었으며, 여기에 연방 정부의 지원을 받는 농업 시험소도 큰 몫을 담당하였다. 한편, 이 당시 독일의 진보된 과학 연구 수행 모델이 성장 초기에 있던 미국 대학을 통해 퍼져 나갔다. 앞에서 언급한 기관들과는 달리, 대학 기관들은 주로 개인 기부자, 자선 재단, 주 의회, 수업료를 내는 학생들로부터 거둔 자금을 갖고 연구를 수행하였는데, 이는 뒷날 20세기 과학계에서 이들 대학이 뛰어난 역할을 담당할 수 있었던 기반이 되었다. 실로, 1~2차 세계 대전 사이에 대학의 과학자들은 연방 정부에서 지원을 받는다는 생각에 대해 깊이 뿌리박힌 적개심을 보였다. 그러한 지원은 연구 내용을 통제할 것이라는 걱정, 다시 말해서 과학의 '자율성'을 잃어버릴 것이라는 두려움이 퍼져있었던 것이다.

이러한 모든 상황은 전쟁으로 인해 뒤엎어진다. 전쟁 기간 동안 과학에 쏟은 노력들은 개화된 과학자들이 주도한 것이었다. 그러한 과학자들의 수장이었던 반네바 부시는 20세기에 가장 강력했던 대통령의 지원을 받아 전쟁에 필요한 연구 과업을 위해 재능 있는 수많은 동료 과학자를 모집하였다. 헌터 듀프리의 표현을 빌리면, 부시가 담당했던 과학 연구 개발국(Office of Scientific Research and Development, 이하 OSRD)는 "과학 분야에서 미국 역사를 통틀어 가장 실질적인 본부 조직 역할을 수행했던 곳"이었다.[39] 이어서 전례 없는 막대한 규모의 자원이 기초 과학의 연구 과제에 투입되었다. 이러한 과제의 대표적인 예로는 기초 원자력 연구가 있는데, 이 연구는 결국 전쟁의 마지막 국면을 바꾸어버린 무기 제조에 이르렀다. 전쟁이 끝나가자 과학자 사회와 정책 공동체는 연방정부가 계속 과학에 투자해야 한다는 데 합의하였다. 이어 부시는 프랭클린 루스벨트 대통령의 요청 —— 어느 정도는 부시 자신이 대통령을 고취한 데 따른 결과이지만 —— 에 따라 평화 시대에 과학 투자를 유지하기 위한 계획을 마련하였다.

부시의 보고서에는 미국 과학의 힘을 전쟁중에도 지탱하는 데 부시 자신이 어떤 역할을 수행했는지 적혀있다. 부시가 추구한 방향은 정부의 정규 조직 바깥에서 그러한 일을 주도해서 하는 방식을 선호했던 프랭클린 루즈벨트 대통령의 의도와 완전히 일치하였다. 유럽에 전운이 돌기 시작하자 당시 워싱턴의 카네기 연구소 소장이었고 MIT 공대 부총장을 역임했던 부시는 과학자 사회의 원로 4인과 함께 앞으로 어떤 방향으로 일을 추진할 것인지를 두고 일련의 토론을 벌인다.[40] 그들은 임박한 전쟁에서 미국의 이해관

---

39) A. Hunter Dupree, "Paths to the Sixties," in David L. Arm, ed., *Science in the Sixties*(University of New Mexico Press, 1965), p. 5.
40) MIT 총장 칼 콤프톤Karl T. Compton, 하버드 대학 총장 제임스 코난

계에 대한 루즈벨트 대통령의 인식을 공유하고 있었다. 또한 과학의 국제적인 특성으로 인해 그들은 뛰어난 재능을 갖춘 유럽의 과학자들이 전체주의 체제에서 자리에서 쫓겨나는 비극을 민감하게 받아들였다.<sup></sup>1) 또한 부시와 동료들도 다가올 전쟁은 일정 부분 과학과 기술의 충돌이 될 것이며, 미국은 이 두 가지에서 가공할만한 능력을 갖춘 적과 상대하게 될 것이라는 점을 루즈벨트보다 더 잘 이해하고 있었다. 그들은 미국 과학의 잠재력을 활용하기 위해서는 조금도 시간이 지체되어서는 안 된다고 느꼈다.

당시 5년 동안 부시는 워싱턴을 주요 무대로 활동하면서 국가 항공 자문 위원회 의장을 맡았고 국방 수요에 맞춰 과학과 공학을 연계시키는 경험을 했다. 또 루즈벨트 대통령의 전설적인 보좌관이었던 해리 홉킨스Harry Hopkins와 친분이 있었기 때문에 대통령에게 접근이 가능하다는 큰 자신을 가지고 있었다. 1940년도 6월에 부시는 루즈벨트 앞에 다가오는 충돌을 대비하여 국가의 과학 자원을 수집할 국립 국방 연구 위원회(National Defense Research Committee, 이하 NDRC)의 창설을 주장하는 한 쪽짜리 제안서를 내놓았다. 루즈벨트는 필요한 행정 조치를 명하였다. 부시는 의장으로 지명되었고 어렵지 않게 대통령을 만날 수 있게 되었다.42)

---

트James Bryant Conant, 벨 연구소 소장이자 국립 과학 아카데미 소장 프랭크 주엣Frank B. Jewett, 칼텍 대학원장 리차드 톨먼Richard C. Tolman이 그들이다.

41) Daniel S. Greenberg, *The Politics of Pure Science*(New York: American Library, 1967)를 보라.

42) 부시는 자신의 자서전 *Pieces of the Action*(William Morrow and Co., 1970, pp. 31-32)에서 다음과 같이 점잖게 밝히고 있다. "어떤 사람들은 국립 국방 연구 위원회를 설립하는 것은 일종의 우회 수법으로, 이를 통해 공식적인 기구 밖에서 있는 소수의 과학 기술자 집단이 새로운 무기 개발 프로그램을 추진하는 데 필요한 결정권과 자금 모두를

일 년 뒤에 국립 국방 연구 위원회NDRC는 대통령 산하의 과학 연구 개발부OSRD의 일부가 되면서 의료 연구를 담당하는 역할까지 담당하게 되었다. 과학 연구 개발부는 전쟁 기간에 미국이 보여준 과학과 산업 기술에서 두각을 나타내는 데 상당한 기여를 했다. 부시와 그의 동료들은 미국 과학 집단에서 가장 영향력 있는 사람이라는 확신을 가지고 전쟁을 수행하는 데 필요한 미국의 우수 과학자들을 참여시켰다. 과학 연구 개발부는 자체의 연구 실험실을 운영하는 것보다는 업무 계약을 추진하였고, 과학자 개인보다는 대학 혹은 산업체와 직접 계약을 한다는 새로운 개념을 선보였다. 또한 간접비를 포함하여 업무를 수행하는 데 필요한 모든 비용을 제공한다는 개념을 도입함으로써 비영리 기구도 '잃은 것이 없으면 얻는 것도 없다'는 원칙을 세웠다. 이뿐만 아니라 연구를 수행하는 산업체에는 특허권을 인정해줌으로써 인센티브를 크게 강화시켰다. 이러한 노력을 제도화하기 위해 필요한 예산은 전쟁 비용 전체에 비해서는 아주 미미한 것이지만, 그 이전에 연방 정부가 과학을 위해 지출한 비용을 고려한다면 상당한 것이었다. 그리고 전쟁이 끝나기도 전에 전쟁 기간에 펼쳐진 이러한 추동력을 전후에도 계속 유지할 수 있는 방법이 모색되었다.43)

원자 폭탄의 제조를 통해 정점에 다다랐던 전쟁 기간의 과학의

---

손아귀에 넣었다고 주장하였다. 사실 맞는 얘기다." 그러나 공식 기구 밖의 인력을 활용하려는 발상이 성공할 수 있었던 것은 루즈벨트가 새로운 정부 기구를 설립하여 업무가 제대로 이루어지도록 하는 것을 좋아했기 때문이다.

43) George H. Daniels, "Office of Scientific Research and Development," in Donald R. Whitnah, ed., *The Greenwood Encyclopedia of American Institutions: Government Agencies* (Greenwood Press, 1983), pp. 426-432를 보라.

역할은 너무나도 인상적이었기 때문에 과학 연구 개발부를 둘러싸고 벌어졌던 논쟁마저 쉽사리 잊곤 한다.44) 부시의 리더십은 대학과 산업체에 있던 과학 엘리트들을 기반으로 하고 있었는데, 처음 국립 국방 연구 위원회의 설립을 제안했던 사람들의 면면을 보면 이러한 점은 분명하다. 이들은 전쟁을 수행하기 위해서 미국의 과학 기술을 선도하던 집단들을 끌어들였기 때문에 이들의 엘리트주의에 반대하는 사람들로부터 비판을 받았다.

이러한 반응은 대공항 시절에 유래한 자유주의적이고 대중적인 불만을 배경으로 하고 있다.45) 1930년대에는 미국 경제가 붕괴한 데에는 산업계와 함께 과학계도 어느 정도 책임이 있다는 정서가 저변에 깔려있었다. 사람들은 산업체가 자신의 연구 실험실에서 나온 성과인 특허를 이용하여 시장을 좌지우지했다고 믿었고, 전쟁 초기에는 전쟁 이전에 미국 회사와 독일 회사를 연계하는 특허 체계 때문에 미국은 기술적으로 전쟁을 제대로 준비하지 못했다고 생각하는 데까지 이르렀다. 루즈벨트는 자신이 '뉴딜 아저씨Dr. New Deal'이 아니라 '전쟁 영웅Dr. Win-the-War'으로 기억되기를 바랬고, 이러한 점은 홉킨스가 계속 부시를 지지했다는 점에서 분명히 드러난다. 예산국은 직접비는 물론, 간접비까지 대학과 산업체에 지원하는 부시의 입장에 반대하였다. 이러한 반대의 목소리는 미국이 사용하는 무기를 개선하는 데 이용할 수 있는 자신들의 아

---

44) 현재 이용할 수 있는 문자 자료를 광범위하게 인용하여 이러한 점을 잘 보여주는 것은 Daniel J. Kevles, "The National Science Foundation and the Debate over Postwar Research Policy, 1942-1945: A Political Interpretation of *Science—The Endless Frontier*," *Isis*, vol. 68(March 1977), pp. 5-26이다.
45) Greenberg, *The Politics of Pure Science*, pp. 51-67을 보라.

이디어가 완전히 무시당하던 발명가들로부터도 터져 나왔다.46) 그리고 과학 연구 개발부가 미국의 우수 대학은 물론, 연구 결과로 나온 특허를 가지고서 시장을 좌지우지할 수 있는 기업들과 계약을 집중적으로 맺고 있다는 점은 또 다른 불평의 근원이었다.

이러한 비판의 목소리는 웨스트버지니아 출신의 대중주의자 킬고어Harley M. Kilgore 상원 의원이라는 든든한 후원자를 만났다. 1942년에 킬고어는 이러한 문제점을 해결하기 위한 일련의 제안서 중의 첫 번째 제안서를 제시하였고, 전쟁이 점차 진행될수록 전후 과학 기술에서의 연방 정부의 역할에 대해 점점 관심을 가지게 되었다. 1944년에 전후 기초 연구, 응용 연구는 물론 과학 인력의 양성을 촉진할 국립 과학 재단의 설립을 추진할 때 맨 처음 자문을 요청받은 이가 그였다.

부시는 킬고어가 제안서를 통해 과학에서의 정부의 역할을 과학 집단이 제대로 목소리를 낼 수 없는 특정 기구에 귀속시키려고 하며 이러한 기구는 그가 전쟁이라는 위급 상황에서도 지켜내려고 애쓴 과학의 자율성을 침해할 것이라고 파악하였다. 당연히 그는 대통령에게 전후 과학에서의 정부의 역할에 대한 새로운 제안서를 그에게 작성하도록 하자는 루즈벨트 행정부 시절의 법률관 오스카 콕스Oscar S. Cox의 제안을 반겼다. 루즈벨트는 1944년 11월 17일

---

46) 과학 기구의 영향력이 얼마나 커졌는가를 가장 잘 보여주는 것은 두 차례의 세계 대전을 거치는 사이에 개인 발명가가 제대로 주목을 받지 못하게 되었다는 사실이다. 1차 세계 대전에서는 과학 기술을 이용하기 위한 노력의 일환으로 일종의 '해군 심사 위원회naval board'을 만들고 에디슨이 직접 의장직을 맡아 발명가들로부터 들어오는 제안서를 검토하였다. 2차 세계 대전이 임박했을 때 홉킨스와 부시는 이러한 위원회의 부활 가능성을 점쳤다. 그러나 부시는 효과적으로 위원회의 재생을 봉쇄해버렸다. *Pieces of the Action*, p. 36을 보라.

에 주문을 내렸다. 이에 대한 부시의 보고서, 『과학, 그 끝 없는 미개척지』는 미국의 원자력 시대로의 진입과 함께 전쟁 기간에 과학이 그 무엇보다 중요하다는 것을 극명하게 보여주기 직적인 1945년 7월 초에 트루먼 대통령에게 제출되었다.

쉽게 얘기해서, 부시와 그의 동료들의 임무는 연구 성과에 대한 정부의 간섭은 줄이면서 기초 과학에 대한 정부의 지원은 지속적으로 강화하는 방안을 찾는 것이었다. 전쟁 때문에 미국의 우수한 과학자들은 정부의 지원을 당연한 것이라고 믿게 되었고 과학 연구 개발부에서 제시한 과학적 극표를 달성하는 데 집중하였다. 하버드와 MIT의 총장인 코난트와 콤프톤이 전후에는 국립 과학 재단의 첫 총장직을 고사했음에도 불구하고, 전쟁 기간에는 부시의 대리인 역할을 수행했다는 사실이 이러한 점을 상징적으로 보여준다. 대학과 산업체 연구소의 수많은 과학자들은 전쟁이 지속되면서 과학 연구 개발부가 알아서 주요 연구 과제를 설정하도록 양해했지만, 부시는 이들 과학자들이 군사 부문의 수요를 충족시키는 방향으로 연구를 진행하고 있었기 때문에 이들의 창의적 상상력을 맘껏 펼칠 수 있도록 노력하였다. 그러나 전쟁은 끝났다. 과학 집단은 정부의 자금 지원이 계속되지 않는다면 큰 어려움에 처할 것이라는 사실을 잘 알고 있었다. 그러나 이들은 이제껏 정부의 통제와 같은 것이 없이 자금 지원이 지속되길 원했다. 환언하자면, 과학의 자율성 복원을 바랬다.

부시와 그의 동료들은 자율성을 담보하기 위해 사용한 주요 수단은 조직이었다. 부시는 루즈벨트가 자신에게 던진 네 가지 질문의 답변을 작성하기 위해서47) 구성한 자문 위원회의 어떤 위원으로부터 전쟁 기간에 과학 연구 개발부가 했던 것만큼 기초 과학에 대해 광범위한 책임성을 가진 국립 연구 재단(National Research Foundation, 이하 NRF)의 설립이라는 아이디어를 얻어냈다. 연구 재단은 과학 집단에서 선출한 위원회가 관리하도록 되어있었다. 재단의 총장은 대통령이 지명하고 상원의 비준을 받는 것이 아니라 이 위원회에서 선출하도록 하였다. 존 홉킨스 대학의 총장 이사야 보우먼Isaiah Bowman이 의장으로 있는 부시의 자문 위원회는, 심지어 재단의 예산이 연방 정부 예산 과정과는 별도의 소모 예산으로 책정함으로써 장기간에 걸쳐 한 번씩만 갱신하도록 하려고 했다.48) 부시는 자신의 보고서에는 이러한 극단적인 주장에서는 다소 물러서서 국립 연구 재단도 연방 정부의 예산 절차에 따라야 한다고 주장했다. 그러나 분명한 것은 그가 제안한 대로 연구 재단이

---

47) 전쟁 기간에 발전한 과학 정보를 어떻게 이전해야 군사 보안을 유지하면서 사회 복지의 진전시킬 수 있는지? 의료 연구 프로그램을 만들려면 무얼 해야 하는지? 공공 기구와 민간 기구에서 이루어지는 모든 연구를 지원하기 위해 정부는 무엇을 해야 하는지? 미국 청소년의 과학적 재능을 발견하고 개발하기 위해서는 무엇을 해야 하는지? Vannevar Bush, *Science—the Endless Frontier: A Report to the President on a Program for Postwar Scientific Research*(Washington: National Science Foundation, 1945, reprinted 1960), pp. 3-4에 있는 루즈벨트가 부시에게 보낸 편지를 보라.

48) 부시의 원래 보고서 별첨 3인 보우먼 위원회 보고서는 과학 재단이 설립 40주년 기념으로 과학 재단에서 발행한 부시 보고서를 통해 재발간되었다. Vannevar Bush, *Science—The Endless Frontier: A Report to the President on a Program for Postwar Scientific Research* (Washington: National Science Foundation, reprinted 1990), pp. 70-134를 보라. 과학 재단의 초기 자산은 5억 달러로 예정되었다. 흥미로운 것은 보우먼 위원회의 주장은 1980년대 후반에 브라운Harold Brown이 의장으로 있던 국립 과학 아카데미National Academy of Sciences Committee의 보고서에서 그대로 반복되었다. 브라운 위원회는 비영리 연구 개발 조직의 설립과 이 조직의 예산으로 의회에서 50억 달러를 우선 책정하고, 이 조직이 몇 년 동안에 걸쳐 전적인 예산 집행 권한을 가져야 한다고 주장했다.

설립되었다면 그 재단은 기초 과학을 위한 정부 예산을 과학 집단이 목소리를 낼 수 있는 기관에 몰아줌으로써 과학의 자율성을 지켰을 것이다.

한편, 부시는 그의 전략적 목적을 위해 조직 설립이라는 방법만을 사용한 것은 아니다. 그의 보고서가 나중에 커다란 영향을 미칠 수 있었던 이유는 기초 과학의 본질적 비전과 기술 혁신 사이의 관계를 명확히 밝힘으로써 정부가 과학의 자율성을 지원할 필요가 있다는 자신의 주장을 강화하였기 때문이며, 이러한 견해는 국립 과학 재단 설립 계획이 어려워짐에 따라 더욱 중요해졌다. 앞에서 지적한 대로, 기초 연구에 대한 부시의 첫 번째 규범, 즉 실용적인 목적 없이 기초 연구가 이루어져야 한다는 주장은 미국과 정책 집단으로 하여금 기초 과학 연구자들의 자유로운 창의성을 제한하려는 어떤 시도도 본질적으로 자기 파괴적인 것이 될 것이라고 믿도록 하는 데 사용되었다. 그의 두 번째 규범, 즉 기초 연구가 기술 발전의 속도를 결정한다는 주장은 정책 집단으로 하여금 기초 과학에 투자를 하면 다양한 국가 수요를 충족시킬 기술을 개발할 수 있다고 믿게 만들었다.

## 부시의 계획에 대한 반응

『과학, 그 끝 없는 미개척지』에 대한 반응은 한 마디로 아이러니였다. 부시의 조직 설립 계획은 좌절되었지만, 그의 사상은 큰 호응을 얻었다. 자치적이면서 전쟁 기간의 과학 연구 개발부만큼이나 다양한 업무를 수행할 대규모 국립 연구 재단을 만들려던 그의 계획은 1945년의 그의 보고서 출판에서 1950년의 국립 과학 재단 설립까지 벌어진 정책 과정에서 좌절되고 말았다. 부시의 계획은 워싱턴주 워렌 맥너슨Warren G. Magnuson 상원 의원에 의해 즉각 법안 형태로 제출되었지만, 법률 조항에 대한 대통령과 의회의 저항에 부딪쳐 실행은 5년이나 늦어졌다. 저항을 불러일으킨 가장 중요한 것은 부시가 새로운 기관을 정치적 통제에서 격리시키려고 하던 조항이었다. 트루먼 대통령과 그의 보좌관들은 대통령이 지명하고 의회에서 비준을 받은 총재가 이 기관을 관리해야 한다는 확고한 입장을 가지고 있었다. 1947년에 투르먼은 이러한 조항이 제대로 반영되지 못한 법안에 대해 거부권을 행사했고, 당시 의회 양원을 장악하고 있던 공화당도 법안을 재의결할 정족수를 채우지는 못하였다. 민주당이 다시 의회 다수당이 되고 난 뒤인 1950년에 이 법안이 의회를 통과하였지만, 재단의 초대 총장 알랜 워터먼 Alan Waterman은 부시의 계획과 비슷한 국가 과학 위원회(National Science Board, 이하 NSB)라는 비상시 조직에서 임명했지만 재단의 총장은 대통령이 지명하고 의회의 비준을 받도록 되었다.49)

부시의 제안은 새로 만들어질 기관의 관리 위원회가 결국 미국의 우수 과학자들에게 발언권을 주려는 시도로 보고, 정부의 투자는 우수 대학과 기업에만 국한되서는 안 된다고 보는 의원들로부터도 공격을 받았다. 의회는 원래 선거구의 이해에 따라 반응하는 지역 중심의 기관인 만큼, 의회에서 쏟아지는 부시에 대한 비판은 대다수가 자금을 배분할 때 지역적 요소를 고려하는 것이 더 공평한 것이라는 견해를 가지고 있었다.

---

49) Kevles, "The National Science Foundation and the Debate over Postwar Research Policy, 1942-1945," p. 26.

또 다른 두 가지 관점에서 부시의 제안에 대해 반대가 나타났다. 하나는 정부가 지원하는 연구의 결과로 나온 특허권은 2차 세계 대전 전후로 상당히 미묘한 문제였다. 그러나 과학 재단의 지원금은 그 이름대로 산업체가 아니라 주로 대학 연구를 위한 것이라는 사실이 명확해지자 이러한 문제는 곧 잦아들었다. 두 번째 문제는 사회 과학과 관련이 있었다. 부시와 그의 동료들은 이 문제에 관해서 상당히 보수적이었고 가치를 둘러싼 논쟁에 휩싸일 수밖에 없는 사회 연구와 과학을 섞이게 하고 싶지 않았다. 부시가 보고서를 통해 제안한 법안에는 사회 과학을 '기타' 범주로 구분한 반면, 과학에 대한 보다 진보적인 역할을 원했던 의회 의원들은 사회 과학에 대한 명시적 언급을 원했다. 1950년에는 부시가 이겼지만, 1968년에 법률이 수정되면서 과학 재단은 사회 과학 연구도 지원하도록 되었다.

『과학, 그 끝 없는 미개척지』의 출판과 국립 과학 재단의 설립 사이의 5년 동안 부시가 국립 연구 재단에 부여하려던 여러 가지 기능은 조각이 나고 말았다. 우선 원자핵 연구는 1946년에 원자력 에너지법에 의해 5인으로 구성된 원자력 에너지 위원회로 귀속되었다. 포괄적인 과학 기관은 원자력 에너지에 대한 직접적인 책임은 다른 데로 넘겨줄 수도 있었겠으나, 1943년에 맨하탄 프로젝트에서 과학 연구 개발부가 우라늄 위원회의 업무를 책임지고 있었던 것처럼 부시가 구상한 기관은 과학에 대한 정부의 지원이라는 관점에서 그 역할은 더욱 커진 것이었다. 그러나 국립 과학 재단을 설립하기 위한 법률은 모든 것을 바꿔놓았고, 과학 재단이 핵 과학 연구를 지원하는 경우에 원자력 에너지 위원회의 허가를 받도록 규정하였다.[50]

국방 분야 또한 과학 연구 개발부가 사라지자 기초 연구를 지원하기 위한 프로그램을 시행함으로써 그 공백을 메웠는데, 1949년에 국방부Department of Defence의 설립은 역할 이전이 확고하게 이루어졌음을 의미했다. 과학 연구 개발부가 곧 없어질 것이라는 것을 알고 전쟁성 장관과 해군성 장관은 일찌감치 합동 연구 개발 위원회Joint Research and Develpment Board를 창설하였는데, 아이러니하게도 부시 자신이 의장을 맡았다. 1945년에 설립한 해군 연구국 Office of Naval Research은 기초 과학을 지원하기 위한 프로그램을 강력하게 추진함으로써 어떤 의미에서 '국립 과학 재단을 잉태하고 있었던' 셈이다. 그곳의 국가 연구 자문 위원회National Research Advisory Committee는 대학 사회와의 중요한 가교 역할을 하였을 뿐만 아니라 지원할 가치가 있는 연구 과제를 선정하는 데 동료 평가라는, 당시로서는 성공적인 과제 선정 모형을 개발하였다. 해군 연구국 부소장이자 수석 과학자였던 워터먼은 나중에 국립 과학 재단의 초대 총장이 되었다.

아마도 가장 흥미로운 것은 과학 연구 개발부의 역할을 대신할 기관도 없이 생명 의학 연구를 위해 만들어진 조항 때문에 국립 연구 재단의 영역은 더욱 축소되었다. 의회와 대통령이 새로운 기관의 설립에 어려움을 겪고 있던 1947년에 과학 연구 개발부의 의학 위원회를 소집하여 공중 보건국Public Health Service에 자신의 연구 계약을 이전하였다. 이미 1930년대부터 내부에 생명 과학 연구를 위한 실험실을 갖추고 있던 국립 보건소National Institute of Health는 국립 보건원National Institutes of Health으로 이름이 바뀌었고 외부

---

50) National Science Foundation Act of 1950, P. L. 507, chapter 171, sec. 15(a), Security Provisions.

과제를 지원하기 위한 대규모 사업이 맡겨졌는데, 이 사업에 관한 한 의회는 예산을 지속적으로 증액하였다.51)

과학 집단에서 선출한 위원회가 기초 과학의 총괄 기관을 관리 했다면 전후 수십 년 동안에 이 기관이 얼마나 효과적이었을까에 대해서 의문을 가질 수 있다. 처음에 구상한 기관은 다양한 정부 부처의 업무에 관여하게 되어있었다. 다시 되살아난 예산 압박에 대처하기 위하여 이 기관은 의회 내부에 강력한 새로운 동맹 세력이 필요했다. 또 부시가 대통령의 과학 보조관 직책을 맡고 있었지만, 그가 전쟁 기간에 실감한 대로 이 기관은 대통령의 강력한 지지가 필요했다. 예를 들어, 1943년에 원자 폭탄 개발이 미군의 맨하탄 프로젝트에 맡겨졌을 때처럼 전쟁 초기에 원자 폭탄에 대한 과학적 연구가 과학 연구 개발국로 이전되었을 때도 백악관의 지원은 필수불가결한 것이었고, 부시는 여전히 대통령에 직접 보고할 수 있는 '최고위 위원회'의 의장을 맡고 있었다. 루즈벨트도, 홉킨스도 백악관을 떠나가자 부시와 트루먼 혹은 그 측근들과의 거리는 훨씬 멀어졌다. 부시와 당시 과학 정책을 담당하고 있던 대통령 보좌관 존 스틸먼John R. Steelman 사이의 관계는 긴장 속에 놓여 있었지만, 스틸먼은 부시 보고서가 발간된지 2년만에 핵심 측면에서 『과학, 그 끝 없는 미개척지』를 대체할 "스틸먼 보고서", 『과학과 공공 정책Science and Public Policy』이라는 5권의 새 보고서를 작성하도록 허락을 받을 만큼 대통령의 신임을 얻고 있었다.52) 대통

---

51) *Biomedical Science and Its Administration: A Study of The National Institutes of Health*(Washington, 1965)를 보라.
52) 이 두 개의 보고서 모두 과학과 이를 위한 과학 정책에서 연방 정부의 지원의 중요성에는 의견을 같이 했다. 그러나 스틸먼 보고서는 부시가 거의 언급하지 않았던 정부 자체의 과학 설비와 대통령의 관할 하에 있

령과 의회의 중심 세력으로부터 강력한 지원이 없었다면 미국 과학자들의 기구를 통해 관리되는 자율적 재단의 권위도 전쟁 기간의 과학 연구 개발부처럼 광범위하지 못했을 것이다.

어쨌든『과학, 그 끝 없는 미개척지』에서 제시한 조직 설립의 계획은 결국 시험에 들지 못했지만, 계획의 좌절 때문에 과학 기술에 대한 패러다임은 더욱 지지를 받게 되었다는 것은 상당한 아이러니이다. 사실 부시가 제시한 조직 설립 계획이 성공했다면 실제만큼 그의 보고서가 이데올로기적으로 깊게 뿌리박히지 못했을 것이다. 계획이 실패했기 때문에 그의 패러다임은 R&D를 집중적으로 수행하는 기관이나 결국 새로 설립한 과학 재단에 의해 쉽게 수용되었다. 기초 과학의 지원 업무가 파편화되고 각자 맡은 과학 영역이 보장됨에 따라 국방부는 부시의 관점을 과학 집단과의 관계를 공고히 하는 것으로 받아들였다. 1948년 봄, 잡지『포춘Fortune』에서 근무하던 어떤 모험적인 기자가 미국 물리학회 모임에 갔을 때 논문의 거의 80%가 해군 연구국의 지원을 받았다는 사실을 발견했다.53) 하비 브룩스와 같은 이들을 보면 냉전의 시작 때문에 일부의 과학 집단을 위해서 2차 대전 이전의 상황이 상당히 재연되었다는 것을 알게 된다. 사실 5년 동안의 연기 기간을 거치면서 부

---

는 새로운 과학 기관의 필요성을 강조하였다. 이러한 관점에서 스틸먼은 대통령 과학 보조관이 필요하다고 주장하였다. 대통령 산하 과학 연구위원회President's Scientific Research Board 의장 스틸먼의 *Science and Public Policy: A Report to the President*, 5 vols(GPO, 1947)을 보라.

53) *Fortune*, vol. 38(October 1948), p. 166의 'The Scientists'를 보라. 이 통계 수치는 Kenneth Macdonald Jones, "Science, Scientists, and Americans: Images of Science and the Formation of Federal Science Policy, 1945-1950," Ph. D. dissertation, Cornell University, 1975, p. 362에서 재인용했다.

시의 제안이 축소되었지 시들거나 죽지 않았던 이유는 강력한 과학적 기반이 군사 안보의 핵심이라는 믿음이 있었기 때문이다.54) 한국 전쟁의 발발과 냉전이 실제 전쟁으로 치달을 수 있다는 현실적 가능성으로 인해 1950년대 초에 국립 과학 재단이라는 실제 조직이 만들어졌다.55)

미국의 국립 과학 재단은 5년 간의 휴지기를 거쳐 설립되었을 때 부시의 생각을 전적으로 수용하였다. 대학의 기초 연구를 지원하는 것에만 임무를 국한시킴으로써 과학 재단은 기술 진보의 기반으로서의 기초 연구라는 생각을 흔쾌히 받아들이는 것으로 인식되었고, 국가 과학 위원회NSB의 두 번째 연간 보고서에 나타나있는 '기술적 결과technological sequence'라는 서술은, 1장에서도 인용하였지만 글자 그대로 기술 이전을 고려한 선형 모델에 대한 명확한 언급이다. 워터먼은 정부 부처와 기관이 자기 업무 영역을 지키는 데 얼마나 열중하는지를 알고 있었기 때문에 국립 과학 재단이 정부 전체를 대신하여 과학을 고민하는 역할을 해야 한다는 예산국Budget Bureau의 주장에 지속적으로 반대하였다.

부시의 패러다임이 얼마나 정책 집단의 의식 속에 깊이 자리 잡고 있는가를 보여주는 전후의 사건이 바로 1957년에 스푸트닉

---

54) 연방 정부가 기초 과학에 지속적으로 지원하는 데 냉전이 큰 역할을 했다는 것은 Harvey Brooks, "National Science Policy and Technological Innovation," in Ralph Landau and Nathan Rosenberg, eds., *The Positive Sum Strategy: Harnessing Technology for Economic Growth*(Washington: National Academy Press, 1986), pp. 119-167 에서 볼 수 있다.

55) William A. Blanpied, ed., *Impacts of the Early Cold War on the Formulation of U.S. Science Policy: Selected Memoranda of William T. Golden, October 1950-April 1951*(Washington: American Association for the Advancement of Science, 1995)을 보라.

Sputnik 발사에 대한 반응이다. 미국이 스푸트닉을 기술 분야 중의 어느 한 분야에서 미국을 앞지른 것으로 보고 더 큰 발사체를 만들고 우주 기술의 다른 분야를 더 가다듬음으로써 소련을 따라잡거나 앞지를 수 있다고 생각했을지도 모른다. 그리고 미국은 정말 이렇게 했고 마침내 사람을 달에 갖다놓았다. 그러나 정책 집단은 스푸트닉을 미국 과학에 대한 소련의 전면 도전으로 인식하였는데, 왜냐하면 기술에서의 비약적 발전은 반드시 과학에서의 비약적 발전에 근거한다고 설득되어있었기 때문이다. 아이젠하워D. D. Eisenhower 대통령 자신도 이러한 반응에 중요한 역할을 했다. MIT의 제임스 킬리언James R. Killian을 부시 이후에 처음 대통령의 과학 보좌관으로 임명하여 스푸트닉에 대한 과학 분야 대응 계획을 지원하도록 하였다. 또한 아이젠하워는 대통령 과학 자문 위원회PSAC를 설립하여 킬리언을 의장으로 임명하였다. 미국 의회 역시 이와 비슷하게 미국 과학에 대한 도전에 대응하였다. 소련의 예상치 못한 깜짝 발사 이후 몇 년 동안 미국에서는 사실상 거의 모든 과학 분야의 예산이 마구 치솟았기 때문에 기초 과학의 발전에서 새로운 기술로 이어지는 연속선상의 다른 끝에서 혁신 결과가 나왔다면 아마도 소련이 깜짝 놀랐을 것이다. 스푸트닉 발사에서 미국인의 달 착륙까지 연방 정부가 기초 과학에 한 지원은 실질 가치로 거의 5배 수준으로 증가하였다.

스푸트닉에 의해 촉발된 이러한 분위기와 냉전 초기 경쟁은 1960년대를 넘기지 못했다. 베트남, 대학 캠퍼스와 도시에서 벌어진 혼란, 인플레이션 없는 지속적 경제 성장의 종말, 기술의 부정적 효과에 대한 우려, 이러한 것들 때문에 정책 집단은 전후 과학과 정부 사이의 계약의 핵심이었던 기초 과학에 대한 지원을 지속적으로 확대하는 데 소극적일 수밖에 없었다.56) 그러나 놀라운 것은 변화를 추구하는 사람들과 전후 협상을 지키려는 사람들 사이에 벌어진 논쟁은 부시의 패러다임에서 차용한 개념을 토대로 하고 있었다.

이러한 개념이 얼마나 유포되어있는지를 보여주는 논쟁이 있었는데, 이는 국방부가 다양한 현재의 무기 시스템에 연구 활동이 얼마나 기여했는지를 파악하기 위해서 수행한 회고 조사retrospective survey를 통해 과학 집단에 날린 공격에서 비롯되었다. 이 "하인드사이트 프로젝트Project Hindsight"의 결과는 과학적 발견은 군사 기술의 지속적 발전을 위한 직접적인 원천이라는 단순한 믿음을 흔들어놓았다. 20가지의 무기 시스템 발전 과정에서 나타난 수백 가지의 중요한 '사건' 중에서 연구 활동에서 비롯된 것은 1/10도 되지 않았고, 국방 수요를 목적으로 하지 않은 기초 연구에서 비롯된 것은 1/100도 되지 않았다. 무기의 향상은 기존의 기술을 개량한 결과이거나 연구가 아닌 현재 시스템의 기술적 한계를 인식하고 개발 활동을 벌인 결과였다.57) 물타우프는 과학을 통해 만들어진 무기 때문에 2차 대전을 종결짓고 전후 정부와 과학 사이에 전략적 균형을 만들어졌다고 본 사람들은 미국의 군사력의 겨우 1/10

---

56) 이에 대해서는 Smith, *American Science Policy since World War II*, pp. 73-107과 Brooks, "National Science Policy and Techno- logical Innovation," in Landau and Rosenberg, *The Positive Sum Strategy: Harnessing Technology for Economic Growth*, pp. 119-167을 보라.
57) C. W. Sherwin and R. S. Isenson, *First Interim Report on Project Hindsight*(Summary)(Department of Defense, Office of the Director of Defense Research and Engineering, 1966; final report, 1969). 또 이들의 "Project Hindsight: A Defense Department Study of the Utility of Research," *Science*, vol. 156(June 23, 1967), pp. 157-177을 보라.

혹은 1/100만이 사전 기초 연구에서 비롯되었다고 생각하기 힘들었을 테지만, 이 연구는 미국이 첨단 기술 시대에 우위를 점하고 있는 기술 분야에서 이룩한 상당수의 발전이 과학적 발견의 결과가 아니라 기존 기술의 확장이었다는 점을 상기시켜는 것이었다고 지적했던 바이다.

"하인드사이트 프로젝트"는 국방부와 연방 정부의 다른 독립 기관에서 매년 투자하는 4억 달러의 기초 연구비를 직접적으로 위협하는 것이었기 때문에 과학 집단의 경악은 당연한 것이었다. 국립 과학 재단은 이를 반박하기 위한 연구인 "트레이시스TRACES"를 진행하였는데, 이것은 5가지의 주요 기술 혁신, 즉 비디오 녹음기, 경구 피임약, 전자 레인지, 자성 세라믹스, 메트릭스 절연체가 나오기까지의 과정을 그려내는 것이었다. 이러한 기술 혁신의 원천은 기초 과학이었다는 것은 익히 알려진 것이었기 때문에, 이 기술 혁신은 과학을 토대로도 가능하다는 것을 보여준 것이지 새로운 기술의 개발은 기초 과학의 발전에 따라 결정된다는 일반적인 해석을 내린 것은 아니다.58)

---

58) Ilinois Institute of Technology Research Institute, *Technology in Retrospective and Critical Events in Science*[*TRACES*] (Washington: National Science Foundation, 1968). 흥미로운 제3의 관점이 기븐스와 존스톤에 의해 제시되었는데, 이들은 영국의 모든 기술 관련 잡지 『이슈 *Issue*』의 '신제품' 란에서 선택된 영국 회사가 수행한 최근의 제품 혁신을 표본으로 하여 과학과 과학자의 역할을 연구함으로써 혁신 대상 범위를 확대하였다. Michael Gibbons and Ron Johnston, "The Roles of Science in Technological Innovation," *Research Policy*, vol. 3 (November 1974), pp. 220-242를 보라. 기븐스와 존스톤은 자신들의 연구 결과를 힌드사이트 프로젝트와와 트레시시스TRACES의 중간 쯤으로 규정하였는데, 제품 혁신에 참여하는 문제 해결자들이 상당히 빈번히 과학자들과 협의를 한다는 사실에 주목했던 것이다. 이들은 이러한 문제 해결자들과의 대면 인터뷰를 통해 기술 혁신의 상류, 즉 과학의 간접적

하인드사이트Hindsight와 트레이시스TRACES는 과학에서 벌어진 산발적인 '사건'을 통해서 기술 혁신의 원천을 찾으려고 했다는 비판을 받을 수 있다. 그러나 과학에 대해 갖고 있는 우리의 개념에 대한 이들 논쟁을 통해서 가장 주목할만한 것은 이 두 가지 연구에서 나타난 관점 모두에 전후 패러다임이 각인되어있다는 것이다. 특히 국방부와 국립 과학 재단 모두 선형 모형의 관점에서 사고를 했기 때문에 국방부는 국방 기술을 위해 중요한 것은 개발에서 생산과 운영까지의 선형 과정의 일부라고 주장한 반면, 과학 재단은 트레이시스TRACES 연구를 통해 탐색한 기술의 성장을 위해서는 순수 연구가 중요하다고 주장하였다. 어느 쪽도 기술적 수요가 원천 과학 연구를 고취시킬 수 있다는 점에 주의를 기울이지 못했다. 특히 트레이시스TRACES의 연구 결과를 옹호하던 사람들조차 이러했다는 것은 더욱 놀라운 일인데, 왜냐하면 이 연구를 통해 분석한 기초 과학 연구 중의 일부는 이들 기초 연구의 산물인 기술적 활용에 의해 직접적으로 촉진되었다는 점이 명백하기 때문이다.

결과적으로 고대적 요소와 현대적 요소를 모두 고려해야 왜 현실 관계와 괴리된 과학 기술의 패러다임이 지지를 받는지 알 수 있다. 부시의 첫 번째 규범의 기저에 놓여있는 순수 호기심이라는 생각은 고대적인 것이다. 그리스에서는 오직 히포크라테스만이 응용 기술과 철학적 호기심의 분리를 반대하였다. 베이컨 시대까지 실

---

영향을 추적하려는 노력은 하지 않았다. 후방 도식화backward mapping는 이러한 논쟁에서 가장 결정적인 미국 논문인 코므레와 드립스의 연구에도 잘 나타나 있는데, 나중이 이들의 연구는 의료 보건의 특정한 분야의 혁신에 국한되었다. Julius H. Comroe Jr. and D. Dripps, "Scientific Basis for the Support of Biomedical Science," *Science*, vol. 192(April 9, 1976), pp. 105-111. 코모레와 드립스의 연구 결과는 3장에서 살펴볼 것이다.

용적 목적에 대해서는 현재와 다른 입장을 견지하고 있었기 때문에 이해understanding와 이용use을 백과사전적 과학encyclopedic science이라는 틀로 연계시킬 수 있었다. 그러나 기술과는 다른 심오한 과학이 그 이후에 등장함에 따라 자연 철학자들은 그들의 발견은 인류를 행복하게 만드는 데 기여할 수 있을 것이라고 믿었지만 이것은 후세의 다른 사람들의 역할이라고 생각했는데, 이것은 부시의 두 번째 규범의 전조라고 할 수 있다. 심오한 과학이 새로운 기술의 원천으로 간주되던 프란시스 베이컨 이후 3세기 동안, 이용 지향적인 기초 연구를 통해 얼마든지 가능한 과학과 기술의 상호작용은 20세기 중반에 이용 지향적 기초 연구가 창의성을 제한하고 결국 자기 파괴적인 것이 될 것이라고 주장하면서 과학의 자율성을 지켜내려던 과학 집단의 활동으로 인해 은폐되었다. 『과학, 그 끝 없는 미개척지』의 과학관이 승리하면서 이러한 모순은 전면화되었다. 그러나 이러한 패러다임과 실제 과학 사이의 긴장은 여전하고 국방에서 경제 영역으로 미국의 수요가 옮겨감에 따라 부시의 규범에 대한 도전은 더욱 끈질기게 지속되고 있다. 다음 장에서는 기초 과학과 기술 혁신의 실제 모습을 중심으로 이러한 관계를 바라보는 새로운 시각을 제시할 것이다.

## 제3장 패러다임의 전환

이미 50년 전에 부시는 기초 과학과 그것의 역할에 대한 패러다임을 제시하였고, 이것은 전후에 과학 정책 집단의 사고방식에 깊게 자리 잡게 되었다. 서구의 과학 철학에서 볼 수 있는 순수 호기심이라는 자연 과학의 이상과 응용 과학과 순수 과학 사이의 제도적 분리를 반영하고 있는 이 이해의 분석틀은 전후에 과학 공동체에 대한 관심이 얼마나 컸음을 보여줌과 동시에, 이후 오랫동안 과학 기술 정책에 상당히 영향을 미쳤다.

그러나 이러한 분석틀이 내놓은 정책들이 변화된 시대의 요구를 충족시키기에는 부적절한 모습을 보이자 분석틀에 의구심을 갖게 되었다. 사실, 이러한 의구심은 모든 주요 산업국에서 나타나는 공통적인 현상이다. 이제 호기심에서 출발한 순수 기초 과학에 투자를 많이 하면 세계 시장에서 경쟁할 수 있는 기술이나 사회의 다양한 요구 모두를 충족시켜줄 수 있는 기술을 개발할 수 있다고 믿는 사람은 거의 없다. 예컨대, 영국에서 1993년 5월에 출간한 과학 기술 정책 백서는 "정부는 단순히 [기초 연구basic research로부터] 산업에서 이용할 수 있는 응용 가능한 결과가 반사적으로 나타난다는 것을 믿어서는 안 된다"라고 적고 있다.1) 오늘날 모든 산업국에서는 기술 경쟁에서 승리하기 위하여 과학을 적극 활용하는 데 깊은 관심을 갖고 있다. 그리고 이렇게 관심이 고조됨에 따라, 전후 분석틀에 대한 근본적인 비판에 대응할 수 있는 여건이 조성되고 있다.

## 초기의 이견들

일단 이러한 지배적인 패러다임의 문제점을 인식하고 나면, 많은 사람들이 기존 분석틀이 제시하던 1차원적인 개념을 더욱 현실적인 것으로 만들려고 했다는 사실을 알게 된다. 이것은 마치 미켈란젤로가 대리석을 깎아서 관념 속의 천사를 표현했던 것과 같다. 초기에, 관념적인 것을 현실적인 것으로 만들어내려던 인물로는 하버드 대학 총장이자 부시의 가장 절친한 동료였던 제임스 코난트를 꼽을 수 있다. 그는 1950년에 국립 과학 재단(National Science Foundation, 이하 NSF)이 창립되었을 때 초대 총재직을 거절한 인물이기도 하다. 그러나 그는 국가 과학 위원회(National Science Board, 이하 NSB)에 대한 참여는 적극적이었고, 의장으로 선출되기도 했다. 국립 과학 재단의 첫 번째 연감에 남긴 그의 머리말에는 명백히 이단적인 관점이 나타나있다.

아무도 기초 연구와 응용 연구 사이에 뚜렷한 경계를 그을 수 없으며, 과학 재단이 지원하는 연구들이 기초 연구로 분류될 수도 있고, 응용

---

1) *Realising Our Potential: A Strategy for Science, Engineering and Technology*, Cm 2250(London: Her Majesty's Stationery Office, 1993), p.2.

연구로 분류될 수도 있을 것이다. 위원회의 입장이 아니라 개인적인 입장에서 나는, 우리가 "응용 연구"와 "원천 연구fundamental research"라는 용어를 함께 버리는 게 좋을지도 모른다는 제안을 감히 하고 싶다. 괜찮다면 "실용 연구programmatic research"와 "자유 연구uncommitted research"라는 표현을 제안하고 싶다. 왜냐하면 특별한 목표를 지향하는 연구 사업과 인간의 무지한 영역에 대해 자유롭게 탐구하는 연구 사이에는 분명한 구분이 존재하기 때문이다. 이른바 응용 연구는 실용 연구이고, 기초 연구라고 하는 것들도 마찬가지일 것이다.2)

그는 분명히 이런 견해가 개인적인 것이지 위원회의 입장이 아니라고 밝혔다. 이 재단의 연감은 "기술의 연속성"의 중요성을 강조하고 있었으니까, 그럴만도 했다. 분명히, 코난트는 "기초basic"라는 용어를 "원천fundamental"으로 대체함으로써 부시와의 직접적인 충돌은 피했다. 그러나 코난트는 이 용어들이 사실상 같은 의미이자 특정한 과학 영역에서 이해를 확장하는 모든 연구, 즉 자신이 "자유 연구"라고 부르고 부시가 기초 연구라고 불렀던 "호기심에서 출발한 과학" 이상의 것을 포괄하는 것으로 이해했다.3) 사실, "원천"과 "자유"가 동일하다는 것을 거부함으로써 이용과 이해라는 두 가지 목적의 상호관계를 명확히 인식하게 되었다. 즉, 기초 혹은 원천 연구가 이용을 염두에 둔 사업 연구로, 동시에 순수 발

---

2) National Science Foundation, *First Annual Report, 1950-51*(Washington: Government Printing Office, 1951), p. viii.
3) 부시가 기초 연구는 실용적인 목적을 염두에 두지 않고 이루어지는 활동이라고 정의한 것은 아니다. 만약 부시가 실제 이렇게 생각했다면, 응용 연구는 순수 연구를 구축驅逐한다는 동어반복 이상의 의미를 갖게 될 것이다.

견을 위한 자유 연구로도 분류할 수 있다.

기초 연구가 이용을 염두에 두고 진행되었는지 여부에 따라 이것을 구분할 수 있다는 이 아이디어는 연구 목적 사이의 관계가 훨씬 복잡하다는 사실을 밝히고자 하는 사람들의 관심을 끌게 되었다. 루이스-클락 탐험대Lewis and Clark expedition에 나타난 토마스 제퍼슨Thomas Jefferson의 통찰을 다룬 에세이로 유명한, 과학사가 제럴드 홀튼은 여기에서 자연계에 대한 이해라는 뉴튼의 전통과 이러한 이해를 바탕으로 의도적인 결과를 달성하고자 하는 베이컨의 전통을 결합시킨 범주의 필요성을 역설하였다. 이러한 범주에는 "어떤 사회 문제가 발생할 경우에 이것을 해결하는 데 필수적이지만 아직 무지 상태인 기초 과학에서 이루어지는 연구"도 포함된다.4) 벨 연구소에서 이루어지는 기초 연구를 다룬 일련의 논문에서 릴리언 허드슨은 다음과 같이 분석틀을 변경할 것을 제안했다.

"원천 연구"와 "기초 연구"는 현상의 실험과 이론적인 방법을 통해 현상의 물리적인 토대를 이해하려는 시도를 지칭하는 것이다. 여기에서 "기초 연구"라는 용어는 산업이라는 맥락에서 수행되어지는 원천 연구를 지칭하는 것으로, 응용으로 이어질지도 모르지만 본질적으로 응용을 지향하는 것은 아니다. 한편, 공학과 기술을 포괄하는 응용 연구는 본질적으로 실제적인 응용을 지향하는 것이다.5)

---

4) Gerald Holton, *Science and Anti-Science*(Harvard University Press, 1993), p. 115.
5) Lillian Hoddeson, "The Emergence of Basic Research in the Bell Telephone System, 1875-1915," *Technology and Culture*, vol. 22 (July 1981), p. 514.

현대 과학 기술 정책에 대한 드보라 새플리와 러스텀 로이는 심각한 조사 결과와 함께, 허드슨이 특별한 의미로 사용한 "기초 연구"와 상당히 유사한 연구 범주를 다시 제시하고 있다.

요컨대, 잃어버린 것은 응용 과학과 응용 공학, 그리고 의도적인 기초 연구purposive basic research의 중요성이다. 여기서 의도적인 기초 연구는 벨 연구소에서 극초단파 전송을 연구하는 과정에서 찰스 타운즈 Charles H. Townes가 분자 증폭기를 발견한 예나, 대부분의 생의학 연구에서 보는 바와 같이 보편적인 응용을 위하여 행해진 근본 본질에 대한 연구이다.6)

기존 분석틀에 대한 회의는 생의학 분야에서 이루어지는 연구를 여기에 따라 분류하려던 사람들에게 널리 퍼져있다. 대다수의 생의학자들은 응용 연구에는 당연히 해당 분야의 기초를 이해하려는 연구까지 포함시켜야 한다고 주장한다. 따라서 줄리어스 콤로와 로버트 드립스는 임상 분야의 발전을 주도한 연구 활동을 대상으로 한 독창적인 분석에서 임상 문제는 물론, "기초적인 생물·화학·의학 메커니즘"과 관련 있는 연구 범주를 설정했다.7)

실용 목적으로부터 기초 연구를 분리하려는 것이 가능하지 않다는 주장에 대해서 응용 목적을 갖고 있는 것은 연구를 지원하는 사람들이지, 연구를 수행하는 사람들이 아니라고 주장하기도 한다.

---

6) Deborah Shapley and Rustum Roy, *Lost at the Frontier*(ISI Press, 1985), p. 9.
7) Julius H. Comroe Jr. and Robert D. Dripps, "Scientific Basis for the Support of Biomedical Science," *Science*, vol. 192(April 9, 1976), pp. 105-111.

과학이 제도화된 현재, 우선 순위를 설정하고 지원 자금을 통제하는 사람들은 연구 목적에 영향력을 행사할 수 있다. 과학 재단의 초대 총재였던 알랜 워터먼은 후원자와 연구자 사이의 이러한 차이를 잘 봉합함으로써 연구 결과에 상관없이 과학자는 기초 연구를 추구하는 데 있어서 자유로워야 한다는 부시의 믿음을 지지해 주었다. 1964년에 미국 과학 진흥 협회(American Association for the Advancement of Science, 이하 AAAS) 총장 퇴임 연설에서 그는 다음과 같은 점을 강조했다.

> 어떤 실용적인 문제를 해결하는 데 이바지하고자 하는, 즉 "임무 지향적"이라고 불리는 기초 연구에 대한 지원이 꾸준히 증가하고 있다. 이러한 연구는 연구를 수행하는 사람에게 실용적으로 중요한 어떤 것을 발견하도록 요구하거나 기대하지 않는다는 점에서 응용 연구와 구분된다. 연구자는 어떤 방법을 이용해서든 미지의 것을 탐구할 수 있다. 그러나 이러한 연구는 지원 기관이 언젠가 연구 성과가 기관의 임무를 수행하는 데 도움을 줄 것이라는 믿음을 바탕으로 한 효용성이라는 동기를 갖고 있다는 점에서 "자유로운" 기초 연구와는 다르다. …… 따라서 기초 연구 활동은 오직 과학의 발전을 위해 이뤄지는 "자유로운" 연구와 즉각적이고 예측 가능한 실제 유용성을 기대할 수 있다는 이유로 지원되는 "임무 지향적" 기초 연구로 나눌 수 있을 것이다.[8]

얼마나 재치 있게, 기초 연구는 실용적인 목적을 염두에 두지 않는 과학자들이 담당해야 한다는 부시의 주장을 손상하지 않고서

---

[8] Alan T. Waterman, "The Changing Environment of Science," *Science*, vol. 147(January 1, 1965), p. 15.

"임무 지향적" 기초 연구라는 범주를 소개하고 있는지 보라. 그의 주장에 따르면, 지원 기관만이 "임무 지향적" 기초 연구를 지원할 때 그런 생각을 하고 있으면 된다. 사실상 개별 연구자는 지원 기관과 같이 공동으로 무슨 연구를 할 것인지 선택하고, 그 이후에는 실용적인 목적에 대한 생각 없이 자유롭게 연구를 추구한다.

하비 브룩스Harvey Brooks는 의회가 과학 재단 헌장에 대한 '다다리오 수정안Daddario amendaments'을 심의하던 1967년에 하원 과학 및 우주 위원회에 제출한, 기술 발전에서의 과학의 역할에 대한 보고서를 통해 워터먼보다 한층 더 정교한 분석틀을 제시하였다.9) 브룩스는 서문에서 기초 연구와 응용 연구의 구분에 대한 흥미로운 분석을 제시하였는데, 다음과 같은 점에서 워터먼과 상당히 유사하다.

> 연구 종사자와 후원자 사이에는 명백한 관점의 차이가 있을 수 있다. 연구를 수행하는 과학자들이 상당히 원천적인 연구라고 생각하는 것이 후원 조직이나 기관의 관점에서 보면 확실히 응용 가능하고, 자신의 업무에 적절히 사용할 수 있는 것으로 볼 수 있다.10)

워터먼처럼 브룩스도 연구 문제의 선택에 미치는 제도적인 영향의 상호작용에 따라 기초 연구를 구분지었다. 특히 워터먼의 "임무 지향적 기초 연구"를 "지향적 기초 연구oriented basic research"로

---

9) 전체 보고서의 제목은 다음과 같다. *Applied Science and Technological Progress: A Report to the Committee on Science and Astronautics U.S. House of Representatives by the National Academy of Sciences*(Government Printing Office, 1967).
10) Brooks, "Applied Science and Technological Progress," p. 1706.

짧게 줄인 점이 눈에 띈다.

세부적인 선택 방향은 전적으로 내부의 과학적 기준에 따라 결정될 수 있지만, 과학자가 연구 업무를 선택하거나 위임받은 연구 영역 자체가 잠재적인 응용성 혹은 응용 가능성에 대한 믿음에 따라 달라질 수 있다. 이러한 유형의 연구를 "지향적 기초 연구"라고 할 수 있다.11)

또한 브룩스는 연구가 수행되는 곳에 따라 그에 대한 인식이 달라질 수 있다고 주장했다. 예컨대, 대학 연구실에서 수행한 반도체 재료에 대한 연구는 '순수 연구'로 간주되는 반면에, 벨 연구소에서는 연구 성과에 대한 잠재적긴 고객이 존재한다는 이유만으로 이것을 '응용' 연구로 간주하는데,12) 사실 이런 요인은 과학자의 후원자뿐 아니라 현장 과학자의 생각에도 중요한 영향을 미친다.

트랜지스터가 발견되자마자 게르마늄이 기술적으로 중요하게 되었으며, 4족group IV 반도체 재료의 속성에 대한 모든 연구는 잠재적으로 응용 가능한 것으로 간주되었다 ……그리고 띠정제 단일 결정zone-refining single crystals 이론에 대한 연구는 트랜지스터 재료를 제어하는 데 즉각적으로 응용할 수 있는 것이었기 때문에 단순히 응용 가능한applicable 것이 아니라 실제로 응용되는applied 것이라고 할 수 있게 되었다. 반면에 트랜지스터를 발견하기 이전에는 이런 두 가지 연구 모두 과학적 관점에서는 관심의 정도나 중요성이 동일했고, 원천 연구 혹은 '순수 연구'로 분류되었다.13)

---

11) Ibid.
12) Ibid.

그러나 또 한편으로는 브룩스는 다음과 같이 급진적인 견해를 취했다.

기초basic와 응용applied이라는 용어는 어떤 의미에서 서로 상충되는 것이 아니다. 응용 목적을 지향하는 연구는 해당 분야의 개념적 구조나 전망에 중요한 영향을 미치기 때문에 고도로 근본적인 것일 수 있다. 더구나 응용 가능한 연구라는 이유만으로 이것을 기초 연구가 아니라고 할 수는 없다.14)

브룩스는 자신의 주장을 펴면서, 이미 살펴본 이해와 이용의 목적을 혼합하는 모습을 보여주었던 후기 파스퇴르의 예를 들었다. 이것은 1차원의 기초 연구와 응용 연구라는 일직선을 바탕으로 한 아이디어에 근본적으로 문제를 제기하는 것이었다. 동시에, 이해와 이용이라는 연구 목적을 이해하는 데 필요한 또 다른 분석틀의 밑바탕이 되었다.

## 공식적인 분류 체계

부시의 분석틀에 호감을 갖고 있던 사람들이 중요한 위치를 차지하고 있었던 미국에서는 이런 초기의 이견들에 대해서 이렇다 할 공식적인 반응은 없었다. 그러나 전후에 미국과는 상이한 경험을 겪은 나라에서는 이해와 이용 사이에 존재하는 더욱 복잡한 관

---

13) Ibid.
14) Ibid.

계를 밝히고자 노력했다. 영국은 예외이지만, 산업국 중의 어떤 나라도 미국처럼 전후 패러다임을 형성할 수 있는 조건을 갖추지는 못했다.15) 전후 미국의 과학이 갖는 위상 때문에 모든 나라가 부시의 분석틀을 인정하고 있었지만, 사실 전쟁으로 인한 사회 및 경제적 혼란으로 인하여 이러한 나라들의 과학자들은『과학, 그 끝없는 미개척지』의 출간 이후에 미국 과학자들이 정부에 대해 요구하던 바를 똑같이 요구할 수 없는 처지였다.

한계는 있지만, 개념적으로 이해와 이용이라는 두 목적을 혼합하려는 노력은 OECD 회원국들이 자기 나라의 과학 및 기술 활동을 보고하는 데 사용할 분류 체계를 정교하게 만들려는 OECD의 연구에서 확인할 수 있다. OECD의 『프라스카티 매뉴얼*Frascati Manual*』— 매뉴얼 작성에 대한 합의가 이루어진 회의가 1963년에 이탈리아의 프라스카티에서 개최됨 — 의 지속적인 개정판의 내용을 쫓아가다보면 어떤 노력이 있었는가를 알 수 있다. 첫 번째 매뉴얼의 초고는 영국의 과학 정책 전문가이자 이후에 서쎅스Sussex 대학의 과학 정책 연구소Science Policy Research Unit의 공동 창설자인 크리스토퍼 프리먼Christopher Freeman이 도맡다시피 하여 작성했는데, 여기에서는 미국의 과학 재단에서 십여 년 동안 이미 사용하고 있던 용어 정의를 그대로 가져다 사용했다. 따라서 프리먼의 초고에서는, 미국 과학 재단의 대표들이 바라던 대로 부시의 분류에 대해 어떤 이의도 제기하지 않았다. 원천 연구는 "가까

---

15) 영국 역시 2차 세계 대전을 통해 조국의 과학자들이 전쟁의 승리에 얼마나 기여를 했는지 잘 알고 있었다. 이러한 인식은 왕립 학회Royal Society가 건의한 뉴턴 탄생 300주년 기념 100인치 망원경 제작에 대해 정부의 즉각적인 허가라는 가시적인 모습으로 나타났다.

운 미래에 실용적인 응용성을 갖지는 못하나, 일차적으로 과학 지식의 진보를 위한 연구"로 정의하였으며, 응용 연구는 "가까운 미래에 응용할 수 있는" 연구로, 실험 개발experimental development은 "유용한 재료, 장치, 제품, 시스템, 공정 등을 도입하거나 기존의 것을 개선하기 위한 응용 연구와 기초 연구의 성과 활용"으로 정의하였다.16) 결과적으로 기술 혁신은 궁극적으로 과학의 발견에 기원한다라는 부시의 두 번째 원리는 프라스카티 회의에서도 온전히 살아남아있었다.

이러한 분류에 수정이 가해진 것은 1970년에 『프라스카티 매뉴얼』이 개정되었을 때였다. 이 개정안에서는 세 가지 수준에서 기초 연구와 응용 연구를 정의하였다. 먼저 연구 및 실험 개발research and experimental development을, "과학 및 기술 지식을 증가시키고 동시에 기존의 지식을 이용하여 새로운 응용물을 고안해내기 위해 체계적으로 수행되는 창조적인 활동"이라고 포괄적인 정의를 내렸다.17) 그리고 나서 기초 연구basic research ─ "원천fundamental"이라는 용어 대신에 부시의 용어를 사용함 ─ 는 "일차적으로 특별한 실용 목적이나 응용을 지향하지 않으나 ……새로운 과학적 지식과 이해를 얻기 위하여 수행된 독창적인 연구", 응용 연구는 "일차적으로 특별한 실용 목적을 지향하고 ……새로운 과학 혹은 기술 지식을 얻기 위하여 수행되는 독창적인 연구"로 정의하였다.18)

---

16) OECD Directorate for Scientific Affairs, *The Measurement of Scientific and Technical Activities: Proposed Standard Practice for Surveys of Research and Experimental Development: Frascati Manual*(Paris: Organization for Economic Cooperation and Development, 1962), p. 12. 이후 각 연도 『프라스카티 매뉴얼』 참조.
17) *Frascati Manual*, 1970, p. 13.
18) Ibid., pp. 13-15.

〈그림 3-1〉 1970년 『프르스카티 매뉴얼』의 기초 연구, 응용 연구, 실험 개발 연구의 도식적 표현

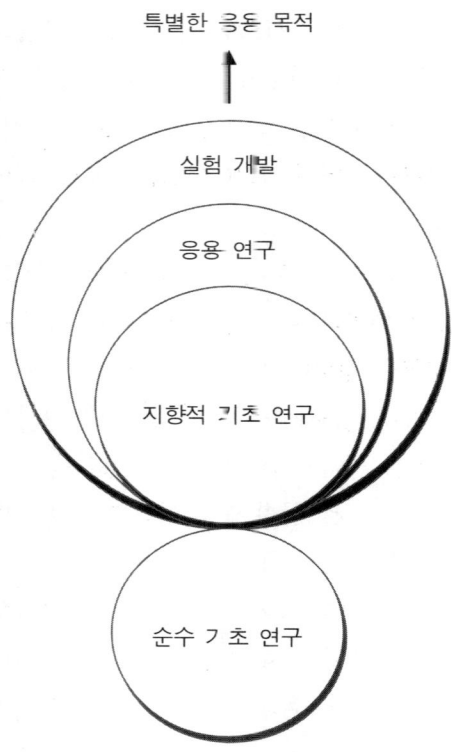

출처: OECD Directorate for Scientific Affairs, *The Measurement of Scientific and Technical Activities: Proposed Standard Practice for Surveys of Research and Experimental Development*(*Frascati Manual*) (Paris, OECD, 1970), p. 14.

여기까지는 기존의 분석틀을 그대로 받아들였다.

그러나 세 번째 단계에서는 기초 연구에 대한 워터먼과 브룩스의 견해를 수용하여 기초 연구가 "즉각적으로 가까운 장래에 실용적으로 응용되지 못하더라도" "수행 기관이 관심을 가지는 영역을 지향할 수 있다고" 주장하면서, "연구원을 고용한 조직은 지향적 기초 연구를 통해 이들의 연구가 현재 혹은 장래의 과학, 경제, 사회적 관심 영역을 다루도록 하는 것이 일반적이다"라고 덧붙이고 있다.19) 이렇게 수정된 내용은 다음 <그림 3-1>에 실려있다. 이 그림에서 "지향적 기초 연구"라는 원은 이보다 더 큰 "응용 연구" 원 안에 들어가 있고 — 오해를 불러일으키도록 다시 이것은 더 큰 "실험 개발" 원 안에 들어가 있다 — "순수 기초 연구" 원은 이런 포개진 원과 교차하지 않고 접해있다.

붓꽃 같은 이 그림을 보면, 이해와 이용은 서로 상충되는 것이라는 가정이 어느 정도 완화되었음을 알 수 있다. 그러나 개념적으로 연구 목적들 사이의 관계를 명확하게 보여주지 못했고, 결과적으로 이런 도식이 널리 이용되지 못했다. 또한 기초 연구를 구분하는 데 있어서 "순수"냐 "지향적"이냐 라는 이분법적인 기준만을 제시하고 있다. 또한 후자의 범주에 속해있는 연구에서는 연구 목적이 혼합되어있는 이유를 연구를 후원하는 조직에서만 찾고, 연구자가 융합된 목적을 갖고 있다는 점을 보여주지 못한다는 한계를 가지고 있다. 반면에 1980년 『프라스카티 매뉴얼』 개정판에서는 "지향적 연구"가 "전략적 연구"로 대체되었고, 이후에 이 용어를 정의하는 과정에서 이런 조직을 통한 설명은 자취를 감추었다.20)

영국 학자 존 어빈과 벤 마틴은 각각의 나라 별로 연구에 대한

---

19) Ibid., p. 15.
20) *Frascati Manual*, 1981, p. 13.

예측이 어떻게 이루어지는지에 대한 두 번의 설문 연구 과정에서 전략적 연구라는 이슈를 소개한 바 있다.21) 이들은 1989년에 출간한 책에서 다음과 같이 말하고 있다.

이제 "기초 연구", "응용 연구", "실험 개발"이라는 전통적인 3단계 구분은 부적절하다는 것을 알게 되었다. 특히 "기초" 범주가 문제시되는데, 그 이유는 호기심 지향적인 연구, 연구 계획서proposal에 따라 추진되는 연구에서부터 관련 분야의 정부 기관에서 지원하는 목표 지향적targeted programmes 장기 연구, 특정한 응용을 염두에 두지 않고 산업체에서 수행되는 이론 연구까지 다양한 활동을 포함할 수밖에 없기 때문이다. 따라서 "기초 연구"를 "호기심 지향적인 연구"와 "전략적 연구"로 구분하는 것이 유용하다.22)

각국의 정부가 과학 및 기술 활동을 보고하는 데 사용하는 통계 범주를 어렴풋이 설정한다고 해서 연구 목적을 둘러싸고 발생하는 이런 개념적인 문제를 해결할 수 있는 것은 아니다. 우리가 이용한 통계 자료 거의 모두가 기존의 정의를 따르기 마련이다. 또한 과학 연구 활동의 동기를 규정하기 어렵다는 사실은 이런 기초 연구와 응용 연구에 대한 통계적 구분을 유지하고 싶어 하는 사람들에게 유리하게 작용할 수밖에 없다. 이런 이유로 전략적 연구라는 개념

---

21) John Irvine and Ben R. Martin, *Foresight in Science: Picking the Winners*(London: Frances Pinter Publishers, 1984); Ben R. Martin and John Irvine, *Research Foresihgt: Priority-Setting in Science* (London: Pinter Publishers, 1989).
22) Martin and Irvine, *Research Foresight: Priority-Setting in Science*, p. 7.

은 측정의 문제로 치환되어있고, 아직도 해결하지 못한 상태이다.

이 문제에 대해 미국 과학 재단은 부시 분석틀의 수정 가능성을 고려한 적이 있다. 그 배경으로는 의회와 레이건 행정부가 공학 연구 센터Engineering Research Centers와 과학 기술 센터Science and Technology Centers 건립과 같은 새로운 프로그램의 적극적 추진을 꼽을 수 있다. 이런 센터들은 일반적으로 대학 내부에 위치하게 되지만, 산업체와 주州 정부가 참여하게 되고, 여러 가지 과학 및 기술 분야 역량을 국가 차원에서 수요가 큰 중요한 분야로 집중시키는 역할을 수행하게 된다.

그러나 이런 센터들이 자리를 잡아갈 즈음에, 당연히 과학 재단의 총재였던 에릭 블로흐Erich Bloch는 기존의 정부 지원 R&D 활동을 보고하는 데 사용하는 분류 체계가 이런 센터들이 수행하게 되어있는 전략적 연구에는 적합하지 않다고 생각하게 되었다. 그는 이 문제를 다룰 특별팀을 꾸리고, 이 팀에 영국 정부와 미국 회계검사원U.S. General Accounting Office에서 권장하고 있는 혼합 분류법을 면밀히 검토해보도록 지시했다. 결국 이 특별팀은 다음과 같은 조사 결과를 발표하면서, 당시 지원을 받는 센터가 얼마나 중요한지를 보여주고 있다.

최근에 새로운 "연구 센터들"이 많이 생겨나고 있는데, 이들은 연방 정부, 주 정부, 산업체, 대학과 공동 활동을 펼치는 경우가 많다. 이런 센터의 연구 활동은 전통적인 학문 분야를 통합할 뿐만 아니라 세계 시장에서 미국의 전략적 위치를 높여주는 과학 및 기술상의 발견을 달성할 수 있도록 해당 분야의 지식 생산에 노력하고 있다. ……기존의 연구 분류는 이런 유형의 연구를 제대로 반영하지 못하고 있다.23)

특별팀에서 앞서 다룬 개념적 문제를 직접 다룬 것은 아니지만, 분류의 원칙을 연구의 목적에서 연구의 의도된 이용자로 전환시켰다.24) 이에 맞추어 특별팀은 세 가지 수준의 연구 분류 체계를 제시하였다. "연구 성과를 다른 연구자와 교육자들에게 보급시키는데 목적을 두었을 때 바라게 되는 결과를 이끌어내는" 원천 연구, "연구를 지원할 때 확인할 수 있는 이용자들이 연구 집단 내부에 있을 수도 있지만" "연구 집단 외부에 존재하는 광범위한 이용자의 관심까지 끌 수 있는 결과를 이끌어내는" 전략적 연구strategic research, "연구를 후원하는 조직의 구체적인 필요에 상응하는 결과를 이끌어내는" 제한 연구directed research가 그것이다.25)

이 보고서와 여기에 실려있는 다른 분류 체계에 대한 평가를 보면, 이 특별팀은 연구 목적을 분류 원칙으로 삼았을 때는 기존의 데이터와 분류 체계가 정확히 일치시키는 것이 어렵다는 것을 알고서 R&D의 상당 부분을 지원하고 있는 다른 연방 정부 기관에 "강압적으로" 변화를 요구하지 않아도 되는 분류 체계가 필요하다고 생각했기 때문에, 결국 사용자에 초점을 맞추게 되었다는 것을 알 수 있다. 이 개념적 분류의 문제는 다시 측정의 문제로 치환되었고, 결국 이 특별팀이 제안한 것 중에서 실제로 실현된 것은 많지 않았다. 다만 『산업 R&D』라는 연간 설문 조사 보고서에는 기초 연구에 대한 정의를 내리면서 기초 연구는 "연구 개발 활동을 보고하는 업체가 현재 관심을 갖고 있거나 혹은 잠재적인 관심 분

---

23) National Science Foundation, *Report of the Task Force on Research and Development Taxonomy*, revised ed.(Washington, July 1989), p. 4.
24) Ibid., p. 3.
25) Ibid.

야에서 이루어질 수 있다"는 제한적인 주장을 펼치고 있다.26)

OECD 회원국들이 20년에 걸쳐 과학 및 기술 활동의 보고 분류 체계를 수정하려고 했지만 그 결과는 기대에 미치지 못했고, 아직도 연구의 목적으로서 이해와 이용의 명확한 관계를 제시하지 못하고 있다. 1990년대 초반에 『프라스카티 매뉴얼』의 새로운 개정판(5판)을 작성하기 위한 포괄적인 논의 과정에서 전략적 연구 범주를 추가해서 기초 연구와 응용 연구라는 전통적인 구분을 수정하려는 나라가 겨우 2개밖에 되지 않는다는 것이 밝혀졌다. 이 두 나라의 경우에도 어떻게 이 범주를 정의할 것인지 결정이 되지 않은 상태이고, 다른 회원국의 유보적인 입장 때문에 연구 활동의 구분을 둘러싼 이런 개념상의 문제를 해결하기 위한 논의 일정은 차질을 빚을 수밖에 없었다. 결국에 기존의 『프라스카티 매뉴얼』을 넘어서는 내용은 새로운 개정판을 놓고 회원국과 협의하는 과정에서 이미 상당 부분 사라지고 말았다.

이렇게 회원국들이 유보 입장을 취하는 데에는 몇 가지 이유가 있었다. 우선, 기존의 기초 연구와 응용 연구에 대한 전통적인 구분과 이에 관련된 통계 자료를 보존하고자 했다. 결과적으로 개정 내용은 기초 연구와 응용 연구라는 범주를 초월할 것인가가 아니라 이 범주 내부에 어떻게 전략적 연구를 담아낼 것인가에 집중되었다. 또한 "전략적 연구"라는 용어는 의미상 국가나 국제적 안보와 관련한 논의 혹은 전략적으로 필요한 기술이나 원료에 대한 연구와 혼동을 일으킬 수 있다는 우려도 있었다. 우려하는 점은 이뿐만이 아니다. 어떤 나라가 상업적으로 중요한 전략적 연구를 보고

---

26) Natinoal Science Foundation, *Research and Development in Industry: 1989, NSF 92-307*(Washington, 1990), p. 145.

하게 되면 다른 회원국들은 이런 연구 성과를 통해 이익을 보는 기업의 제품 수출을 간접적으로 보조하는 것으로 간주하게 될 것이다. 따라서 OECD 회원국 중에는 무역 분쟁의 씨를 뿌리지 않기 위하여 괜히 이런 전략적 연구를 또 다른 범주로 설정하지 않는 곳도 있다.

특히, 마지막으로 언급했던 우려 사항을 보면 딜레마 상황이라는 것을 알 수 있다. 우선, OECD 회원국들은 경쟁력을 갖추기 위해 과학이 중요한 역할을 해야 한다고 믿기 때문에 전략적 연구에 커다란 관심을 가지고 있다. 따라서 이런 연구 활동 범주를 정의하는 데 상당한 관심을 가지고 있다. 그러나 전략적 연구가 한 나라의 대외 무역상의 위상을 제고시킴과 동시에 수출 보조로 인식될 수 있다는 점을 잘 알고 있기 때문에 전략적 연구 활동을 보고하기 위한 분류 체계를 정의하려는 데 소극적이게 되었다. 이미 용어에 대한 새로운 정의는 초안에서 삭제되었기 때문에, 새로운『프라스카티 매뉴얼』에 남아있는 것은 순수 기초 연구와 지향적 연구를 구별하는 것이 "전략적 연구를 확인하는 데 도움을 줄 수 있다"라는 의견과[27] 또 하나는 다음과 같은 의견이다.

> 응용 연구의 한 부분은 전략적 연구라고 할 수도 있지만, 회원들 사이에서 이런 구분에 대한 접근 방식에 동의가 이루어지지 않았기 때문에 현재로서는 어떤 제안도 유보한다.[28]

연구의 목적으로서 이해와 이용의 관계를 명확히 하는 데 OE

---

27) *Frascati Manual*, 1993, p. 69.
28) Ibid.

CD가 기여할 수 있는 기회는 2000년 새로운 『프라스카티 매뉴얼』이 나올 때이고, 이를 통해 새로운 범주를 정의함으로써 개념상의 '천사'를 통계라는 대리석에 구현할 수도 있을 것이다. 지금 필요한 것은 전략적 연구를 기초 연구와 통합할 것인가, 아니면 응용 연구와 통합할 것인가라는 이 애매한 선택의 문제를 어떻게 해결할 것인가이다. 이제 간명한 분석틀을 통해 어떻게 이 문제를 해결하고 이것을 개념적으로 확장시킬 수 있는지 살펴보자.

## 차원의 확장

기초와 응용이라는 1차원의 연속선에 대한 관념이 너무 깊게 자리 잡고 있어서 이런 분석틀이 실제 연구에 적용하기 힘들다는 점을 알고 있는 사람들도 이런 문제가 발생하는 이유가 단지 연속선의 중간 부분에서 분류상의 불확실성이 나타나기 때문이라고 생각하기 십상이다. 이것은 마치 계측 심리학자가 단일 척도로 측정하여 신뢰성이 낮을 수밖에 없는 자료에 근거하여 겉으로 드러나지 않는 연구 대상 내 집단을 구분하려는 것과 같다. 그러나 과학 재단의 과학 자원 연구국Division of Science Resource Studies 국장을 역임했던 어떤 이는 기초-응용이라는 연속선에 대해 다음과 같은 말을 했다.

> 연속체를 두 가지 영역으로 구분하려는 어떤 시도도 결국 이 영역들의 경계 중복과 애매함의 난관에서 벗어나기 힘들다.[29]

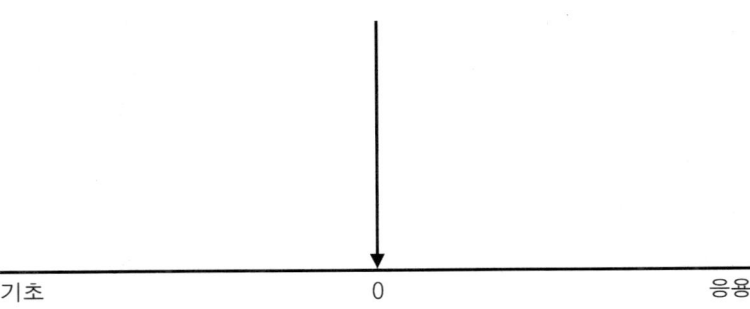

〈그림 3-2〉 1차원의 기초-응용 연속선에서 파스퇴르의 한 개의 위치

그러나 여기에서의 어려움은 단지 "경계의 중복과 애매함"이 아니다. 문제는 본질적으로 고차원적인 개념을 1차원의 분석틀에 끼워 맞추려고 하기 때문이다.

이것이 어떤 의미를 갖는지 이해하기 위해서는, 코난트를 비롯하여 응용 목적에 의한 수행 여부를 기준으로 기초 연구를 분류하고자 했던 물리학자들이 이미 이해와 이용이라는 연구 목적 사이의 교차적인 관계를 알고 있었다는 점에 주목해야 한다. 응용 연구를 더 원천적인 이해의 추구 여부에 따라 분류하고자 했던 콤로와 드립스 같은 의학자들 역시 이와 똑같이 연구 목적 사이의 교차적인 관계를 이미 알고 있었다.

이런 재설정이 어떤 결과를 초래할지 알기 위해서, 우선 기초 연구에서 응용 연구로 이어지는 연속선 개념으로 돌아가서 후기의 파스퇴르가 연속선상 어디에 위치하는지 알아보자. 파스퇴르가 이

---

29) Charles E. Falk, "Evaluation of Current Classifications of Research: A Proposal for a New Policy-Oriented Taxonomy," in Oliver D. Hensley, *The Classification of Research*(Texas Tech University Press, 1988), p. 153.

해와 이용 두 가지 모두를 위해 매진한 점을 고려하면 언뜻 그의 위치는 가운데, 즉 0점이 될 것 같아 보인다(<그림 3-2>).

그러나 조금만 생각해보면, 그렇지 않다는 것을 알 수 있다. 후기 파스퇴르의 위치는 어느 한 곳이 아니라 두 곳에 위치해야 한다. 자신이 발견한 미생물학적 작용을 이해하려고 노력한 것을 보면 연속선의 좌측 끝에 속하게 되지만 이런 작용이 제품이나 인간, 동물에 미치는 효과를 제어하려고 노력한 것을 보면 연속선의 우측 끝에 속하게 된다(<그림 3-3>).

<그림 3-3> 1차원의 기초-응용 연속선에서 파스퇴르의 두 개의 위치

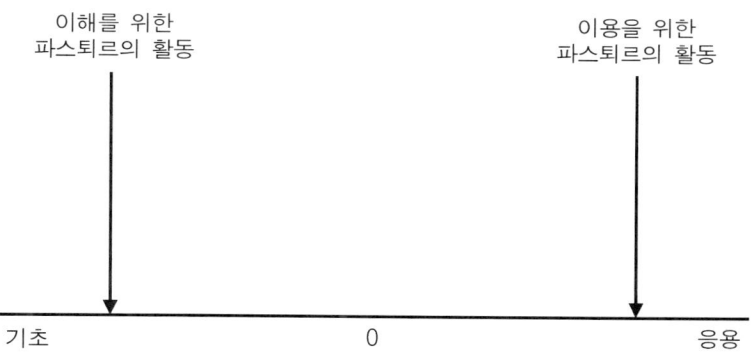

따라서 파스퇴르의 경우에는 이상하게도 1차원 직선 위에 있는 두 점에 위치하게 되고, 이런 이상 현상을 보고 있으면 기초 연구와 응용 연구로 구분하는 1차원 그림으로 연구 활동의 성격을 적절히 표시할 수 있을지 의문이 들게 된다. 만약 이 연속선을 0점 위치에 고정시키고, 왼쪽 절반을 90도 회전시키고, 이렇게 만들어진 2차원의 평면상에서 파스퇴르를 위한 한 개의 점을 지정하고

나서 이렇게 확장된 2차원의 평면을 해석만 하면 이런 이상 현상을 없앨 수 있다(<그림 3-4>).

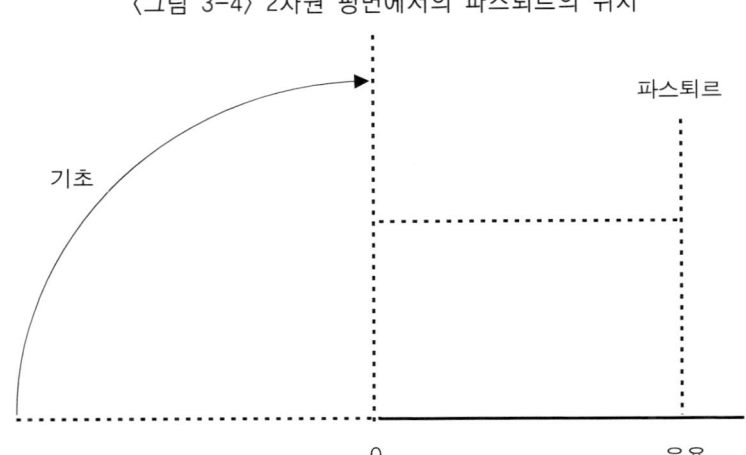

<그림 3-4> 2차원 평면에서의 파스퇴르의 위치

이렇게 확장된 차원을 이분법적으로만 사고할 필요는 없다. 왜냐하면 이런 두 가지 목적에 모두에 종사하는 경우는 상당히 많기 때문이다. 직관적으로도, 하나의 이분법이 아니라 두 가지 이분법을 고려해야 한다는 것을 쉽게 알 수 있다. 이 이중의 이분법은 4개의 영역, 즉 4개의 사분면으로 보여줄 수 있다(<그림 3-5>).30)

---

30) 이런 분석틀의 기본 골격을 처음 선보인 글은 다음과 같다. "Making Sense of the Basic/Applied Distinction: Lessons for Public Policy Programs," in *Categories of Scientific Research*(Washington: National Science Foundation, 1979), pp. 24-27. 여기서 "영역cell"과 "사분면quadrant"은 유사한 의미로 사용했는데, 엄격한 의미에서 이 2차원의 평면의 원점은 가운데 있기보다는 좌측 하단에 놓여있기 때문에 사분면이라는 용어는 약간 부적절할 수도 있다.

〈그림 3-5〉 과학 연구 활동의 네 가지 분할

| 연구 동기? | 이용에 대한 고려? | |
|---|---|---|
| | 아니오 | 예 |
| 원천에 대한 이해 추구? 예 | 순수 기초 연구 (보어) | 이용을 위한 기초 연구 (파스퇴르) |
| 아니오 | | 응용 연구 (에디슨) |

각 사분면의 성격을 규정함으로써, 이런 배열이 어떤 의미를 갖는지 보여줄 수 있을 것이다. 좌측 상단 영역에는 실제적인 이용을 염두에 두지 않고 단지 이해를 목적으로 이루어지는 기초 연구를 포함시킬 수 있다. 따라서 이 영역은, 닐스 보어의 아이디어가 이후에 세상을 근본적으로 바꿔놓았지만 그의 원자 구조 모형에 대한 연구가 발견을 위한 순수한 것이었다는 점을 상기하면 보어 사분면이라고 할 수 있다. 이 범주는 19세기 독일과 20세기 미국의 순수 과학에 깊게 자리 잡고 있던 자연 철학의 연구 이상을 반영함과 동시에 부시가 "기초 연구"라고 했던 개념을 포함하고 있다.

우측 하단 영역에는 특정 과학 분야에서 현상에 대한 더욱 포괄적인 이해를 추구하는 것 대신에 단지 응용 목적을 위해 수행하는 연구를 포함시킬 수 있다. 이 영역은, 에디슨이 미국 최초의 기업 연구 실험실인 멘로 파크Menlo Park에서 동료들이 새로운 것을 발견하면, 이것에 대해 더 깊은 과학적 이해를 추구하는 활동보다는 수익성 있는 전구 개발에만 전념하도록 얼마나 재촉했나를 상기하면, 에디슨 사분면이라고 할 수 있다. 오늘날 연구 활동의 상당 부분이 이 범주에 속하고, 비록 즉각적인 응용 목적에 초점이 맞춰져 있지만 상당히 복잡한 모습을 하고 있다.

우측 상단에는 이해의 폭을 확장함과 동시에 이용을 염두에 두고 있는 기초 연구를 포함시킬 수 있다. 이해와 이용을 향한 파스퇴르의 열정적인 활동이 이 연구 목적의 통합이 어떤 것인지를 잘 보여준다는 점에서, 이 영역은 파스퇴르 사분면이라고 하기에 손색이 없다. 부시의 보고서의 분석틀에는 존재하지 않는 이 범주에는 케인즈John Maynard Keynes의 주요 활동, 원천 연구로서의 맨하탄 프로젝트, 랭뮤어Irving Langmuir의 표면 물리학을 포함시킬 수 있다. 또한 이런 분석틀이 마련되기 전까지 집 없는 고아 취급을 받던 "전략적 연구"에 개념적 안식처를 제공할 수 있게 되었다.

좌측 하단 영역에는 이해의 목적도, 이용의 목적도 없는 연구를 포함시킬 수 있는데, 결코 비어있는 상태가 아니다. 오히려 비어있지 않다는 사실이야말로 지금 우리가 다루는 것은 2차원의 것이지, 기본-응용으로 이루어진 전통적인 연속성을 그럴싸하게 수정한 것이 아니라는 점을 쉽게 알 수 있게 해준다. 사실, 이런 범주가 존재한다는 "선경지명"이야말로 이 분석틀의 유효성을 더욱 높여준다. 이 사분면에 속하는 것은 포괄적인 설명이나 연구 성과에 대한 응용 목적 없이 특정한 현상을 체계적으로 탐색하는 연구인데, 이 개념은 프랑스나 영미권의 과학이라는 개념보다는 독일의 학(學, Wissenshaft)이라는 개념이 더욱 잘 어울린다. 이런 유형의 연구는, 과학자들의 호기심에서 촉발되는 보어 사분면의 연구와는 달리, 특정한 것에 대한 연구자의 호기심에 의해 촉발된다. 이 사분면의 이름을 결정하기엔 너무 지엽적인 예일지 모르지만, 피터슨 Peterson의 『북미 조류 안내서 Guide to the Birds of North America』라는 책을 참고할 수 있다. 이 책을 통해 선보인 각 종種별 표식과 출현 빈도에 대한 상당히 체계적인 연구의 가치를 인정하는 사람들은 이것을 피터슨 사분면이라고 부를지도 모를 일이다.

이 네 개의 영역에 속하는 연구의 동적인 관계를 고려하면, 네 번째 영역에 속하는 연구들은 에디슨 사분면에 속하는 연구는 물론, 다윈Charles Darwin의 역작 『종의 기원 The Origin of Species』의 경우처럼 보어 사분면에 속하는 연구에 지대한 영향을 미치는 선행 연구일 수 있다는 점이 확실하다. 이외에도 또 다른 동기를 가지고 이 사분면에 속하는 연구를 수행할 수 있다. 연구자의 숙련도를 높이는 것이 주요 목적인 연구도 많다. 아논과 같은 이는 여러 가지 농업 관련 연구 프로젝트 예를 들어가며, 이런 프로젝트를 통해 새로운 분야에서 연구 활동을 개시하는 연구자들은 새로운 과학 기술상의 발견을 탐색하는 것이 아니라 나중에 "이 분야에서 문제가 발생했을 때" 혹은 다른 연구자의 획기적인 발견 때문에 이 분야가 중요해졌을 때 이용할 수 있는 숙련 기술과 연구 경험을 쌓기 위해 연구 활동을 수행한다는 것을 보여주고 있다.31) 또 정책 결정에 대해서 잘 아는 사람들은 연구가 학습의 목적이 아닌, 연구

---

31) I. Arnon, *The Planning and Programming of Agricultural Research*(Rome: Food and Agriculture Organization of the United Nations, 1975), p. 29. 기업은 기초 연구에 대한 투자를 연구진의 고용과 능력 향상이거나 혹은 과학 공동체 네트워크에 진입하기 위한 수단으로 간주하며, 기초 연구를 통한 지식과는 사뭇 다른 이유 때문에 투자가 이루어진다고 지적하는 사람들이 많다. Nathan Rosenberg, "Why Do Firms Do Basic Research(With Their Own Money?)?" *Research Policy*, vol. 19, no. 2(April 1990), pp. 165-174.

자까지 공모자가 되어서 또 다른 운영 프로그램의 시작을 막기 위하여 개시되는 경우도 적지 않다는 것을 알고 있다.32)

## 분석틀의 유효성

이 분석틀을 실제 연구 활동에 적용해본다면, 그것이 갖고 있는 추상성을 줄이고 평면 형태의 이 개념적 틀의 실제성을 보여줄 수 있다. 이런 의도에서 최근 심장 혈관과 폐 질환의 진단, 예방, 치료의 발전에 커다란 기여를 한 의학과 생물학 분야의 연구 성과에 대한 콤로와 드립스의 분석을 이용할 수 있다.33) 이것은 연구사적으로 한 획을 그을 수 있는 연구였다. 이들은 존슨Johnson 및 닉슨Nixon 행정부가 갑작스럽게 순수 응용 의학에 집중하려고 하자 이에 반발하여, 1970년대에 등장한 새로운 기술의 과학적 배경에 대해 면밀한 조사를 벌였다.

우선, 이들은 철저한 연구를 통해 과학적 발견이 새로운 기술로 전환되는 데에는 다층적인 경로가 있고, 속도도 균일하지 않으며, 비선형적이라는 놀라운 사실을 보여주었다. 이런 측면에서 심장 수술이 가능해지까지 과학 기술의 전개 상황에 대한 설명은 상당히 흥미롭다.

---

32) Assembly of Behavioral and Social Sciences Study Project on Social Research and Development, *The Federal Investment in Knowledge of Social Problems*(Washington; National Academy of Sciences, 1978), pp. 55-56.
33) Comroe and Dripps, "Scientific Basis," pp. 105-111; "Ben Franklin and Open Heart Surgery," *Circulation Research*, vol. 35(November 1975), pp. 661-669.

1846년에 전신 마취를 처음 도입했을 때 다양한 방면에 수술이라는 의료 행위를 적용했지만, 유독 흉부 수술만은 제외였다. 심장 수술이 시작된 것은 이로부터 거의 100년 뒤였고, 에테르 마취제를 이용한지 108년이 지나서, 완벽하게 심폐 기능을 대신할 기구가 발명되고 난 뒤에 존 기븐스John Gibbons가 처음 심장 수술에 성공했다. 왜 이렇게 심장 수술은 늦어졌을까? 심장 질환을 예측 가능하면서 성공적으로 치료할 수 있기 위하여 필요한 것들은 무엇이었나? 무엇보다도, 수술할 환자를 사전에 진단할 수 있어야 했다. 그러기 위해서는 심혈관 조영술 angiocardiography이 필요했고, 다시 이러기 위해서는 앞서 심도자 검사cardiac catheterization 기술이 필요했고, 이에 앞서 X-레이가 필요했다. 이것과 별도로, 심장을 수술하기 위해서는 그 기능을 정지시킨 동안에 환자의 심장과 폐의 기능을 대신할 인공 심폐기(펌프-산소 공급기)가 있어야 했다. 펌프의 경우에는 혈액에 손상을 입히지 않도록 설계되어야 했다. 산소 공급기의 경우에는 가스와 혈액 사이의 산소와 이산화탄소 교환에 관한 기초 지식이 있어야 했다. 그러나 혈액이 응고되어버리면 완벽한 펌프-산소 공급기도 무용지물이 되어버린다. 따라서 무해한 응고 방지제인 헤파린heparin을 발견하고, 이것의 정제가 가능해진 이후에야 비로소 심장 수술이 가능해졌다.[34]

이들의 분석 중에서 우리의 분석틀을 적용할 수 있는 것은 의학기술의 획기적인 도약을 가능하게 한 과학적 발전을 이룩한 과학자들의 연구 동기에 대한 평가 작업이다. 먼저 콤로와 드립스는 이 분야의 전문가들과 의사들을 통해 1940대 초반 이후에 심장 혈관

---

[34] Comroe and Dripps, "Scientific Basis," p. 106. 또한 p. 108 참조.

과 폐 질환의 진단, 예방, 치료, 즉 질병의 악화를 막고 통증을 줄이며 건강한 삶을 연장시키는 데 중요한 공헌을 한 임상학상의 발전 10가지를 선정하였다. 여기에는 개심술開心術 이외에도 혈관 수술, 고혈압 치료, 동맥 질환 치료, 소아 마비 예방, 심장 소생술과 심장 자극 박동기, (고혈압이나 우혈성 심부전 치료를 위한) 경구 이뇨제, 중환자실, 새로운 진단법이 선정되었다.

그리고 나서 이런 발전을 가능하게 한 연구 작업을 분석했다. 전문가 140명과 함께 이 발전에 반드시 필요했던 의학 지식이 어떤 것인지, 그리고 이런 지식을 생산해낸 연구 실적을 담고 있는 500개가 넘는 '주요 논문'을 뽑아냈는데, 이 중에는 200년도 더 된 것도 있었다. 이들은 이 논문(혹은 논문과 관련된 연구 활동)을 분석의 초점으로 삼고, 이것들을 두 가지 방식으로 분류했다. 첫 번째 기준은 논문의 저자들이 "질병의 예방, 진단, 치료에 대한 관심 혹은 질병을 야기하는 기초 메커니즘을 규명하는 데" 관심을 갖고 있었는가, 즉 "임상학적 지향성"을 갖고 있는 연구 활동을 했는가이다. 우리 분석틀에서는, 연구 활동이 속해있는 곳이 <그림 3-5>의 좌측인지, 우측인지를 묻는 것과 같다.

콤로와 드립스는 연구자들이 효능을 발휘하게 되는 메커니즘을 이해하려고 한다는 의미에서 논문에 실린 연구 활동이 기초 연구인가, 즉 우리 식으로 표현하면 이런 연구는 상단에 속하는지 하단에 속하는지에 따라 두 번째 기준을 제시하였다. 결과적으로 임상 문제의 해결과 관계 없는 기초 연구, 임상 문제와 관계 있는 기초 연구, 기초 생물학·화학·의학 메커니즘과 관련 없는 연구, 이렇게 세 가지 범주로 구분했으며 이것들은 각각 보어, 파스퇴르, 에디슨 사분면에 해당한다. 이들 범주에는 각각 주요 논문의 37%, 25%,

21%가 속했다. 나머지 17%는 연구라기보다는 개발(15%)이나 "개관 및 종합"(2%)으로 구분된다. 임상 문제 해결과 관계 없는 기초 연구로 분류된(보어 사분면에 속하는) 37%의 연구 활동은 새로운 기술을 개발하는 데 순수 연구가 어떤 역할을 할 수 있는지를 상기시켜주는 것이지만, 임상 문제 해결과 관계 있는 기초 연구로 분류할 수 있는(즉, 파스퇴르 사분면에 속하는) 25%의 연구 활동은 연구 목적으로서 이해와 이용은 서로 섞여있다는 확실한 증거가 된다.35)

이제 네 가지 개념적인 문제를 다룸으로써 기초 과학과 응용 과학을 상정하는 방식이 어떤 결과를 낳는지 더욱 명확히 알 수 있을 것이다. 이 문제들은 그 자체로서 중요한 것이자, 이런 논의를 통해 2차원 평면을 상정하는 우리 아이디어가 현실성이 떨어지는 방식이라는 우려를 불식시킬 수 있을 것이다.

사전 혹은 사후 연구 성격 규정. 첫 번째 문제는 기초와 응용이라는 분류가 연구 목적에 대한 사전 판단에 기초하는가 아니면 연구 성과에 대한 사후 판단에 기초하는가이다. 과학사가들은 역사가 지난 뒤에 확실히 객관적인 판단을 내릴 수 있다. 그러나 의도한 목적을 기초로 연구를 분류할 때는 연구자가 갖고 있는 동기에 대해 비과학적인 추측이 개입될 수밖에 없다. 어떤 과학자는 사전 판단을 기초로 응용 연구와 기초 연구를 구분하겠다는 것은 과학자를

---

35) 파스퇴르 사분면에 속하는 연구의 목적이 되는 이용이라는 것이 여기에서는 콤로와 드립스 연구의 시발점이었던 심장 혈관과 폐 질환 치료를 위한 응용에 국한된 것은 아니다. 어떤 의미에서 이들 연구는 이해와 이용이라는 연구 목적이 서로 섞여있을 수밖에 없는 연구가 상당히 많다는 것을 보여주고 있다.

정신 진단하겠다는 의미라며 그 어려움을 지적했다.

　나타난 연구 성과가 아니라 의도한 목적을 토대로 연구를 분류하는 데 내세우는 논리는, 정책이란 개별 과학자이든 소규모나 대규모로 연구 자원을 할당하는 사람이든 이들의 선택과 관계 있을 수밖에 없다는 사실이다. 이러기 위해서는 아직 수행하지 않은 연구에 나타나는 불확실성 아래서 사전 판단을 내릴 수밖에 없다. 과학자들은 당연히 어떤 연구가 해당 분야의 포괄적 이해를 확장시켰고, 어떤 연구가 중요하게 이용으로 연결되었는지 판단할 수 있다. 과학 기술 정책 분야에서는 연구 목적을 사전적으로 다루는 분석틀을 이용할 수밖에 없다.

　이런 접근 방식은 단순히 개인적인 동기를 다루는 것이 아니다. 연구 목적이 달성될 수 있는가라는 불확실성은 상존하지만, 연구가 의도대로 이루어졌는지 판단할 수 있는 "객관적인" 조건과 뗄 수 없는 관계를 갖게 된다. 사실 동료 평가peer review 방식의 가치를 인정할 수 있는 것도 심사숙고하면 어떤 특정 연구 프로젝트를 통해 구체적인 목적을 달성했는지 여부를 조직적으로 판단할 수 있다고 믿기 때문이다.

　어떤 목적을 고려할 것인가? 현대 연구 시스템 내에서 사람들은 특정 프로젝트에 대해 각자 다른 목적을 갖게 되기 때문에, 연구 목적을 기초로 하여 연구 유형을 분류하는 것은 불가능하다고 주장하는 경우도 있다. 앞서 밝힌 대로 과학의 조직화가 이루어져있는 지금, 조직 내부의 다양한 위치에서 우선 순위를 결정하고 자금을 관리하는 사람들이 연구 목적에 영향을 미치기 마련이다. 이렇게 현장 과학자는 이해에, 후원자는 이용에 더 관심을 갖고 있다는 것을 쉽게 확인할 수 있는 데가 대폭적인 정부의 지원을 받는 연구 시스템이다. 대학에 적을 두고 있는 생의학자들은 국립 보건원NIH의 지원을 받는 연구 프로젝트를 제안할 때, 원천 지식의 확대를 염두에 두게 되고, 연구자 소속 학과장과 NIH 연구 부서도 같은 생각을 하게 된다. 그러나 연구 프로젝트를 재가하는 대학의 부총장은 보건 의료에 관심을 두고, 자금을 지원하는 NIH와 최종 결정권자인 의회는 질병을 치료하는 데 기여할 수 있는지에 관심을 둔다. 몇 년 전에 찰스 키드는 미국의 대학들이 기초 연구를 위해 매년 8500만 달러의 연방 정부 지원금을 받는다고 보고한 반면, 정부가 기초 연구를 위해 책정한 세부 예산은 이것의 절반에 지나지 않았다는 점을 지적한 바 있다.36) 바네바 부시도 정부로 하여금 과학자들이 오직 이해의 확장을 위해 펼치는 연구 활동을 지원함으로써 사회 및 경제적 목표를 달성하도록 촉구한 점을 볼 때, 전체적으로 과학자와 후원자의 관점에 차이가 있다는 점을 알고 있었다. 앞서 얘기한 대로, 과학 재단의 초대 총재였던 알렌 워터먼은 후원자와 연구자 사이의 이러한 차이를 잘 봉합함으로써 연구에 상관 없이 과학자는 기초 연구를 추구하는 데 있어서 자유로워야 한다는 부시의 믿음을 지지해주었다. 후원자도 연구자들이 응용을 목적으로 하는 연구보다 여러 분야에 걸쳐 기초 연구를 하도록 하는 경우가 있을 수 있다.

   그러나 이용을 염두에 두고 있는 기초 연구의 목적이 혼합되어

---

36) Charles V. Kidd, "Basic Research—Description versus Definition," *Science*, vol. 29(February 13, 1959), p. 368. 키드가 인용한 것은 다음과 같다. National Science Foundation study, *Basic Research: A National Resource*(Washington, 1957), p. 25.

나타나는 이유를 단지 제도화된 현대 과학 연구 시스템 내부에서 다양한 위치를 차지하고 있는 사람들이 상이한 목적을 갖고 있다는 데에서만 찾아서는 안 된다는 점을 분명히 할 필요가 있다. 워터먼과 같은 이들은 개별 과학자가 수행하는 이해를 위한 연구 활동의 순수성을 지지하는 후원자를 자임했지만, 지난 연구 활동의 역사를 돌이켜보면 포괄적인 이해뿐만 아니라 이용을 염두에 두고 있는 연구자가 수행했던 연구 활동도 수없이 많았다. 파스퇴르는 자신이 발견한 미생물학적 작용을 이해하고, 이것을 제어하려고 했다. 케인즈는 당시 경제 상황을 이해하고, 이것을 개선하려고 했다. 맨하탄 프로젝트에 참여했던 물리학자들은 핵 분열을 이해하고, 이것을 활용하려고 했다. 랭뮤어는 전자 부품에 나타나는 표면 물리 현상을 이해하고 이용하려고 했다. 분자 생물학자들은 DNA 물질 내부의 유전자 코드를 이해하고 이것을 개조하려고 했다.

더구나 연구 과제를 결정하는 데 영향력을 미치는 현장 과학자와 후원자가 연구 목적을 놓고 반드시 불화를 일으키는 것은 아니기 때문에 2차원의 분석틀로 연구를 분류하는 것이 불합리하다고 할 수는 없다. 주요 과학 선진국에서는 이미 대학에 적을 두고 있는 과학자의 경우에 상당한 독립성을 보장받기 때문에, 이들의 연구 목적을 결정짓는 것은 불가피한 자원의 제한과 연구 분야의 전망이고, 특히 이런 전망은 지원금 배분을 위한 동료 평가에 절대적인 영향을 미친다. 그러나 이런 독립성이 화학, 컴퓨터 과학, 경제학, 분자 생물학, 제약학, 통계학, 원자 과학, 분자 과학, 광학과 같은 다양한 학문 분야에서 볼 수 있는 응용에 대한 관심을 배제한다는 의미는 아니다. 대학의 과학자들은 자신들의 관심 사항을 연구하는 경우가 많지만, 이들도 이용을 염두에 두고 후원을 받는 기초 연구에 참여하는 경우에는 더 많은 목적을 추구하게 된다. 정부 연구소나 기업 연구소도 기초 연구 분위기가 없는 것은 아니지만—연구소에서 영향력이 가장 큰 사람의 리더십에 따라 결정되는 것이지만 우수한 연구 인력을 유인·육성·유지하는 수단이 된다—여기에 종사하는 과학자는 소속 연구소의 임무를 그대로 수용하는 경우가 일반적이다.

대학에서 이루어지는 기초 연구 중에서 이용을 목적으로 하는 것이 상당히 많다는 사실은 키드가 지적했던 비대칭성, 즉 왜 매년 대학이 받았다고 보고하는 연방 정부 지원금 총액이 정부가 책정한 것보다 두 배나 많은지를 보여준다. 대학과 정부가 계상할 때는 기초 아니면 응용이라는 양자택일 방식을 사용하기 때문에, 당연히 대학에서는 정부의 지원을 받는 파스퇴르 사분면 연구 활동 중에서 상당수를 기초 연구로 간주하는 반면, 정부는 대부분을 응용 연구로 간주한다.37) 연구 목적에 대한 현장 과학자와 관리자 혹은 지원자의 의견 상충을 줄이기 위해서는, 과학의 이해와 이용에 대한 고려가 연구 활동에 영향을 미친다는 점을 인식해야 한다. 이 점은 특히 중요하다.

전통적인 기초와 응용의 구별에 내재되어있는 잘못된 "양자택일"의 논리에서 벗어나면 과학자들도 응용 목적이 과학적인 창조 활동과 서로 상충하지 않는다는 것을 알게 되고, 이들 관리하고 지원하는 사람들

---

37) 어빈Irvine과 마틴Martin은 미국에서 이루어지는 연구 예측에 관한 연구에서 연방 정부의 지원 기관은 수혜 기관인 대학에 비해 실용적인 분류 체계를 사용하는 경우가 더 많다는 점을 지적하고 있다. 예를 들어, 에너지부에서 "공학engineering" 연구라고 하는 것을 대학에서는 "물리학physics"이라고 한다.

도 기초적 이해를 위한 노력이 이용에 대한 고려와 상충하지 않는다는 것을 알게 될 것이다.

사실, 연구진의 목적은 이렇다라고 규정할 수 있을 만큼 현대 과학을 둘러싸고 있는 제도적 환경 때문에 연구 목적을 놓고 마찰이 발생하는 경우는 그리 많지 않다. 따라서 누구의 목적을 고려할 것이라는 문제의 해결점은 전혀 다른 곳에서 찾아야 한다. 아직은 연구를 둘러싸고 있는 조직적 환경을 통해 기초적이면서 이용에 목적을 둔 연구뿐만 아니라 이해와 이용이라는 목적을 대체하는 독특한 연구 형태를 촉진시킬 만큼 과학 기술 정책에 관한 분석틀이 정교해지지 않았다. 반면에 이렇게 정교한 분석틀을 도입하여 사용하는 곳도 있다. 산업체 연구소(벨 연구소), 독립 연구소(랜드 연구소Rand Corporation), 대학 연구소 등에서는 이미 일류 과학자들을 이용을 고려한 과학적 연구 활동에 종사시키기 위한 조직 계획의 매트릭스화를 이용하고 있다.

2차원을 1차원으로 줄일 수 없을까? 1차원의 기초-응용 연속선 그림은 이런 연구 목적들이 서로 상충되는 것이 아니라는 점이 명백해지자, 당연히 2차원 평면에 자리를 내주었다. 그러나 1차원적인 사고방식은 여전히 강하게 남아있기 때문에, 단일한 척도로 연구 활동을 분류하려는 시도도 없지 않았다. 이런 시도 중에서 대표적인 것은 1981년의 호주 과학 기술 위원회(Australian Science and Technology Council, 이하 ASTEC) 보고서에서 찾아볼 수 있다.[38]

---

[38] Australian Science and Technology Council, *Basic Research and National Objectives*(Canberra: Australian Government Publishing

이 보고서에서는 『프라스카티 매뉴얼』의 연구 분류 체계를 따르면서, 호주 통계청의 수정 내용을 같이 반영하고 있다. 앞서 지적한 대로, 여러 가지 용어 정의를 통해 기초 연구와 응용 연구의 전반적인 관계에 대해 점점 이해가 깊어가는 것을 보여주고 있다. 하지만 이 보고서에서는 "즉각 응용"에서 "고도의 추상성"으로 확장되는 단일 차원의 연속선을 제시하고 있다. 이 연속선을 시각적으로 표현하면 <그림 3-6>과 같다. 각각 순수 연구, 전략 연구, 전술 연구의 상대적 위치는 "즉각 응용"이라는 한 끝에서 "고도의 추상성"이라는 다른 끝으로 이어지는 1차원의 직선 위에 3개의 (종 모양의) 가우스Gaussian 분포를 통해 나타내고 있다.

그림이 이런 모습을 하고 있는 이유는 ASTEC에서 제시했던 연구의 특성보다는 1차원에 익숙한 사고 때문이다. 한 쪽 끝을 "즉각 응용"이라고 명칭을 붙인 것 자체가 프라스카티 식의 정의를 수정하여 연구의 두 가지 목적을 대조적으로 보여주겠다는 욕심을 나타내는 것이다. 그러나 여기서 "고도의 추상성"이라는 것을 "즉각 응용"과 정반대의 축에 세운 문제와 하나의 차원을 더 추가해야 하는 문제를 제대로 해결하지 못했다. 추상적인 사고가 가장 돋보이는 것은 분명히 보어 사분면에 속한 연구들이고, 그 반대인 것이 에디슨 사분면에 속한 연구이다. 그러나 이것은 단지 프라스카티 식의 정의에 따라 연구 목적의 양상에 대한 경험적 상관관계를 언

---

Service, 1981). pp. 3-4, Australian Department of Science and Technology, *Project SCORE: Research and Development in Australia 1976-77*(Canberra: Australian Government Publishing Service, 1980), p. 457 및 J. Ronayne, *Science in Government: A Review of the Principles and Practice of Science Policy*(Edward Arnold, 1984), p. 35.

급한 것에 지나지 않는다. 1차원의 분석틀을 포기하고, 오히려 그림을 이용하여 "순수 연구", "전략 연구", "전술 연구"를 개념적으로 구분지울 수 있는 기초를 보여주었더라면 실제와 더 비슷한 모습이었을 것이다.

〈그림 3-6〉 선형 모델에 대한 호주식 수정

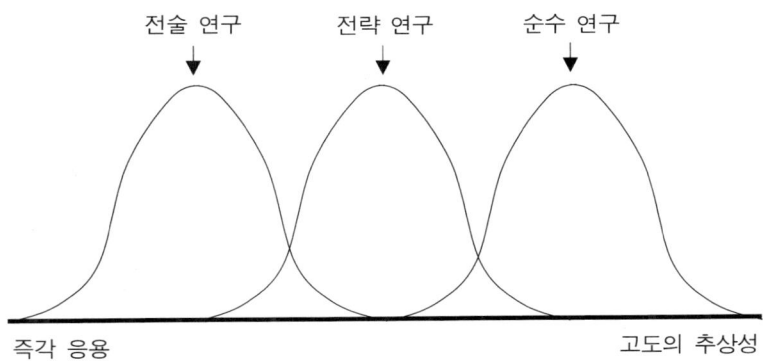

출처: Australian Science and Technology Council, *Basic Research and National Objectives*(Canbarra: Australian Government Publishing Service, 1981), p. 6.

응용에 걸리는 시간. 단일한 연속선 위에 연구 활동을 배열시키게 만드는 가장 중요한 요인으로 간주되는 것이 "응용에 걸리는 시간 time to application"이라는 관념이다. 사실, 이 요인이야말로 기초 연구와 응용 연구의 차이라고 생각하는 사람들이 많다. 보어 사분면에서 에디슨 사분면으로의 이동, 즉 새로운 지식을 생산하고 이 지식의 응용을 통해 다른 용도로 활용하는 사이에 소요될 것으로 예상되는 시간은 상당히 차이가 난다는 점을 부정하는 사람을 없을 것이다. 이와 반대 방향으로 이동하는 것은 힘들 것이다. 왜냐하면 순수 기초 연구가 알려지지 않은 원천 지식을 찾는 반면에, 응용 연구는 명확히 나타나있는 수요를 충족시키려 하기 때문이다. 그러나 알려지지 않은 원천 지식을 찾고 동시에 사회적 수요를 충족시키려는, 파스퇴르 사분면에 있는 이용을 위한 기초 연구에서는 응용에 걸리는 시간이 상당히 중요한 문제이다. 파스퇴르가 미생물학 분야에서 원천 연구 활동을 통해 얻은 지식은 곧바로 산업체나 공중 보건 문제를 해결하는 데 응용되었고, 이와 마찬가지로 분자 생물학 분야의 원천 연구 활동에서 얻어진 것들은 오늘날 곧바로 생명 공학에 응용되었다. 오히려 너무 빨라서 농담조로 응용에 걸리는 시간이 음의 값이라고 하는 사람들도 있다. 그러나 프라즈마 분야에서는 핵 융합을 통해 상업적으로 수익성이 있는 전력을 생산해내는 데 필요한 기초 이해를 위해서만 50년이 넘게 걸릴 것이다. 더구나 응용에 걸리는 시간뿐만 아니라 응용의 시간대를 예측하는 능력에서도 상당한 차이가 있다. 사실, 응용에 걸리는 시간과 이런 시간의 예보는 별개의 차원으로 간주하는 것이 타당하다. 따라서 응용에 걸리는 시간은 우리가 개념적으로 제시한 평면을 1차원적으로 대체하는 것이 아니라, 이 2차원의 분석틀을 규정하는 여러 가지 연구 목적들 사이의 경험적 상관관계인 셈이다.

중요한 것은 시간과 이런 분석틀이 갖는 정책적 함의를 이해하기 위해서는 시간과 이용 사이에 존재하는 관계를 명확히 그리고 있어야 한다는 것인데, 이것은 4장 및 5장에서 논의할 것이다. 특히, 원천적인 중요성을 갖는 과학적 발전 중에는 단기간에 응용이 되는 것도 있다는 것을 아는 것이 중요하다. 기초 성격을 띠는 연구 모두가 기술 발전과는 상당히 거리를 두고 있다고 생각해서는 안 된다. 응용을 위한 기초 연구의 실제 모습, 즉 파스퇴르 사분면의 실제성을 잘 알게 되면, 얘기하고자 하는 점을 쉽게 이해하게 될 것이다. 기술의 진화를 포함하여 이용에 대한 고려가 원천 연구에 얼마나 자주 영향을 주는지 알고 나면, 이런 연구는 상대적으로 가까운 장래에 응용할 수 있다는 것을 더 쉽게 이해할 수 있다.

그러나 이용에 대한 고려가 금방 기술 형태로 나타나지 않는 기초 연구에도 영향을 미칠 수 있다는 것을 아는 것, 즉 이용의 목적과는 동떨어져있는 연구 모두가 보어 사분면에 있는, 호기심에서 출발한 것이라고 가정하지 않는 것 또한 중요하다. 응용까지 시간이 많이 걸리는 연구 모두가 응용 결과를 예상하는 것이 불가능한, 즉 이해를 위한 순수 탐구 활동이라고 믿는다면 다음의 중요한 점을 놓치게 될 것이다. 원천 과학의 응용에서 "모든 것이 기초 연구를 하는 연구원의 초점 없는 눈빛에서 시작할 필요는 없다."[39]

## 역동적인 패러다임

이용을 위한 기초 과학의 가능성을 인식하는 것은 기초 연구를 기술 혁신과는 별개로 바라보던 전후 패러다임과는 사뭇 다른 관심에서 새로운 기술에서의 과학의 역할을 바라보는 것이다. 이런 복잡한 관계를 고려하는 데에는 다양한 형태의 아이디어가 필요하

---

39) 이 표현을 빌려온 곳은 다음과 같다. Michael Heylin, "Science for the 21st Century," *Chemical and Engineering News*(March 13, 1995), p. 5.

지만, 기초 연구에서 응용 연구로, 다시 개발, 생산, 운영으로 이어지는 "선형 모델" 아이디어는 이미 오래 전에 유효 기간이 만료되었다. 로젠버그의 말을 빌리자면, 아직도 과학 집단과 정책 집단, 그리고 대중의 인식 속에는 혁신에 관한 선형 모델이 살아있을 수 있지만, "이것이 이미 생명력이 끝났다는 것을 모르는 사람은 없다."40) 이 문제를 심각하게 다루어야 하는 이유는 과학 발전이 기술 발전으로 이어지는 과정은 다층적이면서, 복잡하고, 경우에 따라 그 속도도 차이가 나기 때문이다. 또한 우리가 생각하는 것과는 정반대로, 기술 자체가 과학 활동을 자극하는 경우도 많다. 또한 과학과는 별개로 기술이 발전하는 경우도 상당히 많다.

특히, 위의 마지막 지적 때문에 과학과 기술의 연계보다는 기술 혁신을 일으키는 모든 원천에 대해 관심을 기울이게 되었고, 기술 혁신 중에서 궁극적으로 과학 활동에서 요인을 찾을 수 있는 것은 얼마나 될 것인가는 부차적인 관심 사항이 되었다. 혁신에 대한 연구가 많이 이루어지면서, 선형 모델보다는 훨씬 복잡하지만 여러 가지 혁신의 원천들을 포괄하는 다양한 모델이 논의되고 있다. 예를 들어, 히라사와가 제안한 "동시형 시스템concurrent system" 모델을 통해 혁신적인 일본 기업에서는 연구, 개발, 생산, 판매의 각각의 단계가 연속적으로 이루어지기보다 중복적으로 이루어진다는 것을 보여주고 있다.41) 타케우치와 노나카는 이 두 가지의 차이를 보여주기 위해서 스포츠를 예로 들고 있는데, 앞 주자가 구간

---

40) Nathan Rosenberg, "Critical Issues in Science Policy Research," *Science and Public Policy*, vol. 18(December 1991), p. 335.
41) Ryo Hirasawa, "The Concept of R&D Management Sprouting in Japan," in *Proceedings of the Research and Technology Planning Society*(May 15, 1992).

이 끝날 때마다 다음 주자에게 바톤을 넘기는 릴레이 경기와 "팀 전체가 하나가 되어서 공을 앞뒤로 주고받으며 나아가는" 럭비를 대비하고 있다.42) 클라인과 로젠버그는 체인, 피드백, 초기 요인을 구분한 "체인 연결형chain-linked" 모델을 제시하였는데, 이 모델은 혁신 과정의 잠재적인 복잡성을 보여준다.43)

결국 이런 모델에 포함되어있는 혁신의 원천을 포괄적으로 이해하려는 경우에 기초 과학과 기술 혁신 사이의 관계에 대해서는 별로 흥미를 갖지 못하게 된다. 이 관계는 아무리 결점이 많다고 하더라도, 선형 모델에서 나타내려는 것과 같다. 또한 경제적 경쟁력에 대한 관심 때문에 이런 관계에 대해 별로 흥미를 갖지 못하게 되며, 오히려 새로운 기술과 상업적 응용의 연계성에 관심을 두는 사람들이 늘어나고 있다. 과학 재단 총재를 역임했던 블로흐와 경쟁력 위원회Council on Competitiveness에 있던 동료, 체니는 이런 관심을 다음과 같이 표현했다.

> 연구실에 남아있는 기술은 경제적 이익을 가져다주지 못한다. 국방 같은 정부 시장에만 응용되는 기술은 이보다 훨씬 큰 상업 시장, 특히

---

42) Hirotaka Takeuchi and Ikujiro Nonaka, "The New New Product Development Game," *Harvard Business Review*, vol. 64(January-February, 1986), pp. 137-146. 혁신 관리를 위한 다양한 형태의 사고방식의 중요성을 보여주는 예로서, 이들은 후지-제록스Fuji-Xerox는 제품 개발을 연속적인 선형 모형이 아닌 사시미 시스템, 즉 접시에 생선 조각을 겹쳐진 형태로 놓는 것과 유사한 것으로 이해했다.

43) Stephen J. Kline, "Innovation Is Not a Linear Process," *Research Management*, vol. 28(July-August 1985), pp. 36-45; Stephen J. Kline and Nathan Rosenberg, "An Overview of Innovation," in Ralph Landau and Nathan Rosenberg, eds., *The Positive Sum Strategy: Harnessing Technology for Economic Growth* (Washington: National Academy Press, 1986), pp. 275-305.

더 큰 세계 시장에서 성공할 수 있도록 기여하는 기술보다 경제적 이익은 훨씬 작을 수밖에 없다.44)

이들 관점에서, 미국은 기초 과학뿐만 아니라 기술 혁신에서도 세계를 선도하고 있다. 그러나 새로운 기술이 시장을 통해 검증받아야 하는 제품이나 서비스로 전환시키는 데 있어서 주도권은 줄어들고 있다. 미국이 경쟁력을 갖추는 데 뒤처져있다는 점을 잘 보여주는 예가 미국에서 가장 먼저 개발한 기술을 상업적으로 이용하는 곳은 미국이 아닌 다른 곳, 특히 일본이라는 사실이다. 혁신과 기술 확산을 위한 유럽의 정책을 포괄적으로 분석한 보고서에서도 새로운 기술과 시장의 검증을 통과한 제품과 서비스로 이용하는 것을 구별하고 있다.45) 영국 정부는 기술 정책상의 용어를 빌어 이런 차이를 표현하고 있는데, 새로운 기술의 개발을 "혁신 innovation"이라 하고, 상업적 응용을 "이용 exploitation"이라고 한다.

로젠버그와 같은 이들이 자세히 묘사했던 것처럼, 기술의 발전 과정에서 나타난 여러 가지 예를 보면 새로운 기술이 상업적으로 이용되는 데까지 오랜 시간이 걸릴 수도 있지만, 이런 구분은 상당히 타당하다는 것을 알게 될 것이다. 증기 기관도 처음에는 광산에서 물을 퍼내기 위한 기구였다가 나중에 기관선이나 교통 수단의 동력원으로 상용화되었다. 철도도 처음에는 운하의 운송 수단에 상품을 실어 나르는 역할로 국한되어있다가 나중에는 자체적으로

---

44) Erich Bloch and David Cheney, "Technology Policy Comes of Age," *Issues in Science and Technology*, vol. 9(Summer 1993), p. 57.
45) *An Integrated Approach to European Innovation and Technology Diffusion Policy: A Maastricht Memorandum*, May 1993.

완전히 독립적인 교통 시스템이 되었다. 무선 통신도 처음에는 해안과 배처럼 전선을 연결할 수 없는 두 지점 사이에서 '전선 없이' 전신을 대체하는 것으로 간주되었지만, 나중에는 대중을 대상으로 한 "방송"의 수단이 되었다.46) 사실, 이런 것은 기술의 진화 과정에서 너무나도 보편적인 현상이다. 발명가의 머리 속에서 나올 때부터 새로운 기술이 완전히 성숙한 모습을 하고 있는 경우는 거의 없다. 만약 이런 경우가 있다 하더라도, 인공 위성에 대한 아더 클락Arthur Clarke의 경우처럼 이런 것을 상상하는 사람과 실제로 기술로 이것을 구현하는 사람은 서로 다르기 마련이다.

그러나 기술을 응용과 구별하는 데에는 몇 가지 어려움이 있다. 포괄적인 기술과 이것이 적용된 특정한 상품이나 서비스를 구별하게 된다. 더욱이 이런 상품이나 서비스는 몇 가지 기술을 통합한 것인 경우가 있고, 또 어떤 경우에는 이용하는 기술과는 별개로 마케팅이나 금융 문제가 경제적 성공을 위해 더 중요할 수 있다. 따라서 시장의 영향력을 무시하고, 기술적 혹은 공학적 요인에 의해서만 기술이 결정된다고 가정하는 것은 선형 모델에 입각한 사고 방식을 버리지 못한 것이다. 증기 기관, 철도, 무선 통신에서 보는 바와 같이, 시장이 새롭게 등장할 때 소비자의 요구는 기술에 커다란 영향을 미친다. 증기 기관차 기술은 광산에서 물을 퍼내던 증기 기술에서 상당히 발전한 형태였다. 따라서 현실적 문제와 시장 요인에 의해서 기술의 "궤적trajectory"이 결정이 되듯이, 과학의 궤적도 상업적으로 성공할 수 있는 기술을 창출해낼 기회와 같은 여러

---

46) Nathan Rosenberg, "The Impact of Technological Innovation: A Historical Review," in Landau and Rosenberg, *The Positive Sum Strategy*, pp. 17-32.

가지 요인에 의해 결정된다고 얘기하는 것은 너무나도 당연한 것이다.47)

이런 은유를 통한 표현 방식을 약간 윤색해서 기술의 동학에 관한 문제를 다시 서술할 수 있을 것이다.

전후 선형 모델이라는 패러다임을 대체하기 위해서는 기초 과학의 이해와 기술적 노하우의 이중적이지만 반자율적인semi-autonomous 궤적의 연계성을 더 명확히 이해하는 것이 필요하다.

선형 모델을 통해서 보면, 과학의 발전이 기술 개발을 결정하게 된다. 그러나 익히 알고 있는 대로, 이 두 가지의 상호작용은 훨씬 복잡하고, 어떤 경우에는 기술이 과학에 커다란 영향을 미치게 된다. 현재로서는 정적인 패러다임과 동적인 패러다임의 전환 모두가 문제이다. 다만 파스퇴르 사분면에 속하는 연구의 중요성에 주목한다면 이런 관계에 대한 더 깊은 이해가 가능할 것이다.

과학적 이해와 기술의 역량을 서로 교차하면서 상승하는 이중 나선 구조로 그리는 것은 약간 우습지만, 기초 과학과 기술 혁신 사이의 연계를 나타내는 1차원적이고 일방적인 모델은 반자율적이면서 상호작용하는 이중의 상승 궤적을 포함하는 그림으로 대체되어야 한다(<그림 3-7>). 이런 궤적들은 서로 느슨하게 연결되어 있다. 과학 영역에서는 기술의 발전 없이 순수 연구를 통해 기존보

---

47) 여기서 "궤적"의 의미는 넬슨Richard R. Nelson과 윈터Sidney G. Winter가 사용한 것과 상당히 유사하다. "In Search of Useful Theory of Innovation," *Research Policy*, vol. 6(January 1977), pp. 36-76 및 *An Evolutionary Theory of Economic Change*(Harvard University Press, 1982)의 11장 참조.

다 더 높은 수준의 이해에 도달하게 된다. 이와 유사하게, 기술 영역에서도 과학의 발전 없이 구체적인 목적을 상정한 연구나, 공학이나 디자인의 변화 혹은 뭔가를 조금만 고치고서도 기존보다 더 향상된 역량을 달성할 수 있다. 그러나 어떤 경우에는 이런 궤적이 다른 궤적으로부터 강한 영향을 받는데, 이런 영향은 둘 중의 어느 한 방향으로 나타나고, 이용을 위한 기초 연구가 연계 기능을 담당하게 되는 경우가 많다. 이와 관점에서, 브룩스는 "과학과 기술의 관계는 평행하게 이루어지는 두 가지 기술 축적이라고 보는 것이 좋을 것이다. 이 두 가지는 상호 의존적이고, 상호관계를 갖지만, 이런 상호 연계보다는 내부적인 연계가 훨씬 강하다"라고 지적하고 있다.48)

이렇게 지식을 이중의 궤적을 통해 표현하는 경우도 제대로 보여주지 못하는 것이 많이 있다. 과학과 기술의 상호작용을 위해서는 때로는 실제 기술을 창출하기 위한 새로운 연구 기술이 필요하고, 새로운 원천 과학을 육성하는 데에도 이미 상업적으로 쓰이는 측정 방법이 중요한 역할을 할 수 있다는 것을 인식해야 한다. 그럼에도 불구하고 19세기 "기술"이라는 개념이 최초로 실증적인 사고에 뿌리를 두고 출발한 만큼, 과학적 이해와 기술 역량이라는 두 궤적 사이의 상호작용은 느슨한 것으로 간주했다. 이제야 비로소 과학의 발전에 대한 기술의 영향과 새로운 제품 및 공정의 발전에 대한 물리학, 화학, 생물학 같은 신생 과학의 영향을 통해 200년보다 더 오래 전에 프란시스 베이컨이 제시했던 실용 기술과 과학의 합치가 이루어진 것이다.

---

48) Harvey Brooks, "The Relationship between Science and Technology," *Research Policy*, vol. 23(September 1994), p. 479.

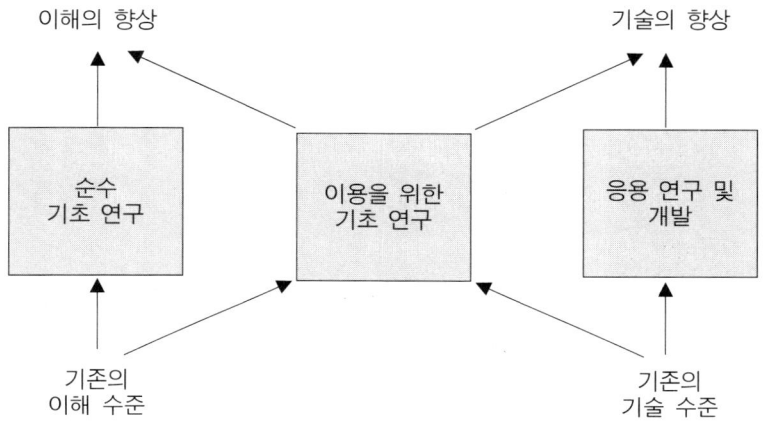

〈그림 3-7〉 수정된 동적 모델

## 정책적 함의

기초 과학과 기술 혁신의 연계를 나타내는 그림 속에는 기존의 연구 활동을 충실하게 담아내는 것 이상을 보여주고 있다. 전후 패러다임의 수정이 과학 기술 정책에 던지는 의미는 더욱 크다. 사실, 다음 5가지 의견은 우리가 분석을 넘어 정책 형성으로 나아가는 데 중요한 뒷받침이 될 것이다.

── 2차 세계 대전 이후에 등장한 과학 기술의 패러다임은 기초 연구와 기술 혁신의 실제 관계를 규명하기에는 상당히 불완전하였다.
── 전후 패러다임의 불완전성은 과학 집단과 정책 집단 사이의 대화를 방해하였을 뿐만 아니라, 과학과 정부 사이에 맺을 새로운 계약의 모색을 저해하였다.

―― 과학과 기술의 관계에 대한 더욱 현실적인 관점을 견지하면 과학적 이해와 기술적 노하우라는 반자율적인 궤적들을 연계하는 데 이용을 위한 기초 연구의 역할이 얼마나 중요한가를 알게 된다.

―― 과학 집단과 정책 집단이 이용을 위한 기초 연구의 중요성을 더욱 명확히 이해하게 되면 과학과 정부 사이의 새로운 계약을 맺는 데 도움을 줄 수 있고, 이런 계약을 통해 다시 순수 기초 연구에 대한 지원을 제공해야 한다.

―― 이용을 위한 기초 연구에 대한 논의는 충분한 정보를 통해 연구 전망에 대한 판단과 사회적 수요를 함께 고려함으로써 가능하다.

이런 의견이 갖는 정책적 함의는 4장과 5장에서 논의할 것이다. 4장에서는 기초 과학과 기술 혁신의 관계에 대해 더욱 현실적인 관점을 견지하는 것이 과학과 정부의 계약을 수정하는 데 얼마나 큰 도움을 주는지 보여줄 것이다. 5장에서는 이용을 고려한 기초 연구에 자금을 지원하는 데 있어서 어떻게 과학적 전망과 사회적 가치에 대한 판단을 연계시킬 것인지를 보여줄 것이다.

## 제4장 과학과 정부의 새로운 관계

　산업 사회에서 과학 기술 정책의 혼선은 20세기가 저물어갈 무렵에 미국에서 더욱 분명하게 나타났다. 제2차 세계 대전 이후에 미국 과학의 황금기를 지탱했던 과학과 정부 사이의 합의는 과장되는 경우가 많다. 보편적인 사실로 받아들였을 것이라고 생각되는 사실들이 당시에는 단지 논의의 수준에서 다루어지고 있었으며, 전후 기초 과학에 대한 막대한 자금 지원은 반네바 부시가 그의 유명한 보고서,『과학, 그 끝 없는 미개척지』에서 제시한 것과는 상당히 다른 조직적 경로를 통해 이루어졌다. 더욱이 베트남 전쟁, 기술이 환경에 미치는 영향에 대한 관심, 미완의 국내 문제를 해결하고자 하는 바램으로 인해 1960년대 말과 1970년대 초에 응용 과학뿐만 아니라, 순수 과학에 대한 정부 지원의 근간은 오늘날 우리가 기억하고 있는 것보다 훨씬 더 크게 흔들렸다. 특히, 베트남 전쟁을 통하여 한 나라의 기술적 우위가 군사적 성공에 큰 영향을 미치지 못한다는 사실을 경험하면서 큰 좌절감을 겪게 되었다. 과학에 대한 공공 지원이 퇴조한다는 관점에서 부시 시대는 50년이 아니라 25년 동안 지속되었다고 말할 수 있다.1)

---

1) Daniel J. Kelves는 상원 의원 Harley Kilgore의 과학에 대한 포퓰리즘적 인식이 1960년대 변화된 사회적 분위기를 틈타 "다시 우리 사회에

그러나 전후에 과학과 정부 사이에 이루어졌던 계약compact은 1970년대 말과 1980년대에 다시 복구되었다. 이때 미국은 구 소련의 아프카니스탄 침공에 따라 다시 전 세계적인 적대 세력에 관심을 집중하기 시작한 시기였다. 카터 행정부 후반에 새로운 의미의 위험이 나타났고, 이는 레이건 행정부 초기에 더욱 두드러졌다. 당시까지 세계를 양분하고 있던 구 소련 권력과 대치하고 있던 레이건 행정부는 30년 전에 아이젠하워 행정부처럼 과학이 국력의 원천이라고 믿고 있었다. 결과적으로 기초 과학에 대한 예산은 스푸트닉호 사건 이후만큼은 아닐지라도, 당시 기준으로는 획기적으로 증진되었다. 전후에 이러한 계약의 기반은 이미 허약해졌고, 기초 과학과 기술 혁신을 바라보는 이런 계약의 패러다임의 한계가 점차 명확해졌음에도 불구하고, 1990년대가 되어서야 비로소 이런 계약은 무너지게 되었다.

## 전후의 과학과 정부 관계의 붕괴

최근 수십 년 동안 있었던 세 가지 현상은 국가 과학 기술 정책

---

침투하고 있다"고 한 Don Price의 말을 인용하였다. Daniel J. Kevles, "The Crisis of Contemporary Science: The Changed Partnership," *Wilson Quarterly*, vol. 19(Summer 1995), p. 47 참조. 전후 과학 정책의 여러 단계에 대한 훌륭한 리뷰로는 Bruce L. R. Smith, *American Science Policy since World War II*(Brookings, 1990) 및 Harvey Brooks, "National Science Policy and Technological Innovation," in Ralph Landau and Nathan Rosenberg, eds., *The Postive Sum Strategy: Harnessing Technology for Economic Growth*(Washington: National Academy Press, 1986), pp. 119-167.

에 상당한 혼란을 불러일으켰다. 각각의 현상은 전후에 과학과 정부 사이의 계약의 근간이 되는 패러다임의 한계를 분명하게 보여주었다.

## 냉전의 종결

이런 변화의 가장 크고, 두드러진 사실은 구 소련 권력의 붕괴였다. 2차 세계 대전이 종결과 함께 발생한 두 가지 사건은 과학 정책을 강력하게 추진해야 할 필요성을 보여주었지만, 소련 정권의 충격적인 종말은 이런 과학 정책의 추동력을 없애버렸다. 태평양 전쟁의 마지막 사건(원자 폭탄 투하)은 미국의 군사적 생존이 과학과 기술의 리더십에 달려있을 것이라는 생각으로 이어졌다. 그리고 이런 관점은 미국에 대한 전 세계적 적대 세력이 스스로 만든 핵 폭탄을 가지게 됨에 따라 더욱 커졌다. 하지만 기술과 이를 뒷받침하고 있는 것으로 여겨지던 과학에 대한 리더십의 필요성에 대한 위기감을 불러일으킨 것은 바로 스푸트닉호의 발사였다. 정책 집단은 미국이 소련과 대결하던 초기 몇 년 동안 부시의 의견을 잘 받아들이고 있었는지도 모른다. 하지만 기초 과학에 대한 정부의 예산 지원은 스푸트닉호 사건 이전까지는 상대적으로 신중하게 이루어지고 있었다. 이 사건으로 인해 소련이 미국의 과학을 따라잡을 것이란 두려움이 생겨났다.

비록 이러한 두려움은 이후에 소련 체제가 붕괴하기 훨씬 이전에 후퇴했지만, 군사 기술 분야에서 소련의 도전은 1980년대에 들어와서도 미국이 군사 안보를 위해 국가 과학 기술의 기반을 강화해야 한다는 논리에 군건한 명분을 부여하기에 충분했다. 하지만 냉전 시대의 종결과 함께, 군사적 생존이라는 명분만으로 기술 혁신을 위하여 과학 기반을 강화해야 한다는 주장을 펼치기에는 부족하게 되었고, 비록 국방부의 걸프 전쟁 관련 방송 보도에 대한 성공적인 관리 덕택에 베트남 전쟁에 비해 첨단 기술을 이용하면 국지전에서 우위를 확보할 수 있다는 더 큰 인상을 심어주었음에도 불구하고, 연구 개발 예산에 대한 지원에 대한 명분을 되살리지는 못하였다.

과학 정책의 버팀목이 계속하여 공격을 받음에 따라 정책 집단의 많은 지도자들은 군사 안보에 대한 절박감이 크게 감소한 상황에서 기초 과학의 발전이 국가의 기술적 번영을 가져올 것이란 부시의 일반적인 주장이 아닌, 다른 사회적 필요의 관점에서 기초 과학에 대한 투자를 정당화하는 것이 필요하다고 느끼게 되었다. 당시에 분명하게 드러난 것은 제2차 세계 대전이 끝난 뒤에 있었던 과학과 정부 사이의 거래가 파우스트적이라는 사실, 즉 끝 없이 기술 진보가 이루어질 것이라는 기대를 갖고 순수 과학을 지원했는데 수십 년이 지난 뒤에 결국 이런 말을 하게 되었다. "잠깐만, 아직도 해결하지 못한 문제들이 있어. 게 중에는 오히려 과학의 기술적 파급 때문에 나타난 문제들도 있어. 이제 거래는 끝이야." 국회 과학·우주 기술 위원회 위원장이었던 민주당 조지 브라운George E. Brown의 연설에는 이런 시각이 반영되어있다. 그는 의회 위원회에서 다음과 같이 언급했다.

정책 입안자의 관점에서 연방 정부가 지원하는 연구 체계가 곤경을 겪고 있다는 인식은 연구를 통해 예상되는 이익과 사회를 둘러싸고 있는, 그러나 해결하기 어려운 다양한 경제, 환경, 각종 사회적 문제가 불

일치한다는 것을 통해 명백해질 수 있다.2)

1993년 봄에 영국 정부가 발간한 과학 기술 백서에서도 이런 주장을 엿볼 수 있다.3) 냉전 이후에 의회에서 첫 번째 회기 연도의 예산 수위를 결정했던 사람들은 전략적 연구의 중요성을 논의했다. 그들은 사회적으로 충족되지 못한 문제를 향한 전략적 연구가 국가의 연구 능력을 강화하는 데 더 효과적으로 기여할 것이라고 하였다. 과학 재단에 대한 예산 심의 소위원회 공청회에서 상원 의원 바바라 미쿨스키Barbara A. Mikulski는 과학 재단의 책임자에게 과학 재단에서 수행하고 있는 연구 중에서 어느 정도가 국가의 필요에 따른 것인지 밝혀줄 것을 서면으로 요구했다. 이후에 소위원회는 보고서를 통해 국가의 필요에 따른 연구 비율을 60% 이상으로 유지할 것을 권고하였다.4)

### 세계 경제의 통합

미국의 정책 집단은 세계 경제에서 경쟁력을 가질 수 있도록 돕는 것이야말로 국가의 연구 능력을 강화해야 하는 진정한 이유라

---

2) *Report of the Task Force on the Health of Research*, chairman's report to the House Committee on Science, Space, and Technology, 102 Cong. 2 sess., serial L(Government Printing Office, 1992), p. 2.
3) *Realising Our Potential: A Strategy for Science, Engineering and Technology*, Cm 2250(London: Her Majesty's Stationery Office, 1993).
4) Departments of Veterans Affairs and Housing and Urban Development and Independent Agencies Appropriation Bill, 1994, S. Rept. 137, 103 Cong. 1 sess.(Government Printing Office, 1993), p. 4.

고 주장하였고, 따라서 세계 경제의 통합은 전후에 과학과 정부 사이의 계약을 무너뜨리는 두 번째 사건이었다. 1990년대까지 제2차 세계 대전 이후의 세계 무역은 미국과 동맹국들이 세운 무역 체제 아래서 이루어졌는데, 그 규모는 놀라울 정도로 증가하여 세계 경제 활동의 대부분을 일종의 글로벌global 경제로 통합시켰다. 전후에 미국은 막강한 경제적 영향력에도 불구하고, 새로운 무역 질서에서 상당히 동떨어진 상태로 거대한 경제 규모를 이끌고 글로벌 경제로 진입했다. 미국의 상품과 서비스 수출입 평균은 1960년대까지도 국내 총생산의 4.7%에 불과했다. 이후에 1994년까지 11.4%로 두 배 이상 증가하였는데, 이와 대조적으로 OECD 국가들은 1960년 12.5%에서 1990년에 18.6%로 증가했다.[5]

글로벌 경제가 더 광범위하게 통합됨에 따라, 미국이 점차적으로 다른 나라에게 제조업의 일자리를 빼앗기게 되면서 경쟁의 필요성이 특별히 부각되었다. 일자리의 손실은 대부분 저임금 노동 인력을 가진 나라와 관련되어있었다. 하지만 일부는 다른 경쟁 국들이 새로운 기술을 더 잘 활용할 수 있는 것에서 비롯되었으며, 특히 이렇게 활용된 새로운 기술 중에는 과학을 기반으로 미국에서 만들어낸 기술 혁신이 포함되어있었다. 냉전이 끝나가면서 미국의 광범위한 정책 집단은 군사 안보 측면에서의 긴장감이 상당히 줄어든 현실로 인해 세계 경제에서 자국의 경쟁력을 갖추는 것이 국가 연구 개발 활동에 부여된 가장 중요한 임무라고 믿게 되었

---

5) 이 수치는 다음 자료에서 인용하였다. Paul Krugman, "Growing World Trade: Causes and Consequences," unpublished paper, March 1995, draft prepared for the Brookings Panel on Economic Activity, April 1995.

다. 이런 믿음은 전후 과학에 대한 정부 지원의 패러다임을 약화시켰다. 기초 과학에서 분명한 지위를 갖추는 것이 미국이 세계 무역에서 당면하고 있는 심각한 도전을 막지 못한다는 사실이 너무나 명백해졌기 때문이다.

전후 수십 년 동안의 일본의 경험은 "다른 나라에 새로운 과학적 지식을 의존하는 나라는 산업 발전이 점차 둔화될 것이며 세계 무역에서 경쟁적 지위가 약화될 것이다"라는 부시의 주장과 상반되는 것이었다.6) 부시의 주장은 20세기 초 미국의 기초 과학 능력이 유럽에 뒤쳐져있던 당시에 미국이 산업 기술 부분에서 세계적으로 앞서기 위해 유럽의 과학과 기술을 채택했던 경험에 의해서도 반박할 수 있다.

분명히, 일본이 성공할 수 있었던 이유는 산업 발전의 원동력을 얻기 위한 일종의 기초 과학의 발전기發電機를 만들기보다는 주로 기술을 획득하고 개선했기 때문이다. 순수 연구로 제한된 과학 정책에 회의적인 사람들은 미국이 기초 과학의 주요 생산자의 반열에 들어서봐야, 미국은 지적 자산을 수출하고 다른 나라는 이것을 첨단 제품과 결합하여 부가가치를 보탠 가격으로 다시 미국에 내다팔게 될 것이라면서 미국의 암울한 미래를 지적하기 시작했다. 세 번째 사건으로 인해 새로운 과학 기술 정책에 적합한 패러다임을 찾는 것을 늦추지 않았다면, 이러한 우려를 통해 기존 패러다임에 대한 총체적인 검토가 이루어졌을 것이다.

---

6) Vannevar Bush, *Science—the Endless Frontier: A Report to the President on a Program for Postwar Scientific Research*(Washington: National Science Foundation, reprinted 1990), p. 19.

## 예산 정책과 경제 정책의 유산

20세기 말에 엄격한 예산 절차를 강조함에 따라 향후 수십 년을 대비한 과학 기술 정책의 개념적 기초를 도출하는 노력이 중단될 위험이 커졌다. 20세기 말에 연방 정부의 예산을 결정하게 될 이러한 엄격함은 오랜 시간에 걸쳐 정착되어온 것이지만, 사실 펜실베니아 거리 양쪽 끝에 위치한 민주당과 공화당에 의해 추진되고 있는 예산 및 경제 정책의 유산遺産이라는 측면이 크다. 이런 엄격함은 부분적으로 사회 정책(과 베트남 전쟁)의 비용이 장기적인 경제 팽창과 1960년대에 수입 증대로 발생하는 이익을 통해 채워질 수 있을 것이란 믿음, 즉 1970년대 스태그플레이션에 대한 법안이 제출되면서 드러난 잘못된 계산에서 비롯되었다. 또한 1980년대에 국방 예산을 증가시키는 동시에, 공급자 중심의 경제학자들에 의해 만들어진 세금 삭감에 대한 법률안을 제정한 레이건 행정부의 결정에도 부분적으로 책임이 있다. 또한 의회가 행정부로 하여금 국내 시장을 축소시키도록 하는 데 실패하고, 이자를 높여 인플레이션을 잡고 예산 적자를 보충하기 위하여 외국 자본을 유치하도록 방조한 것에도 부분적으로 원인이 있다. 결국 이로 말미암아 미국은 최대 채권국에서 최대 채무국으로 전락하였고, 이미 3배로 커진 부채를 갚기 위하여 연방 정부 예산의 상당 부분을 써야 하는 상황에 놓이게 되었다. 또한 부분적으로는 의회가 예산 삭감이라는 어려운 결정을 피하기 위하여 사용한 방법인 그램-루드먼 Gramm-Rudman 과정의 복잡성에서 유래하기도 했다. 하지만 이런 배경을 놓고 볼 때 1994년에 공화당이 의회를 장악하면서 예산 적자를 먼저 지적하고, 사실상 자유 재량 사업을 통해 이러한 고통을 분담함으로써 급격한 예산 축소를 가장 잘 달성할 수 있을 것이라고 믿고 있다는 것도 그리 놀랄만한 일은 아니다.

이런 분위기에서는 더욱 창조적인 과학 정책을 구상할 수 있는 기회를 얻기는 힘들다. 필연적으로 폭넓은 정치적 의제에 따라 움직이는 예산 결정 주체들은 이전에 정립한 범주와 개념을 통해서 정부의 연구 개발 지원을 위한 세부 정책들을 제시했다. 이들의 행동과 설명은 기초 연구와 응용 연구를 분리하여 생각하고 있다는 것을 보여주었다. 실제로, 이런 특징은 새로운 의회 리더십이 신新고전주의 경제학의 주장으로부터 나온 논의를 수용하면서 더욱 강화되었다. 이들의 논의는 순수 연구가 다른 종류의 지원을 얻기 힘든 공공재이기 때문에 정부 지원이 필요하다고 하고 있다. 반면에 연구 개발은 시장에 더 가까이 위치하고 있으며, 시장에 연구 개발 결과를 적용하기를 바라는 민간 기업이 지원해야 한다고 하고 있다. 신고전주의 경제학의 입장은 민주당 행정부가 계획한 수많은 기술 프로그램을 가로막는 장벽이 된 반면에, 이로 인해 기초 연구에 수반된 예산상의 고통은 다소 완화되었다. 물론, 실제 예산의 측면에서는 이들도 삭감을 벗어날 수는 없었다. 하지만 정책 변화가 빠르게 일어나는 시기는 개혁의 잠재성을 내포하고 있다. 그리고 과학 정책에서 깊은 단절이 있는 시기에 우리는 기초 과학과 기술 혁신에 대한 더욱 실제적인 개념이 과학과 정부 사이의 계약을 새롭게 하는 데 어떻게 기여하는지 살펴보아야 할 것이다.

## 변화의 시작

과학 기술 정책을 둘러싼 불안 요인들이 증가함에 따라 전후 패러다임에서와 같이 순수 과학의 입장을 주장한다고 해서 기초 과학에 대한 정부 지원을 회복시키는 것은 어려울 것이다. 실제로, 이런 주장을 통해 점차적으로 과학 공동체는 일종의 이익 집단으로서의 역할을 할 수밖에 없게 된다. 즉, 대중적 이익을 위한 전문적인 대변인의 역할보다는 자신들의 필요를 반영하는 활동에 대한 지원을 구하는 것이다. 과학자 공동체가 순수한 지적 호기심에 대한 이상과 자율성이 아무리 인상적이라고 하더라도, 이것만으로는 기초 과학에 대한 공공 지원이 왜 필요한가에 대한 명확하고 힘 있는 근거가 되지 못한다.

특히 강조해야 할 부분은, 과학자 공동체가 새로운 의회 지도자들의 영향력으로 인해 부시 및 클린턴 행정부에서 시작한 기술 프로그램보다는 기초 과학에 상대적으로 많은 지원이 있다는 것에 안주해서는 안 된다는 것이다. 이것의 위험은 상대적인 것을 절대적인 호의로 잘못 해석하는 것이다. 새로운 리더십에는 시장 실패로 인해 기초 연구에 대한 정부의 지원이 필요하다는 경제학적 관점을 포함하고 있다는 것은 고무적인 일이지만, 이런 지원이 오직 순수 연구만을 위한 것이라고 알려지면 소련과의 대결을 통해 정책 집단에게 과학에 대한 지원이 국가를 위해 얼마나 필요한 것인가를 명확히 보여줄 수 있기 전까지 기초 과학에 대한 전후 지원의 불꽃이 다시 켜지지 못한 상황처럼 공공 지원을 위한 불꽃은 꺼져 버릴 것이다. 이런 관점에서 신 고전주의 경제학자들의 기초 과학에 대한 정부 지원의 근거인 시장 실패 논리가 의회로 하여금 1995

년 봄부터 7년에 걸쳐 기초 과학에 대한 정부 지원을 매년 누적적으로 30%씩 감액하도록 기획된 예산 계획이 채택되는 것을 막지 못했다는 사실을 기억해야 할 것이다.7)

이용을 고려한 기초 연구의 중요성에 대한 공통된 인식에 기초한 정책은 이런 난국을 깨뜨리는 데 도움이 될 수 있다. 이와 같은 핵심 인식을 토대로 소통이 제대로 이루어지지 않고 있는 과학 공동체와 정부 사이의 현실을 연결해줄 수 있는 새로운 교각을 만들어낼 수 있을 것이다. 이용에 대한 고려는 19세기 이후에 기초 과학을 수행하는 중요한 동기였다는 점을 빼놓고서 현실의 과학을 얘기할 수는 없다. 2차 산업 혁명은 과학적 발견을 통해 가속화되었지만, 이런 과학적 발견은 사실 산업 발전을 통해 촉발되었고, 이것은 마치 이 책의 제목에 이름이 올라있는 파스퇴르가 이용을 염두에 두고 발견한 과학적 사실을 통해 공중 위생이 발전한 것과 유사하다. 실제로, 20세기에 과학은 점차적으로 과학자 공동체 내부의 주제를 다루는 것뿐만 아니라 기술의 발전에 따른 문제를 해결하기 위한 연구를 수행하였다. 부시 보고서에서 서술한 패러다임 때문에 이런 모습을 볼 수 없었고, 국가적 수요가 과학자 집단이 수행하는 기초 연구에 커다란 영향을 미친다는 사실을 미처 깨닫지 못하고 있었다. 또한 심도 있는 과학 탐구는 이용에 대한 깊은 고려 없이 이루어진다는 잘못된 생각을 쫓아버리지 못하였다.

과학자 집단뿐만 아니라 정책 집단과 대중 역시 이런 어리석음을 범하기는 마찬가지였는데, 그들은 과학자를 인류의 발전을 위한 힘의 원천으로 보고서 이들에 대해 상당히 동경하고 있다. 과학

---

7) H. Con. Res. 67, *Congressional Record*, June 29, 1995, pp. 6561-6583.

정책을 수립하는 데 예산 문제만 없다면, 정책 집단과 일반 대중은 사회적 수요를 해결하기 위하여 전적으로 과학에 기대고 싶어 할 것이다. 과학에 대한 기대가 얼마나 어렴풋하고 논리가 결여된 것인가라는 것과는 상관 없이 일반 대중에 대한 여론 조사를 보면 과학에 대한 이러한 지지를 아주 명확하게 알 수 있다. 호의적인 사람들의 신념과 태도에서 볼 수 있는 정책 집단과 과학 집단 사이의 상호작용을 이해하는 이런 기본틀은 많은 세금을 통해 과학 연구가 이루어지는 민주주의 체계에서는 상당히 중요하기 마련이다. 10여 년 전에 존 밀러John D. Miller와 케네스 프레위트Kenneth Prewitt가 과학 재단의 지원 아래서 정부의 연구 개발 투자를 대중이 어떻게 지지하는가에 대해 공식적으로 분석하였고, 이 연구를 토대로 밀러는 국가 과학 위원회NSB에서 격년으로 발간하는 『과학 기술 현황Science and Engineering Indicators』에 실리는, 과학에 대한 대중 인식 보고서를 작성하는 데 크게 기여하였다.8)

가브리엘 알몬드Gabriel Almond가 공공 정보와 이해가 결여된 분

---

8) 특히 John D. Miller, *The American People and Science Policy: The Role of Public Attitudes in the Policy Process*(Pergamon Press, 1983); John D. Miller and Kenneth Prewitt, *A National Survey of the Non-governmental Leadership of American Science and Technology: A Report to the National Science Foundation*, unpublished report of the Public Opinion Laboratory of Northern Illinois University, May 1982; Kenneth Prewitt, "The Public and Science Policy," Science, Technology, and Human Values, vol. 7 (Spring 1982), pp. 5-14; John D. Miller and Linda K. Pifer, *The Public Understanding of Biomedical Science in the United States*, 1993(Chicago: Chicago Academy of Sciences, 1995) 참조. 가장 최근의 대중적 의견에 대한 자료로는 National Science Board, "Science and Technology: Public Attitudes and Public Understanding," in *National Science Board, Science and Engineering Indicators* (Government Printing Office) 참조.

야, 즉 외교 정책 분야에서는 여론이 어떻게 형성되는지를 설명하기 위해 주창한 개념적 접근 방식을 이용하여 밀러와 프레위트는 과학과 과학 정책에 대해 주어지는 정보와 태도에 대해 분석하였는데, 이러한 정보와 태도는 '피라미드'처럼 층위를 나눠볼 수 있으며, 꼭대기에서 바닥에 이르기까지 과학 정책 의사 결정자, 비非정부 기구의 과학 정책 리더, 과학 정책에 호의적인 대중, 이에 관심 있는 대중, 이에 비호의적인 대중 등으로 구성되어있다.9) 창조론이나 혹은 과학에 대한 동물 권리 운동론자, 환경 운동론자들의 비판을 이해하는 경우라면 사람들은 대중이 과학을 얼마나 다양한 관점으로 바라보는가를 알지 못할 수 있다. 하지만 밀러 연구팀이 지난 10년에 걸쳐 수집한 증거에 따르면, 피라미드 구조의 바닥에 있기 때문에 과학에 대한 이해와 정보가 제한되어있다고 하더라도 과학에 대해 일반 대중은 상당히 호의적이며, 과학에 대한 정보와 지지는 피라미드의 높은 단계로 올라갈수록 꾸준히 증가한다는 것을 보여주고 있다. 비록 대중은 과학이 상당한 위험을 수반한다는 것을 인식하고 있지만, 1981년 밀러의 조사에 따르면 과학에 호의적인 계층의 90%, 관심 있는 계층의 79%, 그리고 비호의적인 계

---

9) Miller와 그의 동료들은 피라미드의 층위별로 대중을 계층화하기 위하여 다양한 방법을 사용한다. 피라미드 꼭대기에 위치한 과학 정책 의사 결정자는 구속력 있는 과학 기술 관련 정책의 결정을 내릴 수 있는 집단이며, 비정부 기구의 과학 정책 리더들은 과학자 사회 내부에 탄탄한 조직적 기반을 구축한 집단이다. 이들 각 층위에 속한 집단은 국가를 구성하는 세분화된 구성 요소이다. 과학 정책에 호의적인 대중(전체 대중의 20% 미만)은 과학 관련 사안에 대한 높은 관심과 구체적인 과학 지식을 가지고 있다. 과학 정책에 관심을 가지는 대중(전체 대중의 20%)은 구체적인 과학 지식은 없으나 과학 관련 사안에 관심이 크다. 나머지는 과학에 비호의적인 대중(전체 대중의 60%)이다. Miller, *The American People and Science Policy*, pp. 33-49 참조.

층의 69%가 과학의 이익이 위험보다 더 크다고 생각하고 있는 것으로 나타났다.10) 이 연구를 통해 대중이 얼마나 철저히 과학 자체보다 과학의 목적에 대해 높은 가치를 부여하고 있는지를 알 수 있다. 과학의 도구적 사용이 대중적 지지의 핵심 요소라는 것이 아주 분명하게 나타났다. 특히 과학에 대한 호의적인 입장을 취하고 있는 사람들은 "기술적 노하우technological know-how"와 "과학적 창조성scientific creativity"이 세계 속에서의 미국의 번영과 국내의 경제적 안녕의 중요한 원천이 된다고 믿고 있었다. 그리고 이들은 과학의 성과를 통해 값싼 에너지의 공급, 암 치료제의 개발, 물의 담수화desalination와 같은 일들이 미래에 이루어질 것이라는 높은 기대를 가지고 있었다. 밀러는 연구 결과를 다음과 같이 요약했다.

    대중은 과학과 기술에 대하여 세계 속에서의 미국의 번영과 미국인의 삶의 질을 결정하는 중심적 역할을 부여하고 있다. 미래 과학적 성취에 대한 기대 수준을 보면, 과학에 호의적인 입장을 취하거나 관심이 있는 대중은 과거의 과학적 성취를 일종의 서막序幕으로 본다는 것을 알 수 있다. 과학의 이익이 과학의 위험을 능가할 것이라고 밝힌 상당수의 대중이 일종의 과학과 기술에 대한 대중적 신뢰의 굳건한 기초가 되고 있다.11)

1994년 해리스의 설문 조사의 결과, 미국 전 지역의 설문 대상

---

10) Miller, *The American People and Science Policy*, p. 52. 1979년 조사에 나타난 비교 가능한 결과에서는 과학에 호의적인 계층이 88%, 관심 있는 계층이 74%, 그리고 비호의적인 계층이 63%로 나타났다.
11) Miller, *The American People and Science Policy*, p. 53.

자 중에서 68%가 "과학이 세계의 많은 문제를 해결할 것이다"라는 것에 동의하였고, 오직 29%만이 여기에 반대했다는 점은 과학에 대한 이런 압도적인 지지가 오랜 시간이 지난 뒤에도 굳건히 유지되고 있다는 사실을 보여준다. 과학에 대한 이러한 지속적인 지지는 국가 과학 위원회에서 조사한 과학에 대한 대중의 태도를 나타내는 지표를 통해서도 입증되었다. 1993년의 국가 과학 위원회 조사에서 설문에 응답한 성인 중의 79%가 "대부분의 과학자는 보통 사람들의 더 나은 삶을 위해 무엇인가를 하기 원한다"라는 문구에 동의한 내용이 포함되어있다.12)

의회 역관계의 불확실성과 예산 절감에 대한 압박이 커지고 있는 지금, 『과학, 그 끝 없는 미개척지』에서 구체화된 순수 연구에 대한 정부 지원을 제한해야 한다는 요구가 정책 집단 내부에서 자주 나오고 있다. 하지만 장기적으로 기초 과학의 상당 부분이 이용에 대한 고려를 통해 이루어지고 있다는 점을 이해한다면 광범위한 대중적 지지를 회복할 수 있는 희망을 발견할 수 있다. 세 가지 이유에서 과학과 기술의 발전 사이의 관계를 보다 현실적인 시각

---

12) 1994년 2~3월에 실시한 Harris Poll과 National Science Board, *Science and Engineering Indicators – 1993* 참조. 이는 J. D. Miller & L. K. Pifer, *Public Attitudes toward Science and Technology, 1979-1992, Integrated Codebook*(Chicago: International Center for the Advancement of Scientific Literacy, Chicago Academy of Sciences, 1993)과 미발간 자료들을 참고하여 작성하였음. 과학에 대한 대중의 장기적인 전망에서 더 부정적인 반응이 나타나고 있다는 측면이 인상적이다. 예를 들어, Harris Poll의 설문 조사에서는 "나는 오늘날 과학자들이 하는 일을 이해하기가 점점 더 어렵다"는 문항에 51%가 동의하였다. 또한 National Science Board의 설문 조사에서는 성인의 52%가 "많은 과학자가 그들의 경력이나 돈을 위해 연구 결과를 위조하거나 조작한다"라는 문항에 동의하였다.

으로 보는 것이 과학과 정부 사이의 연계 고리를 튼튼히 할 수 있다. 그 중 첫 번째는,

> 기초 연구가 사회적 필요로부터 도출될 수 있다는 점은 대중으로부터 지지를 이끌어내거나, 정책 집단 내부에서 대중의 지지를 업고 목소리를 높일 수 있다.

더 넓은 과학자 공동체의 관점에서, 이용을 고려한 기초 연구 basic research의 중요성에 대한 인식을 공유한다면 정부 예산의 사용에 대해 거센 압력을 받던 시절에 과학자 공동체가 추구려고 했던 원천 연구에 대한 지지를 강화시키는 기회가 될 수 있다. 하지만 이런 인식은 순수 연구에 대한 지원도 증가시킬 수 있는데, 이때 그 역할을 할 수 있는 주장이 과학의 통합과 과학의 발견 과정에서 나타나는 비예측성에 대한 것이다. 그리고 이러한 주장은 왜 과학과 기술 발전 사이의 관계를 더 현실적으로 보는 것이 기존의 과학과 정부 사이의 계약을 새롭게 하는 데 기여할 수 있는가의 두 번째 이유와 연결이 된다. 곧, 과학자들이 보어 사분면에서 파스퇴르의 사분면으로 자원이 대규모로 이동할 것이라고 생각한다면 이런 계약이 제대로 작동할리 없다.

## 순수 연구에 대한 입장 강화

전통적인 과학 정책에서는 순수 연구와 호기심에서 출발한 연구의 필요성을 다양한 이유를 들어 주장한다. 그 중에는 인류 문명

만큼이나 오래된 믿음, 즉 문명인은 지식을 위한 지식을 추구한다는 것이 하나의 이유가 되기도 한다. 문명의 표시로서의 순수한 호기심에 대한 믿음은 우리 시대에도 역시 영향력이 있고, 이 믿음을 후원하는 사람들의 집단은 미지에 대한 대중적 호기심에 의해 증가되어진다. 『내셔널 지오그래픽_National Geographic_』의 구독자 수가 9백만 명이나 되는 이 나라의 국민들은 과학에 대해 호의적일 수밖에 없고, 허블 망원경을 통해 우주의 기원을 밝히는 데 깊은 관심을 가지고 있을 것이며, 과학을 지원해야 하는 더 설득력 있는 이유를 나름대로 갖고 있을지 모르겠지만, 이들은 이런 호기심이 공공 비용으로 충족된다는 것이 결코 비합리적이라고 생각하지 않는다. 물론, 이 책자의 분석은 지식의 본질과 문명화된 가치 측면에서 순수한 연구 입장을 축소시키려는 것은 결코 아니다.

그러나 반네바 부시는 지식을 위한 지식이 가지고 있는 매력과 기초 과학에 대한 대중적 지지를 유지하는 것을 완전히 별개라고 봤기 때문에, 전후에 그가 일반 청중을 대상으로 발표했던 40쪽 분량의 그 보고서에서 이런 내용을 거의 언급하지 않았다. 부시는 그 대신에 계몽주의까지 거슬러 올라가 순수 과학을 지원하기 위한 근본적 이유에—순수 연구에 의해 달성된 자연에 대한 이해의 진보는 이후에 인류의 상황을 개선시킬 것이라는 믿음—중점을 두었다. 과학을 통해 기술이 발전하는가, 순수 연구에 막대한 돈을 투자해서 나온 상업 기술을 다른 사람들이 이용할 수 있지 않은가 라는 의심으로 인해 이런 주장을 뒷받침하는 힘이 약화될지라도, 이 주장은 기초 과학에 왜 투자해야 하는가의 핵심 이유이다. 가끔 순수 과학의 옹호자들은 우리가 이런 부작용을 다루기 위해 더 많은 지식이 필요하다고 말함으로써 과학의 기술적 부산물에 대한 엇갈린 감정들을 달래려고 한다. 그러나 이것은 분명히 순수 연구가 아닌 다른 어떤 것을 요구하는 것이다. 왜냐하면 기술에 의해 발생한 문제점은 기초 탐구를 위한 새로운 연구의 방향성에 영향을 미칠 수밖에 없고, 이때 새로운 연구는 순수 연구라기보다는 이용을 고려한 연구이기 마련이다.

최근에는 순수 과학에 대한 투자를 요구하는 주장이 약간 변형된 형태를 띠기도 한다. 즉, 어떤 과학 분야에서의 발전으로 예견하지 못한 결과가 나타나는 경우에 이를 활용할 수 있도록 준비하기 위해서라도 모든 분야의 과학에서 힘을 비축해놓아야 한다는 것이다. 과학의 기술적인 부산물이 무엇인지를 아는 것이 어려운 만큼, 미래의 기술 발전을 밑받침할 과학이 어떤 분야인지를 예측하는 게 어렵다는 것이다. 이런 주장은 국가 아카데미National Academies의 과학 기술 위원회에서 발간한 보고서를 통해 상당히 유명해졌다.[13] 불확실한 미래를 대비하는 그런 방어막의 필요성은 위원회가 제시한 "미국은 모든 주요 과학 분야에서 적어도 세계적으로 선도적 위치에 있어야 한다"는 가정 위에 서있다. 이에 대한 평가 기준은 보고서의 주요 저자의 한 명인 랠프 고모리가 강연 속에 자세히 설명한 바 있다.[14]

점점 더 첨단 기술 중심으로 옮아가고 있는 세계 경제에서 경쟁력을 유지하기 위한 국가적 필요와 순수 연구의 필요성을 연결시

---

13) National Academy of Sciences, *Science, Technology, and the Federal Government: National Goals for a New Era*(Washington: National Academy Press, 1993).
14) Ralph E. Gomory, "An Unpredictability Principle for Basic Research," The 1995 William D. Carey Lecture in American Association for the Advancement of Science, *Science and Technology Yearbook 1995*(Washington, 1995), pp. 3-17.

킴으로써 이 주장은 더욱 힘을 얻게 되었다. 모든 분야의 과학에서 세계의 선두 주자가 되어야만 미국은 특정 과학 분야에서의 발전으로 발생한 예측하지 못한──사실은 예측하지 못한 기술의──획기적인 성공을 공유하게 될 것이다. 이런 투자가 없다면 미국은 이런 발전이 이루어질 때 그 발전으로부터 소외될 것이다. 고모리는, 그의 주장을 고체 물리학과 분자 생물학에서의 역사적 예를 들어 설명하였다. 이 과학 분야에서 선두 위치에 있었기 때문에 미국은 순수 과학 영역에서 이루어진 시험적 연구에서 파생한, 예측하지 못한 기술적 발전의 성과를 충분히 향유할 수 있었다고 보았다. 이러한 주장은 경쟁적 세계 상황에서 순수 연구의 필요성을 다시 역설하는 셈이다. 그러나 순수 연구가 최우선임을 과장하여 이런 주장을 통해 선형 모델 사고를 강화하는 것은 온당하지 않다. 고체 물리학 분야를 양자 역학의 연장으로 알았던 1930년대의 과학자들은 전혀 실용적 목적의 관점을 가지고 있지 않았다. 그러나 2차 세계 대전 이후 수십 년 동안에 이 분야에서 과학과 기술 사이의 상호 교류적인 관계가 뚜렷하게 나타나기 시작했다.15) 전쟁이 끝난 뒤에 곧 이루어진 트랜지스터의 발견을 통해 고체 물리학은 대학에서 가르치는 한 분야로 확고히 자리 잡았고, 그리하여 고체 양자 이론의 증명과 확장을 통해 이용을 고려한 기초 연구와 함께 많은 순수 연구가 촉진되었다. 그리고 반도체는 세대를 거듭하면서 축소화가 이루어졌고, 이에 따라 응집 물리학자들은 반도체가 원자층 단위 구조로 만들어질 수 있도록 과학 탐구를 통해 이해를 넓혀갔다. 과학과 기술의 상호 교류적 관계는 분자 생물학 분야에서

---

15) Henry Ehrenreich, "Strategic Curiosity: Semiconductor Physics in the 1950s," *Physics Today*, vol. 48(January 1995), pp. 28-34.

더 두드러지게 나타난다. 제임스 왓슨James Watson과 프랜시스 크릭Francis Crick이 DNA 구조의 문제를 순수한 지적 수수께끼로 보았던 반면에, 오스왈드 에이버리Oswald Avery는 실용적 관심을 가지고 유전 암호 운반자로서의 DNA를 발견하였다. 생물 공학의 탄생은 이미 수십 년 동안 분자 생물학에서 획기적 업적을 남긴 사람들이 전혀 생각하지 못한 바는 아니었지만, DNA의 재배열 방법이 처음 발견되었을 때 분자 생물학계는 충격에 빠지게 되었다.

실제로, 이런 분야들뿐만 아니라 다른 분야에서도 발견할 수 있는 과학과 기술 사이의 상호작용적인 특성은 순수 연구 지원의 필요성을 더욱 강화해주며, 곧 이는 이용을 고려한 기초 연구에 대한 개념이 과학과 정부 사이의 새로운 계약에 도움이 될 것이라는 또 다른 근거가 된다. 이러한 주장이 강조하는 것은 순수 연구의 중요성, 특히 사회적 요구를 띠고 있는 과학 분야에서의 기초 연구의 중요성이다. 기술적 노하우와 과학적 이해의 증진 사이에 일어날 수 있는 상호 교류에서 파생되는 상당한 불확실성과 과학의 통합 때문에 이런 주장은 더욱 설득력을 갖는다. 사회적 목표를 실현하는 데 크게 기여할 수 있는 과학 분야에서의 지적 호기심에서 시작된 원천 연구가 하나의 과학이라면, 사회적 필요에 의해 영향을 받을 수 있는 원천 연구는 또 다른 과학이라고 보는 것은 옳지 않다.

보어 사분면에서 이루어지는 연구의 목표가 파스퇴르 사분면에서 이루어지는 연구 목표와는 개념적으로 구분할 수 있지만, 이 두 가지 모두 공통적인 과학적 틀 안에 존재한다. 이용을 고려한 기초 연구를 통해 이루어진 획기적인 발전은 순수 연구를 더 발전시킬 수 있다. 이와 마찬가지로, 순수 연구에서의 비약적인 발전은 이용을 고려한 연구를 더욱 발전시킬 수 있다. "순수 과학이나 응용 과학이라는 것은 없다. 오직 과학과 그 과학의 응용만이 있을 뿐이다"라는 파스퇴르의 주장과 일치하는 셈이다.16) 이런 관점에서 반네바 부시를 포함하여, 맥케이 기금McKay Bequest으로 운영되던 하버드 대학 총장 코난트 자문 위원단의 언급을 인용할 필요가 있다.

> 물리학, 화학, 수학과 같은 과학은 하나는 순수하고 다른 하나는 응용처럼 서로 단절된 것이 아니다. 과학은 전체가 복잡한 상호관계를 가지고 결합하는 유기체와 같다.17)

이용을 고려한 기초 연구에 대한 투자를 통해 순수 기초 연구에 줄 수 있는 이익을 파급시킬 수 있다는 주장에는 한계가 있다. 고 에너지 물리 패러다임처럼 "지극히" 순수한 과학의 경우에는 지식의 본질적 가치를 통해 연구 활동이 정당화될 수도 있고, 이 밖에도 두 가지 관점에서 정당화할 수 있다. 하나는 그런 분야에서 연구를 위하여 개발한 실험 도구가 가지는 혁신의 가치 측면에서 그렇다. 궁극적으로는 실패한 것이지만 초전도 초대형 입자 가속기 Superconducting Supercollider를 옹호하는 사람들의 주장이 이러한 것이다. 다른 하나는 과학의 통합 측면에서 인력 자원의 확장이다. 지극히 순수한 과학 분야에서 양성된 다수의 연구자가 존재한다는 것이 다른 과학 기술 분야에 상당히 이익이 될 수 있다. 하비 브룩스는 핵 물리학 분야에서 훈련받은 과학자들이 2차 세계 대전 때

---

16) Maurice B. Strauss, *Familiar Medical Quotations*(Little Brown, 1968), p. 519.
17) Report of the Panel on the McKay Bequest to the President and Fellows of Harvard College(1950), p. 7.

원자 폭탄뿐만 아니라 레이더나 근접 신관 개발 과정에서 발생한 문제들을 해결했고, 더 나아가 초기 반도체를 개발한 것도 고체 물리학이 아니라 핵 물리학 분야에서 교육을 받은 과학자들이었다고 말한 바 있다. 그의 관점에서 이러한 "분야 간 교차"가 가능한 이유는 핵 물리학에 대한 지식보다는 정밀한 전자 회로, 도구 그리고 핵 물리학의 주요 실험을 수행하는 데 요구된 체계적인 사고가 몸에 배어있었기 때문이다.[18]

제임스 왓슨, 프란시스 크릭, 월리 길버트Wally Gilbert, 세이무어 버거Seymour Berger와 같은 핵 물리학자들은 모두 분자 생물학의 초기 발전 단계에서 두드러진 능력을 드러냈다. 또한 분자 생물학은 일단 이용을 고려한 기초 연구 투자가 이루어지면, 과학의 통합성에 의해 순수 연구에 대한 투자가 이루어진다는 좋은 예가 된다. 아무도 왓슨과 크릭의 순수 과학을 통해 얻은 성과가 에이버리, 허버트 보이어Herbert Boyer, 스탠리 코헨Stanley Cohen, 게오르그 쾰러 Georges Köhler와 세자르 밀스타인César Milstein 등이 이용을 고려한 과학을 통해 생명 공학의 장을 연 것보다 중요하지 않다고 생각하지 않는다. 결과적으로, 사회적 목표를 직접적으로 지향하는 연구의 성공은 이 과학 분야의 사회적 수요 충족 능력을 더욱 강화시킬 수 있는 순수 과학에 대한 지원을 확대시킨 셈이다.

과학의 역사를 보면 이러한 상호작용의 예가 많다. 유기 화학의 역사에서는 헤르만 스타우딩거Herman Staudinger와 월러스 흄 캐러더스Wallace Hume Carothers의 눈부신 성과로 인해 후속 연구가 폭발적으로 이루어졌고, 이로 인해 고분자 화학이 화학의 주요 분야

---

[18] Harvey Brooks, "The Relationship between Science and Technology," *Research Policy*, vol. 23(September 1994), p. 482.

로 등장하게 되었다. 스타우딩거가 이 게 파르벤I. G. Farben의 지원을 받고, 캐러더스가 듀퐁Dupont의 지원을 받았던 것처럼, 이런 새로운 연구 중의 일부는 고분자 물질을 합성하는 산업적 가치에 의해 영향을 받기도 했다.[19] 하지만 대개 대학에 기반을 두고 이루어졌던 후속 연구는 해당 분야에 지적 구조를 제공하는 것에 기여할 수 있는 더 깊은 이해를 위한 순수 탐구를 중심으로 이루어졌다. 이런 두 가지 흐름은 세상에 아주 다양하고 새로운, 그리고 더 큰 고분자 물질을 가져다줌으로써 고분자 과학의 능력을 신장하는 데 기여하였다. 이런 역사적 사례들을 통하여 과학과 기술의 진보 사이의 관계를 더 실제적인 관점에서 보면 과학과 정부 사이의 연계를 강화하는 데 도움이 될 것이라는 주장을 펼칠 수 있는 두 번째 근거를 찾아낼 수 있다.

이용을 고려한 과학 분야에서의 연구가 가지는 사회적 가치는 그 분야의 발전을 위해 의존하고 있는 순수 연구에 대한 지원을 강화하는 것이다.

그러므로 사회적 목표를 고려한 연구를 지원하기 위해서는 순수 연구에 대한 지원을 이곳으로 돌리거나, 보어 사분면에서 파스퇴르 사분면으로 자원을 대규모로 이동해야 하는 것은 아니다. 오히려 과

---

19) 이는 스타우딩거나 캐러더스가 좁게 정의한 산업적 사용만을 목적으로 했다는 것은 아니다. 이들은 모두 저명한 파스퇴르 사분면에 해당하는 과학자들이었다. 캐러더스는 듀퐁에서 "어떤 상업적 목적과 관련한 간섭 없이" 기초 연구에 헌신하며 개발 분야를 이끌었다. 반면 같은 기간에 스타우딩거는 몇 년 동안 고분자들이 연합 이론에 근거한 콜로이드 힘을 통해 만들어지는 것이 아니라 반복적으로 연결된 단량체에서 발견되는 힘과 동일한 힘으로 결합된 것임을 밝히기 위해 분투했다.

학 분야에서 목적 지향적 기초 연구의 등장으로 공공 투자의 명분이 강화되었고, 사회적 목표를 충족시킬 수 있는 능력 신장을 위해서 다시 순수 연구에 대한 공공 투자의 명분이 강화되었다. 이런 측면이 만약 과학과 정책 집단 상호간에 인정될 수 있다면 과학과 정부 사이의 새로운 계약에도 이러한 점을 녹여낼 수 있을 것이다.

## 기술 이득의 획득

성과의 활용을 고려한 기초 연구에 대해 과학자 공동체와 정부가 인식을 같이 한다면 국가적 필요와 과학의 목표 사이의 연계를 이전까지와는 다른 방식으로 강화시킬 수 있을 것이다. 국가적 필요가 충족되는 과학 연구라면 과학에 대한 투자자가 이익을 얻을 것이라는 확신을 가질 수 있다. 과학 지식의 확산 속도를 보며 많은 전문가들은 기초 연구에 대한 국가적 투자가 과연 계속 필요한가에 대해 의구심을 가지게 된다. 예를 들어, 과학 기술 정책 분야에서 유명한 경제학자인 해롤드 사피로Harold Shapiro는 과학적 지식이 국경을 넘어 빠른 속도로 확산되기 때문에 단일 국가가 과학 주동형 기술 정책을 추구할 수 있는 가능성이 줄어들고 있고, 이것은 마치 자본의 이동 속도가 급격히 증가함에 따라 하나의 나라가 경제 안정화를 위해 독립적인 정책을 추구할 수 있는 가능성이 감소하는 것과 유사하다고 언급한 바 있다.[20]

기초 과학이 순수 과학이라는 오래된 이미지에 고착되어있는

---

[20] Harold T. Shapiro, "The Evolution of U.S. Science Policy," unpublished paper, August 1993.

한, 기초 과학에 대한 투자로부터 수익을 얻는 것에 대해 비관적인 관점을 가지게 될 것이다. 하지만 기초 연구도 이용을 고려할 수 있다는 상호 보완적인 생각을 받아들인다면, 이용을 고려한 투자를 통해 얻어진 기초 지식은 그것이 경제적 수익으로 정의되든 아니면 다른 사회적 목표로 정의되든 투자자에게 상당한 이익을 안겨다줄 수 있을 것이라고 충분히 생각할 수 있다. 과학사의 다양한 사례를 보면 원천 연구에서 이용을 고려하는 과학자들은 연구 결과인 지식으로부터 기술적 수익을 얻는 데 중요한 역할을 하게 될 기술적 수익 부분에서 중요한 역할을 수행하면서, 동시에 기초 과학에 투자하는 국가는 기술적 수익을 함께 누릴 가능성을 높여준다는 것을 알 수 있다.

앞서 얘기한 것처럼, 부시의 기초 과학에 대한 기준으로 그릴 수 있는, 일정하게 유형화된 과학자 — 호기심을 통해 과학 발견을 하는 사람이자 이용에 대한 고려가 전혀 없는 연구자로서, 그저 이후에 새로운 기술에 대한 단초만을 제공하는 사람 — 는 현대 과학과는 상당히 동떨어져있는 이미지이다. 19세기 말에 이미 수많은 과학자가 기술 진보를 통해 밝혀진 사실을 탐구하고 있었으며, 그들이 생산한 과학 지식으로부터 파생된 기술적 효과에도 깊이 관여하고 있었다.

우리가 앞선 장에서 살펴본 바와 같이, 이것은 그저 과학의 발전 과정에서 나타나는 우연한 현상이 아니다. 순수한 지적 호기심이라는 이상은 여전히 위력을 발휘하고 있었지만, 20세기에도 과학의 응용에 대한 수요로부터 연구 영감을 발견하거나 컨설턴트, 기업체 연구원, 사업가, 교사, 기업체 연구원의 조언자로서 그들이 획득한 지식을 가지고서 기술적 수익을 얻는 것에 일정한 역할을 했던 과학자들의 예는 많았다.

결론적으로 예를 든다면, 국립 보건원NIH이나 다른 기관을 통해서 왓슨과 크릭의 발견 이후에 분자 생물학의 구축을 위해 몇 년 동안 대규모 지원을 한 투자자들은 어떻게 DNA가 스스로 복제되고, 어떻게 유전자 암호가 살아있는 유기체에 의해 어떻게 읽혀지며, 어떻게 제한 효소가 유전차칩을 크로모솜 더미에서 찾아내는가에 대한 사실이 정립되면서 생명 공학에서 얻어지는 이익의 상당 부분을 차지할 수 있다는 확신이 생겼을 것이다.

그러므로 과학과 기술 진보 사이의 관계를 더 현실적인 관점으로 바라보는 것이 과학과 정부 사이의 교량을 다시 연결하도록 도울 수 있다고 믿을 수 있는 세 번째 이유는 다음과 같이 정리할 수 있다.

새로운 과학적 지식에서 파생된 기술적 수익을 누가 얻게 될 것인가에 대한 불확실성은 기초 연구가 잠재적인 이용에 따라 이루어질 때 줄어들 수 있다.

이런 주장은 기초 연구가 호기심에서 시작되는 순수 연구이자, 이것은 기술 선진국이 마음만 먹으면 손에 넣을 수 있는 지식을 생산한다는 전후 시각에 익숙해진 정책 집단이 기초 연구에 투자할 때 느끼던 꺼림직함을 줄일 수 있다.

## 새로운 계약의 제도화

충족되지 않은 사회적 수요로부터 기초 과학을 시작할 수 있다는 것과 정책 집단이 과학의 문제 해결 능력을 높이 사는 것을 동시에 감안한다면 과학과 정부 사이의 교량을 강화할 수 있다는 것은 너무나 자명하다. 이런 상호 연계의 모습을 보면 새로운 과학과 정부 사이의 계약의 전망을 밝게 하지만, 이런 전망은 두 개의 판이한 판단 기준, 즉 이용을 고려한 기초 연구의 주제를 결정하는 연구 전망에 대한 과학적 판단과 사회적 수요에 대한 정치적 판단을 하나로 모으는 방식을 통해 현실화될 수 있다.

제2차 세계 대전 이후에 만약 부시가 제한한 조직 설립 계획이 성공하고 전시의 과학 연구 개발 사무국Office of Scientific Research and Development과 같이 광범위한 활동을 벌이는 국가 연구 재단을 통해 기초 연구에 대한 정부 투자를 수행했다면 이런 연구 방식 문제에 대한 검토가 폭넓게 이루어졌을 것이다. 이런 재단이 있었다면 국방이나 보건과 같은 영역에서 이루어지는 기초 연구의 의제를 설정하는 과정에서 분명히 연구 방식의 문제를 다뤘을 것이다. 하지만 조직 설립 계획이 무산되면서 『과학, 그 끝 없는 미개척지』에서 제시한 기초 과학에 대한 특이한 패러다임의 관점이 아주 크게 부각되었고, 이것은 연구 성과에 대한 정부 통제에 반대하는 주요 근거가 되었다. 비록 국방부, 국립 보건원과 같은 기관에서 이용을 고려한 기초 연구에 대한 의제를 만드는 운영 기법을 개발했음에도 불구하고, 일반적으로 이해와 이용 양쪽 관점에서 연구의 잠재력을 어떻게 측정할 것인가에 개념적 물음조차 이런 목표들을 혼합하는 시도가 본래적으로 자기 파괴적인 것이라는 부시의 집중

적인 포화를 맞고 사라져버렸다.21)

따라서 기초 연구를 순수 연구와 동일시하는 선진 과학국들은 전후 수십 년 동안 파스퇴르 사분면 영역의 연구 의제 설정 과정을 제도화하는 데 실패하였다. 나폴레옹의 전통에 따라 분명한 목적을 가지고 국가적 활동을 수행하는 프랑스는 부분적으로 예외이기는 했지만, 이러한 점은 미국뿐만 아니라 영국이나 독일에서도 마찬가지였다. 이런 연구 방식에 대한 문제는 최근에 와서야 전략적 연구와 연구 예측에 대해 민감한 이해관계를 가지고 있던 대다수의 OECD 국가들 사이에서 고려되기 시작했다. 과학적 전망과 사회적 수요에 대한 판단을 함께 수행하는 연구 방식을 개발하는 것이 얼마나 중요한지 알고 대응한 나라가 일본이라는 것은 그리 놀랄만한 사실이 아니다. 일본은 기초와 응용 연구의 분리를 어느 나라보다 받아들이지 못했다. 일본이 가장 예외적이었던 이유는 문화와 역사 때문이다. 합리적인 과학 철학의 침투가 적었기 때문에 일본은 서구 전통에서는 깊은 공감대가 이루어졌던, 순수한 물음과 실제적인 기술 사이의 분리와 같은 절대주의의 특성에 묶여있지 않았다. 이런 특징뿐만 아니라, 일본은 메이지 시대부터 중요한 공공 및 사적 투자가 국가를 강화하고, 자율권을 보호할 것이라고 믿고 있었다. 그리고 이런 움직임은 제2차 세계 대전에서의 패전을 통해 크게 강화되었다. 결과적으로, 일본의 경우에 과학적 전망

---

21) 현실적으로 이러한 중심적인 이슈가 사회적 논의에서 한순간에 사라지는 것은 거의 불가능하며, 여러 사람이 이와 관련된 논의를 부분적으로 다루고 있었다. 예를 들어 Alvin M. Weinberg, "Criteria for Scientific Choice," *Minerva*, vol. 1(Winter 1963), pp. 159-71 및 Harvey Brooks, "The Problem of Research Priorities," *Daedalus*, vol. 107 (Spring 1978), pp. 171-190 참조.

과 사회적 목표를 연결하여 기초 과학에 대한 투자를 결정하는 방식을 만들어내었다.

각각의 나라가 고유한 정책 방식을 가지고 있어야 함에도 불구하고, 미국이 일본의 경험에 지나치게 무심했던 것은 일본 산업의 커다란 발전을 인식하고 있었다는 것에 비추어볼 때 특이한 일이다. 일본의 분임조quality circle나 역逆 엔지니어링reverse engineering, 실시간 조립just-in-time assembly 방법 등에는 열광했던 것에 반해, 미국은 일본이 수십 년 넘게 연구 개발 투자 방향을 제시할 예측 방식을 개발하려고 노력하고 있었던 것은 미처 인식하지 못하고 있었다.[22] 일본 정부에 의해 주기적으로 수행된 예측 활동은 기술과 과학 양쪽 모두를 포함하고 있었으며, 전 세계적인 범위에 걸쳐 이루어지고 있었다. 이런 것들은 일본이 메이지 시대 당시부터 세계적으로 최고의 기술을 획득하려는 굳은 의지의 자연적인 결과라고 할 수 있다. 전후 수십 년 동안 이런 탐색을 통해 일본은 과학 기반 기술을 포함하여, 최고 수준의 수많은 첨단 기술을 획득하였다. 일본이 기술적으로나 과학적으로 점차 성숙해감에 따라, 이런 활동은 일본의 과학 연구와 기술 개발에 대한 정부 투자를 주기적으로 평가하는 모습으로 나타났다.

일본은 이런 주기적인 평가를 수행할 수 있는 장치를 개발해두었다. 이런 평가 방식의 정점에는 과학 기술 위원회Council for Science and Technology가 있다. 과학 기술 위원회는 수상을 의장으로

---

[22] 국가별 행태에 관한 비교 조사는 Ben R. Martin and John Irvine, *Research Foresight: Priority-Setting in Science*(London and New York: Pinter, 1989 참조. 이 설문 조사는 일본을 포함하여 프랑스, 독일, 미국 등 8개국을 대상으로 하였다.

하고 주요 정부 부처, 산업계, 명망 있는 과학계 인사들로 구성되었다. 과학 기술 위원회는 더 많은 산업계, 정부, 과학계 인사로 이루어진 다양한 위원회의 보조를 받고 있다. 이런 대표 인사들로 구성되어있기 때문에 의사 결정 과정이 정당성을 갖게 되었고, 그 결과가 광범위한 영향을 가지고 있다. 하지만 이런 구조는 일방적인 하향식top-down 또는 명령과 통제 방식으로 이르게 되지는 않는다.

여러 곳에 존재하는 연구를 위한 "종자seeds"와 사회적 "수요needs"에 대한 정보는 현직에서 일하고 있는, 또는 이들과 가까운 곳에서 접하고 있는 과학자와 공학자로부터 논리적으로 도출된다. 그리고 다른 정보들은 설문 조사, 델파이 기법의 활용, 전문가 세미나, 그리고 연구 기관의 전문화된 연구를 통해 얻어졌다. 이 방식은 상호작용적인 것으로 정보 제공자가 정책 방식을 통해 도출할 수 있는 예비적인 조사 결과에 대해서 논평할 수도 있었다. 이런 정보는 일본 정부의 과학 주무 부처인 과학 기술청의 독립된 부서에서 관리한다. 30년 역사의 이 위원회는 1992년 1월의 제18차 회의에서는 위원회 의장이자 일본 수상인 기이치 미야자와Kiichi Miyazawa가 제출한 『새로운 세기를 위한 과학 기술 기본 계획』초안을 발표하였고, 1992년 4월에 일본 각의는 이 보고서에 실린 정책안을 인준하였다.

이런 방식은 연구 자원의 미시적 배분과 거시적 배분, 모든 측면에 커다란 영향을 미치고 있다. 개별 기업 수준에서는 다양한 과학 분야, 경제계의 요구, 비경제적인 사회적 수요에 대한 전문적인 판단을 고려하여 기업의 연구 우선 순위에 대해 재고찰할 수 있도록 하였다. 국제적으로는 민간 기업과 공공 기관이 이런 배경을 고려하여 연구 지원 결정을 재고찰할 수 있었다.

실제로, 1980년대와 1990년대에 세계적으로 공공 및 민간의 연구 개발에서 점차적으로 기초 연구에 우선 순위를 두게 되었다. 일본이 이 보고서를 통해 내린 전략적 결론은 더 이상 세계 기술의 획득과 개선에만 의존해서는 안 된다는 것이다. 외국에서 지적하는 것만큼이나, 일본도 전후 경제 성장이 세계 기술과 이것을 뒷받침하는 과학적 지식의 효과적인 획득 덕택이라는 점을 잘 알고 있었다. 전후에 미국은 자체적으로 기초 연구를 수행해야 한다는 반네바 부시의 주장처럼, 일본 정부는 자체적인 원천 과학을 더욱 많이 연구할 필요가 있다는 과학 기술 위원회의 결론을 수용하였다. 이러한 결론이 더욱 설득력을 갖는 이유는, 일본이 과학 지식을 거래하는 국제 시장에서는 적자를 면하지 못하고 있다는 점과 세계 기초 과학 지식의 축적에 실질적인 기여를 하지 못하고서는 더 이상 우호적인 무역 환경을 유지하기 힘들다는 점을 인식했기 때문이다.[23]

　하지만 이런 움직임이 곧 순수 기초 연구에 대한 투자 증가로 이어지지는 않았으며, 이러한 사실은 이 책의 주장과도 일치한다. 기술적인 것을 지향하는 사회에 적합한 이용을 고려한 기초 연구의 중요성을 깊이 인식하고서 일본 정부는 연구 기관의 기초 과학을 지원할 때는 상당 부분 이용에 대한 고려를 통해 기초 연구라는 관점에서 투자함과 동시에, 민간 기업은 기초 연구에 보다 많은 투자를 촉진할 수 있는 여러 가지 간접적인 수단으로 활용하였다. 정부의 이런 입장은 일본의 많은 대기업의 1980년대와 1990년대 초에 기초 연구에 대해 크게 증대된 관심과 관련이 깊다. 국제적인 경쟁

---

[23] Government of Japan, *Basic Policy for Science and Technology*, April 참조.

력을 갖춘 일본의 기업들은 과학 기술 위원회 보고서의 결론을 자신에게 적용하면서 이 시기에 기초 연구 시설을 설립하고 확대하였다. 히다치Hitachi, 도시바Toshiba, 캐논Canon, NEC와 같은 기업체들은 즉각적인 응용에 대한 기대가 없더라도 연구에 몰두하는 것을 강조하였다. 이것은 랭뮤어가 있던 제너럴 일렉트릭, 캐러더스가 있던 듀퐁, 벨 연구소가 전성기일 때 AT&T의 모습과 비슷하다. 하지만 일본 기업의 연구 대상이 된 과학적 현상은 대체적으로 이들 기업이 강점을 가지고 있던 기술들과 관련이 있었다.24) 말하자면, 흔히 연구 대상은 이런 기술 덕택에 밝혀진 현상들이었다. 따라서 일본의 기초 과학에 대한 투자는 보어의 사분면보다는 파스퇴르의 사분면에 집중시켜왔으며, 정부의 주기적인 예측 조사는 연구 "종자"와 사회적 "수요"에 대한 평가를 통합하기 위한 노력으로 이해할 수 있을 것이다.25)

어떤 나라의 경험이 곧 다른 나라의 직접적인 모방 대상이 될 수는 없지만, 다른 나라들은 이용을 고려한 기초 연구의 의제를 설정

---

24) 이러한 사실은 토노무라Tonomura가 하토야마에 있는 히다치Hitachi의 고등 연구소에서 초전도성을 연구하기 위해 일렉트론 홀로그래피를 사용한 것과, 일본의 다국적 기업이 해외에 설립한 몇 개의 연구소 중의 하나인 영국 케임브리지에 있는 도시바Toshiba의 산업 연구소에서 페퍼Pepper가 원자층을 겹겹이 쌓아 반도체를 조립할 수 있는 과학적 지식을 얻기 위해 노력한 것에서도 나타난다.
25) 1992년 4월의 각료 회의에서는 서로 밀접하게 연결된 기초 과학에 대한 투자 증가와 수요와 장래성을 고려하여 선정한 16개의 유망 연구 개발 분야에 대한 우선적인 투자안을 함께 승인하였다. 투자 우선 순위에 오른 다수의 주제가 학제 간 연구의 특성을 지녔다는 점에서도 연구 결과의 잠재적 활용 가능성에 대한 관심을 엿볼 수 있다. 예를 들어 "biotronics"나 "chematronics"는 정보 통신 기술을 생물학, 화학 그리고 물질과학과 결합시킨 분야이다. Government of Japan, *Basic Policy for Science and Technology* 참조.

하면서 "종자"와 "수요"를 하나로 묶어서 판단하려는 일본 방식에 유의할 필요가 있다. 독일은 일본의 "예측" 방법을 자국에 적용하기 위한 투자를 지속적으로 하고 있으며,26) 일본에 의해 고무된 영국 과학 기술국은 정부의 과학 기술 백서에 주요 산업 분야에서 연구 개발 수요에 대한 15가지 "예측" 보고를 싣고 있다.27)

지금까지의 일본에 대한 고찰은 오히려 미국에서 이용을 고려한 기초 연구 의제가 어떻게 형성되는지를 고찰할 필요성을 보여준다. 그 자세한 내용은 5장에서 다루어질 것이다.

---

26) 독일 하리홀프 그룹의 프라우엔호퍼 연구소Frauenhofer Institut가 이러한 시도를 이끌고 있다. Hariolf Grupp (in cooperation with Sibylle Breiner, Kerstin Cuhls, and Ben Martin), *Methodology for Identifying Emerging Generic Technologies-Recent Experiences from Germany, Japan and the USA*(Karlsruhe: Frauenhofer Institute for Systems and Innovations Research, 1992) 참조

27) Nigel Williams, "U.K. Tries to Set Priorities with the Benefit of Foresight," *Science*, vol. 268(May 12, 1995), pp. 795-799.

## 제5장 기초 과학과 미국 민주주의

　미국 민주주의 체제의 확립 과정에서 보건대, 순수 과학이 기술 발전에 기여한다는 일반적인 관점보다 사회의 필요가 현대 과학의 성장에 지대한 영향을 미친다는 관점이 과학과 정부 사이의 관계를 한층 새롭게 이해시켜준다. 앞장(4장)에서 주장한 논의도 바로 이것이다. 2차 세계 대전 이후 몇 년 동안 미국 연방 정부는 새로운 기술 출현의 강력한 원동력인 기초 과학에 충분하게 투자를 하지 않았으나, 구 소련의 눈부신 과학 발전을 계기로 미국의 정책 집단은 기초 과학의 존재 이유에 대하여 깊이 있게 고민하게 되었다. 『과학, 그 끝 없는 미개척지』가 출간된지 십여 년 뒤에 일어난 구 소련의 인공 위성 '스푸트닉'의 발사는 전후 과학계와 정부를 모두 강타한 일대 사건이었다.

　의회는 반네바 부시의 주장과 동일하게 기초 과학이 공공재의 성격이 강하므로 지원할 필요가 있다는 입장을 표명하였으나, 과학자 사회는 이러한 입장을 그대로 받아들이지 못하였다. 경제학자의 주장은 시장이 공공재를 공급하지 못하는 이유는 밝히고 있으나, 그 재화가 무슨 가치가 있는가에 대해서는 우리에게 알려주는 바가 없다.

　정부 예산이 전혀 여유가 없는 상태에서 기초 과학에 대한 투자가 이루어진다면, 투자에서 기대되는 기술적 수익은 한층 부풀려지고 이것은 기초 과학을 적극적으로 육성시켜야 한다는 주장으로 이어질 수 있다. 정부가 '활용 위주의 기초 과학use-inspired basic science'에 너무 경도되어 기초 과학의 자율성이 훼손될 수 있다는 우려는, 종전 무렵에 부시와 그의 동료가 순수 연구에 대해 피력했던 주장이 갖는 위험에 비하면 아무것도 아니다. 전후 십여 년에 걸쳐 미국 연방 정부는 다양한 기초 과학의 지원 체계를 갖추었다. 사회 전반에 걸쳐 요구되는 사회적 필요에 의해 많은 기초 연구가 추진되고 있는 것은 다양성을 보여주는 하나의 실례이다. 이장의 마지막 부분에서는 임무 달성 기관mission agency과 연구 개발 기관 scientific R&D agency — 특히, 국립 과학 재단NSF — 이 각각 에디슨 사분면과 보어 사분면을 탈피하여 연구 개발 투자를 확대해 나아가는 상황에서, 연방 정부가 취한 파스퇴르 사분면 연구의 발전 방식이 무엇인지 3장의 관점을 통해 분석할 것이다.

전후 패러다임은, 그러나 여러 단계에 걸쳐 이러한 발전 과정을 저해하여왔다. 과학을 순수 과학과 순수 응용 과학으로 분리시키는 것과 같은 전후 패러다임의 또 다른 부정적 영향의 분석에도 3장의 관점을 채택할 것이다. 파스퇴르 사분면의 존재를 은밀하게 숨기는 지식 체계로 인해 이 장에서 제기하고 있는 핵심 질문, 즉 과학의 약속과 사회의 가치를 어떻게 판단해야만 연방 정부가 활용 위주의 기초 과학에 투자할 수 있을까라는 문제에 대해 답하기는 훨씬 더 어려워졌다.

좀 더 현실적인 패러다임의 관점에서 기초 과학과 기술 변화를 바라보면, 예컨대 미국 민주주의 체제 확립에서 기초 과학이 갖는 중요성과 같은 과학 정책적 문제를 명료하게 할 수 있다. 다음 절에서는, 동료 평가를 통해 개별 프로젝트를 지원하는 이른바 '소매 retail' 수준에서의 프로젝트의 과학 측면과 활용 측면을 판단하는 기준을 적용할 때 드러나는 과학 공동체와 정책 공동체의 상반된 역할을 알아본다. 또한 활용 위주의 기초 과학에 대한 지원이 소매에서 '도매 wholesale' 방식으로 발전하는 과정에서 전후 패러다임이 미친 왜곡 효과가 무엇인지 분석해본다. 끝으로, 아직까지 해결되지 않은 상태로 남아있으나 현실적인 패러다임 관점을 통해 해결 가능성이 커지는 몇몇 과학 정책 이슈를 검토할 것이다. 이들 이슈는 미국 민주주의의 확립에서 기초 과학이 긍정적으로 작용하는 데 매우 중요한 것이다.

과학의 약속과 사회의 가치, 양자 모두가 자원 배분 시스템에서 어떻게 이해되고 있는지를 논의의 출발점으로 삼으며, 이러기 위해 기초 과학에 대한 지원을 프로젝트 수준과 이보다 상위 수준에서 수행되는 것으로 구분하여 양자 사이의 근본적인 차이에 초점을 맞춘다. 배분 시스템의 필요성은 이러한 '수직적 vertical' 차원, 즉 아래로는 개별 프로젝트의 지원이라는 소매 수준에서 위로는 프로그램 또는 특정 기초 과학 분야 지원이라는 도매 수준에 이르기까지 매우 다르게 나타난다.1) 앞으로 살펴보겠지만, 과학의 약속과 사회의 가치에 관한 판단을 결합시키는 것은 미시적 배분 수준을 선택할 것인가 또는 거시적 배분 수준을 선택할 것인가라는

---

1) 리틀 사이언스 little science와 빅 사이언스 big science라는 또 다른 수직적 차원의 분류 관점도 유용하다. 연방 정부의 연구비 지원 형태와 지원 양식의 범주, 예를 들어 개인 연구자, 연구팀, 연구 센터, 지방 및 국가 소재의 연구 시설 등에 따라 위의 이분화된 영역은 다양하게 세분된다. 본문과 여기에서 언급한 두 가지 수직적 차원은 동일한 것은 아니지만, 연구 센터 또는 지방 및 국가 소재 시설에 대한 지원은 도매 수준 지원의 한 형태라고 볼 수 있는 점에서 양자는 상당히 근접해있다.

문제로 변환된다.

## 프로젝트 수준에서 인식되는 과학의 약속과 사회의 가치

'활용 위주의 기초 과학'의 정의에서 보건대, 특정한 프로젝트의 선택에는 분명히 과학의 약속과 사회의 가치라는 두 개의 기준에 대한 판단이 개입되어있다. 이들 기준이 프로젝트 수준에서 어떻게 가장 잘 적용될 수 있는지 알고 싶다면, 사회의 가치는 일반적으로 그 이해에서 배경 기술 지식을 깊이 이해하지 않아도 되는 한두 개의 목적으로 판단되는 반면에, 과학의 약속의 판단에는 대부분의 경우에 해당 연구 분야에 대해 상당한 배경 지식을 갖춘 과학자만이 가능하다는 점에 주목해야 한다. 따라서 프로젝트 수준에서 사회의 가치와 과학의 약속을 평가하는 것에는 정보의 심각한 비대칭성이 존재한다. 달리 말해서, 특정 분야에 정통한 과학자가 지닌 정보와 문외한이 지닌 정보의 현격한 비대칭성이 여러 프로젝트 중에서 어느 한 프로젝트의 선택을 결정한다.

향후의 실용화를 염두에 둔 기초 지식의 탐색 연구를 실례로 삼으면 이러한 비대칭성은 더욱 뚜렷해진다. 산소를 운반하는 헤모글로빈hemoglobin의 대체 물질을 개발하기 위해 혈액 합성에 관한 기초 과학 지식을 탐구하는 단백질 화학자를 가정해보자. 이와 같은 연구는 막스 페루츠Max F. Perutz가 5천 개 이상의 원자로 구성된 헤모글로빈 분자의 구조를 X-선 회절 기술을 통해 밝혀내어 단백질 전반에 관한 이해를 넓힌 공로로 노벨상을 받은 20세기 초에 강력하게 진행되었다. 의심할 여지 없이, 페루츠가 결정학 연구에서 헤모글로빈 분자 연구로 방향을 돌린 이유의 일부는 인간 혈액에서 헤모글로빈이 중요하고, 수십 년 뒤에 규모가 크고 유망한 혈액 시장이 창출되어 헤모글로빈 분자의 기능과 구조를 상호 연계시키는 연구가 촉진될 것을 기대하였기 때문이다. 실제로, 일반적인 과학자라면 혈액 시장 쟁탈전에 뛰어든 기업에서 연구를 수행하고 있을지도 모른다. 그러나 대학에서 연구를 수행하며 헤모글로빈 연구의 과학적 및 사회적 중요성을 인식한 과학자라면 국립보건원NIH의 지원을 받기 위해 노력할 것이다.

과학자가 처할 수 있는 이러한 두 가지 상황으로부터 무엇을 알 수 있는가? 첫 번째로 알 수 있는 것은 과학의 기준과 활용 기준이라는 개념은 난이도 측면에서 분명한 차이가 있다는 점이다. 단백질 화학 분야의 연구 설계와 목표를 제시해주는 이론적 및 기술적 요소를 이해하는 것보다 프로젝트의 실용적 목표가 훨씬 더 쉽게 이해된다. 일반적으로 기초 과학에 가까운 연구일수록 이해하기는 점점 더 어려워진다.

두 번째로 알 수 있는 것은 첫 번째로부터 바로 유추되는데, 특정 분야의 지식을 구비한 과학자는 그 분야 연구의 실용적 목표를 비교적 쉽게 파악하는 반면에, 그렇지 못한 문외한은 프로젝트가 지니는 과학의 약속을 평가하는 데 상당한 어려움을 겪는다는 점이다. 이러한 차이는 특정 분야와 가까운 분야를 전공한 과학자와 거리가 있는 분야를 전공한 과학자 사이에서도 쉽게 찾아볼 수 있다. 그러나 실제로 이러한 차이는 해당 분야에 정통한 과학자와 과학적 훈련을 받지 못한 정책 결정자 사이에서 매우 심각하게 드러난다. 과학자와 일반인은 아주 상이한 판단 근거를 토대로 헤모글로빈의 특성 규명 연구가 지니는 과학의 약속을 평가한다. 그러나 단백질 화학자와 연구 지원자들은 아주 유사한 판단 근거를 토대로 AIDS로 고통받는 세상에서 HIV 바이러스가 없는 혈액을 합성하는 연구가 지니는 가치를 평가한다.

이와 같은 결론을 지나치게 계속 밀고 나갈 필요는 없다. 왜냐하면 사회의 가치를 분석하는 것에는 때때로 기술적 엄정성이 상당히 개입되기 때문이다. 예를 들어, 상업적 수익성에 기반하고 있는 사회의 가치라면 이 가치가 무엇인지를 말해주는 향후의 편익 비용 분석에는 비과학자가 과학자보다 훨씬 능숙할지 모른다. 다른 예로, 때때로 과학 지식의 잠재적 응용 가치와 결부된 복잡한 도덕적 및 윤리적 문제를 분석하는 데 비과학자가 유리할는지 모른다.

그러나 이것들은 예외적인 것이다. 프로젝트 수준에서 과학의 약속을 이해하기 위해서는 사회의 가치를 이해하기 위한 것보다 훨씬 더 많은 것이 요구된다.

세 번째 시사점은 연구 프로젝트의 과학적 가치와 사회적 가치는 비교적 쉽게 측정된다는 견해에서 도출된다. 이와 관련된 첫 번째 함의로는 파스퇴르 사분면의 연구에 종사하는 과학자가 자신의 연구가 갖는 사회의 가치를 명료화하는 데 크게 기여한다는 점이다. 많은 경우에 사회의 필요는 과학자의 연구를 부분적이나마 북돋우며, 연구 행위에는 연구 문제의 과학적 구조와 문제가 지니는 사회의 필요성 사이의 상호작용을 통한 이해 증진이 포함되어있다. 연구 연감을 보면, 이러한 상호작용의 사례로 가득 차 있다. 일부 사례는 이 책의 제목에 이름이 나와있는 과학자 파스퇴르에서 유래하였다. 영국과 프랑스의 공공 위생 운동의 노력을 궁지에 몰아놓은 문제에 관해 파스퇴르는 충분한 해결 이론을 제시함과 더불어 공공 위생의 필요와 기회 측면에서, 예컨대 어린아이에게 결핵을 감염시키는 우유는 살균시켜야 한다는 것과 같은 완전히 새로운 제안을 피력하였다. 사회적 필요를 규정짓는 주장이 과학자 사회의 주도 하에 제기된다는 점에서 위와 유사한 현재의 사례로는 대기권 상층부에 미치는 염화 불화 탄소CFC의 효과에 관한 연구를 들 수 있다. 1995년에 노벨 화학상을 수상한 마리오 몰리나 Mario Molina와 셔우드 로우랜드F. Sherwood Rowland는 뛰어난 과학적 연구 업적을 통해 오존층의 파괴로 초래되는 위험 — 많은 동식물에게 해로운 영향을 미치고 암 발생률을 높이는 등 — 을 미연에 방지해야 한다고 전 세계에 알렸다. 정책 공동체와 일반 대중은 오존층의 보호라는 사회적 필요를 처음에는 대수롭게 여기지 않았으나 곧 신중하게 인식하게 되었으며, 몰리나와 로우랜드의 예측이 항공 우주국(National Aeronautics and Space Administration: 이하 NASA)과 남극 대륙에 위치한 영국 조사팀의 오존층 관측 결과와 일치하면서부터는 폭넓은 지지를 받게 되었다.[2]

사회적 필요를 규정하는 데 과학자의 능동적 개입이 중요하다는 점은 두말할 나위가 없는데, 특히 이러한 측면에서 전후 패러다임이 과학자의 능동적 개입을 얼마나 효과적으로 저해하였는지 강조할 필요가 있다. 3장에서 본 것처럼, 기초 연구는 실용적 목표와 무관하게 수행되어야 한다는 부시의 생각에 적극 찬동하는 워터맨을 비롯한 여러 사람은 응용 측면의 목적이 기초 과학의 수행에 미치는 영향을 간과하기 어려운 시기에조차도 과학자의 능동적 개입

---

[2] 오존층 파괴 연구와 연구 결과가 정책 과정에 수용되는 것에 관한 훌륭한 논문은 Henry Lambright, "NASA, Ozone, and Policy-Relevant Research," *Research Policy*, vol 24(September 1995), pp. 747-760을 보라.

을 무시하고 있다. 워터맨은 "목표 지향적mission-oriented" 기초 연구라는 개념을 피력하였는데, 이것은 연구비를 지원하는 기관만이 연구의 활용 측면을 고려할 수 있을 뿐이지, 실험실에 근무하는 과학자는 실용적 목표를 고려하지 않고 원천적인 탐구를 자유롭게 수행하여야 함을 의미한다. 첫 번째 함의는 다음과 같이 언급된다.

프로젝트 수준에서 과학의 약속과 사회의 가치를 평가하는 시스템에는 연구에 내재된 사회적 목표의 성격을 규정짓는 데 실제 연구를 수행 중인 과학자의 통찰insight이 포함되어야 한다.

과학적 가치와 사회적 가치가 프로젝트 수준에서 비교적 용이하게 측정된다는 점에서 도출되는 두 번째 함의는 두 가지 가치를 별개로 판단하는 배분 시스템을 이용하는 것은 어리석다는 것이다. 프로젝트의 과학적 가치는 해당 분야를 전공한 과학자에게 판단을 의뢰하고, 사회적 가치의 판단은 사회 목표를 규정짓는 조직 혹은 정책 집단에게 의뢰하는 식으로, 가장 유능한 가치 판단 집단에게 각각의 가치의 판단을 맡겨야 한다는 주장이 겉으로는 호소력이 있다. 또한 이러한 호소력은 충분히 공감을 사서, 가치 판단의 분업화를 제도화시키려는 시도로까지 이어지고 있다. 그러나 겉으로 내세운 논리가 무엇이든지 간에, 이와 같은 주장은 사회적 필요를 규정하는 데 실험실 과학자의 창조적 통찰이 개입할 여지를 없앤다. 더불어 과학의 약속을 판단하는 자와 사회의 가치를 판단하는 자가 서로 심각하게 충돌하는 이분화된 지원 시스템이 형성될 위험이 있다.

영국의 과학 정책의 유명한 일화는 위와 같은 무능함을 적절히 보여주고 있다. 1970년대 초에 에드워드 히스Edward Heath 수상을 보좌하는 '중앙 정책 평가국Central Policy Review Staff'의 국장이었던 로드 로스차일드Lord Rothschild는 연구의 '종자seed'와 사회의 '수요needs'에 동일한 가중치를 부여하고 판단은 각각 개별적으로 하는 계획을 제안하였다. '고객-하청업자customer-contractor' 원칙은 로스차일드 보고서의 핵심 내용이었고, 이 원칙은 1972년에 정부의 과학 백서에서 받아들여졌다.3) 이 원칙에 따르면, 과학의 약속을 평가하는 과학 연구 위원회와 연구의 사회적 가치를 평가하는 정부 부처 —— 대처Thatcher 수상 집권 이전에는 고객이라고 불리웠다 —— 가 연합하여 제출한 응용적 성격을 지닌 프로젝트가 지원 대상이 되었다.

로스차일드가 기초 연구와 응용 연구를 분리하는 전후 도그마를 전폭적으로 수용했기 때문에 로스차일드 보고서와 정부 백서가 우리의 논지에 적합한지는 불분명하다. 실제로, 로스차일드 계획에 크게 반감을 표명한 과학 위원회였던 '의학 연구 위원회(Medical Research Council: 이하 MRC)'도 전후 패러다임에 사로잡혀있었고, 자신들의 연구가 지니는 가치를 원천 과학의 측면에서 주장하였는데, 그 이유는 기초 연구와 응용 연구라는 이분법을 뛰어넘는 개념화된 표현어를 제시할 수 없었기 때문이다. 그러나 MRC가 실제로 주장한 것은 활용 위주의 원천 과학을 지원해야 한다는 것이었다.

---

3) 로스차일드 보고서인 "The Organization and Management of Government R. and D."는 정부 녹서인 *A Framework for Government Research and Development*, Cmnd 4814(London: Her Majesty's Stationery Office, 1971)에 수록되어있다. 정부 백서는 *Framework for Government Research and Development*, Cmnd 5046(London: Her Majesty's Stationery Office, 1972)이다.

제출된 프로젝트 중에서 과학적으로 유망하고 활용 중심적인 프로젝트에 MRC가 자율적으로 연구비를 배분한다면 그 지원 효과는 국민 보건의 향상에 크게 기여할 것이라고 위원회의 고객인 '보건 및 사회 안전 보장부Department of Health and Social Security'를 설득시켜, 결국 MRC는 눈부신 발전을 이루었다. 그 뒤에 MRC의 캠브리지 분자 생물학 실험실Cambridge Laboratory of Molecular Biology은 해당 연구 분야에서 최고의 업적을 산출하는데, 예를 들어 알츠하이머 병에서 신경 세포의 죽음을 초래하는 분자들의 엉킴에 관한 아론 클룩Aaron Klug의 연구를 비롯하여 게오르그 쾰러와 세자르 밀스타인에게 노벨상의 영예를 안겨준 암 세포를 이용한 단일 항체의 대량 생산 기술 — 이 기술은 재조합 DNA 기술과 더불어 생명 공학 분야에 혁명을 일으킨 기술로 기록되고 있다 — 등이 이 실험실의 대표적인 업적이다.

연구의 과학적 목표와 사회적 목표를 비교적 쉽게 이해하는 것에서 도출되는 세 번째 함의는 프로젝트 수준의 연구 지원 시스템에 편입되어있는 사회적 필요와 관련된 유인 수단을 파악하고 수용할 수 있는 실험실 과학자의 능력에 관한 것이다. 특별히 과거의 경험은 프로젝트가 지닌 과학적 약속의 판단 방법인 동료 평가 시스템에 사회적 필요와 관련된 유인 수단을 도입하는 것이 실현 가능한 것임을 보여주고 있다. 과학적 약속의 거의 대부분을 동료 평가로 평가하는 NSF와, 양차 세계 대전 사이 이래로 국가 의료 수요의 관점에 맞추어 동료 평가를 수행하고 있는 NIH의 경험을 비교해보면 이러한 실현 가능성은 더욱 높아진다.

동료 평가는 과학 출판물 분야에서 상당히 오랫동안 활용되고 있다. 접수된 연구 논문 중에서 특정 논문을 과학 저널의 한정된

면수에 등재시키는 이러한 평가 과정의 논리는 로버트 머튼Robert K. Merton과 해리엇 주커먼Harriett Zuckerman이 지적하였듯이, '영국 왕립 부흥 협회Royal Society in Restoration England'의 설립 초기부터 찾아볼 수 있다.4) 저널 논문의 동료 평가는 그 역사가 오래되었지만, 연구 지원의 동료 평가는 양차 대전 사이에 NIH, 특히 국립 암 연구소National Cancer Institute에서 싹트기 시작하였다. 전후에 연구 지원의 동료 평가는 NIH에서 지원 프로젝트를 선정하는 핵심 과정으로 자리 잡았다. NSF의 초대 이사장 워터맨이 해군 연구국 Office of Naval Research에서 도입한 동료 평가 시스템은 원래의 모습과는 약간 다른 형태로 변형되어 NSF에서 사용되었다.

  NIH와 NSF가 사용하는 연구 지원 동료 평가 모델은 매우 유사하다. 다만 그 차이는 NSF가 일찍부터 순수 연구의 지원에 전념하였기 때문에 발생한 것이다. NSF에서는 연구 지원 프로그램의 간사가 과제 제안자의 자격과 과제의 과학적 우수성을 가장 잘 판단할 수 있는 다수의 평가자를 선별한 뒤에 접수된 연구 과제를 각각의 평가자에게 발송하여 평가를 의뢰한다. 지원 여부는 재단 책임자가 최종적으로 결정하지만, 이러한 과정을 통해 산출된 동료 평가의 결과가 여러 종류의 지원 프로그램을 자문하는 전문 패널단과 프로그램 간사에게 미치는 영향은 지대하다. 프로젝트의 규모가 크거나 경쟁이 치열한 경우에는 동료 평가와 더불어 현장 방문 평가를 병행한다.

---

4) Robert K. Merton ed., *The Sociology of Science: Theoretical and Empirical Investigations*(University of Chicago Press, 1973) 중에서 Harriett Zuckerman & Robert K. Merton, "Institutionalized Patterns of Evaluation in Science 1971," p. 463을 보라.

NIH에서는 동료 과학자에게 연구 과제를 우편으로 발송하여 평가를 의뢰하는 대신에, 100여 개 이상의 스터디 섹션study section을 구성하여 여기에 속한 과학자에게 평가를 부탁한다. 각각의 스터디 섹션에 속한 과학자들은 일 년에 여러 차례씩 NIH의 베데스다Bethesda 캠퍼스에 모여 해당 섹션에 할당된 과제 제안서를 평가한다. 스터디 섹션의 구성원 중의 한 사람은 1차 평가자로, 다른 한 사람은 2차 평가자로 지정되어 과제 제안서와 연구 책임자의 우수성을 평가한다. 세 번째 사람은 평가 보조자reader로 지정되어 스터디 섹션 회합 때, 과제 제안서에 관한 논의가 원활하게 진행되도록 돕는다.

따라서 NIH의 평가 방법은 과제의 연구 영역에 대하여 해박한 지식을 보유한 동료 전문가가 과제 제안서를 평가하는 동료 평가의 측면에서는 그 깊이가 낮으나, 스터디 섹션이 추구하는 생의학적 목표 달성에 선정 과제가 얼마나 크게 기여할 수 있는가와 같은 포괄적인 관점에서 과제를 평가하는 데 적합하며, NIH 연구소에 하나씩 딸린 법적 위임 기관인 국립 자문 위원회National Advisory Councils에서 스터디 섹션의 건의안을 추가 검토하게 되면 이러한 실용적 측면의 고려를 통해 나타나는 파급 효과는 더욱 커진다. 과학자와 보건 및 특정 연구 분야의 리더로 구성된 이들 자문 위원회는 과학적 장점뿐만 아니라 프로그램의 목표와 연구의 우선성에 근거하여 지원할 과제를 선정한다.[5] 이와 같은 프로젝트 평가 시

---

[5] 의회 과학 기술 위원회 부설 과학 정책 전문위의 연구 프로젝트 선정에 관한 청문회에서 국립 공공 의학 연구소, NIH, HHS의 소장을 역임한 루스 커츠스타인Ruth L. Kirschstein의 증언, 8월 8일-10일, 1986년, 99 의회 제2회기(Government Printing Office, 1986), vol. 17, pp. 64-69, 특히 p. 65 참조.

스템은 NIH가 프로젝트 수준에서 거둔 놀라운 성공의 견인차 역할을 하였으며, 프로젝트 상위 수준의 지원 —— 상위 수준에는 보어, 파스퇴르, 에디슨 사분면의 연구가 모두 포함되나 파스퇴르 사분면에 특히 치중해있다 —— 에 적용되는 '포괄적' 전략의 발전에 기여하였다. 포괄적 전략은 다음 절에서, 전후 십수 년 동안 연구 지원을 위해 연방 정부가 사용해온 거시적 배분 정책의 변화를 서술하면서 논의할 것이다.

동료 평가가, 프로젝트 수준에서 정부가 활용 위주의 기초 과학에 자원을 배분할 때 사용하는 만능의 방법은 결코 아니다. 여러 임무 달성 기관에서 사용하고 있고, 예산 관리국(Office of Management and Budget: 이하 OMB)과 과학 기술 정책국(Office of Science and Technology Policy: 이하 OSTP)에서는 이 방법의 사용을 강력히 권고하고 있지만, 연방 정부 산하의 대부분의 연구 기관이 수행하는 거대 과학 프로젝트의 평가에 동료 평가가 적합한지는 의문스럽다. 일반적으로 국립 연구소는 동료 평가와는 매우 다른 방법을 이용하여 프로젝트 수준에서의 연구 지원비를 배분한다.

게다가, 연구 지원 동료 평가가 처음 사용될 때부터 수십 년에 걸쳐 비판자들은 『사이언스』지와 기타 저널에 이 평가 방법에 대한 상당량의 반박문을 기고하였다.6) 비판자들에 따르면, 동료 평가는 새로운 접근 방식보다는 기존의 접근 방식을, 무명의 연구자보다는 유명한 연구자를, 학제 간 분야보다는 기정 분야를, 영향력이 약한 기관보다는 높은 기관에서 수행하는 연구를 지원하는 편

---

6) 특히 Daryl E. Chubin and Edward J. Hackett, *Peerless Science: Peer Review and U.S. Science Policy*(Albany, N.Y.: State University of New York Press, 1990)에서 지적한 장문의 비판 참조.

향이 있다. 이러한 평가 시스템에서 이득을 챙기는 과학자들을 만족시키는 방식으로 동료 평가가 유지되는 것은, 아브라함 링컨Abraham Lincoln이 뭐 눈에는 뭐만 보인다고 비꼬아서 말한 것처럼 인간의 경험적 영역에서 동료 평가가 벗어나지 못함을 암시하고 있다.

동료 평가 수행 기관에서는 의회의 권고와 자체적인 필요에 따라 평가 시스템의 성과를 분석하고서 근본적인 개정안을 제시하기 위한 연구에 착수하였다.7) 제시된 개정안 중의 하나는 '동료 평가'의 명칭을 '장점 평가merit review'로 좀 더 알기 쉽게 바꾸자는 것이었다. 개정안은 동료 평가 비판자들의 불만을 잠재우지는 못했지만, 여타 연구비 배분 방법에 비해 동료 평가가 과학적 측면의 판단을 토대로 각각의 기초 연구 과제를 지원하는 합리적인 방법이라고 결론지었다. 동료 평가에 대해 실제로 과학자 사회가 갖는 불만 사항의 대부분은 연구비 지원 과정의 비효율성에 따른 저조한 지원 실적과 다수의 우수한 과제 제안서 중에서 소수만 선택해야 하는 업무의 어려움에 기인한 것이다. 연구 예산의 핍박 시기에 동료 평가의 무력함은 한층 두드러지며, 또한 연구 제안자는 평가자가 과도한 업무로부터 벗어나기 위해 과제 제안서의 단점만을

---

7) 아래의 보고서들이 아주 포괄적이다. NIH Grants Peer Review Study Team, *Grants Peer Review: Report to the Director, NIH Phase*(Washington, December 1976); Stephen Cole, Leonard Rubin, Jonathan R. Cole, *Peer Review in the National Science Foundation: Phase One of a Study*(Washington: National Academy of Sciences, 1978); Jonathan R. Cole, Stephen Cole, *Peer Review in the National Science Foundation: Phase Two of a Study* (Washington: National Academy Press, 1981); NSF, *Final Report: NSF Advisory Committee on Merit Review 1986*(Washington, 1986); NSF, *Proposal Review at NSF: Perceptions of Principal Investigators*, NSF Report 88-4(Washington, 1988).

지적할지 모른다는 불안감으로 진취적이기보다는 현상 유지적으로 제안서를 작성한다. 특별히 NIH는 성공률이 급격히 감소하는 기간에 적용시킬 수 있는 평가 절차 방법을 고안하고 있다.

지난 반 세기에, 생의학 및 보건과 같은 활용 위주의 원천 연구 분야를 비롯하여 연방 정부가 지원하는 기초 과학 분야에서 탁월한 성과가 얻어지기까지는 동료 평가를 통한 미시적 배분이 지대한 역할을 하였다. 유망하다고 판단한 연구 과제에서 일정 기간 동안에 획득된 수익이 한계점보다 크기만 하다면, 시간이 지남에 따라 수익은 가중되므로 결국 기초 과학에 대한 투자는 상당히 큰 이윤으로 되돌아온다. 기초 과학의 개념을 실용적 목표를 추구하는 원천 연구까지를 포함시키는 것으로 확대시킬 때, 이와 같은 논지를 강력하게 주장할 수 있다.

과거의 선형 모델 사고에 물든 정책 공동체의 일부는 기초 연구이면서 동시에 활용 위주의 연구를 응용 연구의 단순한 변형으로 간주하여, 여기에 적합하고 기존과는 다른 미시적 배분 방식을 제안하고 있다. 예를 들어, 최고의 지역 기관이라고 할 수 있는 미국 의회의 경우에 지역을 기준으로 하는 연구비 배분 방식을 기존 방식의 대안으로 삼고 있다.[8] OSTP 주최로 1994년 1월에 열린 '국가 이익을 위한 과학 포럼'에서 기초 과학에 우호적인 의회 지도자는 과학이 만일 미국 경제의 부흥에 필요한 일자리를 창출하고 있다면, 경제적으로 궁핍한 주州는 연구 수행에 필요한 자금을 지원받아야 한다고 언급한 것에서 이와 같은 견해에 대한 지지를 읽을

---

[8] 또 다른 실례로, 의회는 상원의 대표제를 이용하여 연구비의 일정 부분을 인구와 연구소의 수 및 지역 안배 프로그램EPSCOR의 선정 요건에 따라 주 단위로 지급할 것을 요구하고 있다.

수 있다. 또한 연구 기반의 구축을 위해 의회에서 별도의 지원금을 배정한 것도 확실하게 지역적 측면을 고려한 것이다.

따라서 동료 평가에 의한 미시적 배분과 대안적 방식에 의한 미시적 배분 사이의 대조를 통해 다음과 같은 결론을 내릴 수 있다.

활용 위주의 기초 과학에 투입한 공공 자금이 만일 과학의 약속과 사회의 이익을 평가할 수 있는 패널을 통해 동료 평가 방식으로 선정된 과제에 배분된다면, 더 큰 이익을 가져다줄 것이다.

예산 관리국 국장과 과학 기술 정책국 국장이 공동으로 제출한 「회계 연도 1996년 연구 개발 우선권Fiscal Year 1996 Research and Development Priorities」이라는 각서 — 이 각서는 그 동안 임무 달성 기관의 기초 연구를 동료 평가 이외의 다른 방식으로 지원했던 연방 정부에게 동료 평가에 대한 관심을 촉발시켰다 — 도 이러한 결론을 지지하고 있다.9)

## 프로젝트 상위 수준에서 결합되는 과학의 약속과 사회의 가치

활용 위주의 기초 과학에 연구비를 지원하는 문제는 미시적 자원 배분에서 도매 수준이라는 프로젝트 상위 수준에 대한 거시적

---

9) 「회계 연도 1996년 연구 개발 우선권」이라는 각서는 1994년 5월 6일, 행정부 및 기관의 책임자들을 위해 존 기븐스John H. Gibbons와 레온 파네타Leon E. Panetta가 작성한 것이다.

자원 배분으로 근본적으로 변화한다. 도매 수준에서 과학자 사회와 정책 공동체의 역할은 소매 수준과 매우 달라진다. 여러 연구 분야, 특히 지식의 진보가 주로 동료 평가에 의해 선정된 스몰 사이언스 프로젝트로 진행되는 분야에서 활동하는 최정상의 과학자들은 이제는 자신들의 심오한 전공 지식에 의지하여 과학의 약속을 판단할 수 없게 된다. 연구비를 지원받는 연구의 범주가 커지면 커질수록 이러한 변화 역시 크게 나타날 것이다.

연구비 지원 수준이 소매 수준에서 도매 수준으로 이동해가면서 정책 공동체 역시 현저히 달라진 역할을 수행한다. 미국의 정부 시스템에서 사회 가치의 판단은 궁극적으로 다원주의적 민주주의의 구성 요소들 사이의 갈등과 타협을 통해 내려진다. 특히 선거를 통해 민주주의의 권위를 확보한 의회 의원과 백악관 관리들은 갈등과 타협 과정에서 결정적인 영향력을 행사한다. 고에너지 물리학 분야의 초전도 초대형 입자 가속기Superconducting Supercollider 프로젝트가 끝내 불운하게 종결된 것에서 알 수 있듯이, 이들은 빅 사이언스 프로젝트 각각의 운명을 직접적으로 좌우한다. 이와는 반대인 스몰 사이언스 프로젝트의 경우에 정책 공동체의 역할은 동료 평가에 부분적으로 영향을 미치는 사회적 필요— 예컨대, 사회의 보건 목표는 NIH 스터디 섹션과 국립 자문 위원회의 대다수 결정에 일정한 영향력을 행사한다— 의 충족을 위한 예산 재가 법률을 부여하거나 총 예산 범위를 확정하는 등의 제한된 범위 안에서 기능한다.

이 절에서는 연구 지원의 도매 수준에서 과학의 약속과 사회의 가치를 융합시키기 위한 과학자 사회와 정책 공동체의 역할 제도화와 관련된 문제를 거론한다. 3장의 개념적 틀을 토대로, 전후 수십 년 동안 연방 정부가 활용 위주의 기초 과학 육성을 위해 어떻게 일련의 특별 정책을 구축하였고, 전후 패러다임이 이러한 정책의 발전을 어떻게 현저히 촉진시켰는가에 대해 알아본다.

3장의 개념적 틀을 통해 연방 정부에 구사한 기초 과학 육성책의 변천 과정을 살펴보면, 전후 수십 년 동안 연방 정부가 활용 위주의 기초 과학의 지원을 위해 연방 정부가 은연중에 추구하였던 세 가지 발전 양식을 발견할 수 있다. 첫 번째는 순수 연구 지원 기관인 NSF가 과학 및 공학 분야 내부에서 활용 촉진 요소에 대한 인식을 확대한 것으로, NSF의 연구 포트폴리오가 보어 사분면에서 파스퇴르 사분면으로 확장되었다고 일컬어지는 발전 양식이다.

두 번째는 정부 임무 달성 기관의 목표를 충족시키기 위해 과학 현상의 보다 근본적인 이해가 중요하다는 인식으로, 이들 기관의 R&D 프로그램이 에디슨 사분면에서 파스퇴르 사분면으로 확장되었다고 일컬어지는 발전 양식이다. 세 번째는 전후 초기부터 NIH가 취한 인식으로, 이러한 인식을 통해 NIH는 상당량의 순수 기초 연구과 순수 응용 연구를 지원하였을 뿐만 아니라, 활용 위주의 기초 과학에 대한 토대를 마련하여 부여된 임무를 최대한 달성할 수 있었다. 따라서 세 번째 발전 양식은 파스퇴르 사분면을 중심으로 하는 한층 포괄적인 연구 투자 포트폴리오라고 불리워진다.

## 보어 사분면을 넘어서―NSF의 지원 확대 실례

『과학, 그 끝 없는 미개척지』가 출간된지 5년 뒤에 연방 정부는 전적으로 기초 연구만 지원하는 통로로 사용하기 위해 국립 과학 재단NSF을 설립하였다. 국방부, 원자력 위원회(Atomic Energy Commission: 이하 AEC), 국립 보건원NIH 등에서도 이미 기초 과학을 지원하고 있었기 때문에, 이 새로운 통로가 유일하고 가장 중요한 기초 연구 지원 수단은 아니었다. 하지만 설립 초기부터 NSF는 동료 평가를 통해 지원하는 연구 수준이 상당히 높은 것으로 유명하였으며, 소련의 인공 위성 스푸트닉의 발사 뒤에는 광범위하고 심도 깊은 영향력을 행사하게 되었다. NSF라는 통로는 부시의 보고서에서 예견된 순수 연구를 거의 전담하도록 예정되어있었다. 1950~60년대에 NSF는 대학에서 수행하는 호기심 위주의 학문 연구의 지원을 주요 역할로 받아들였으며, NSF의 학계 출신 구성원들은 이 같은 보어 사분면의 임무를 적극적으로 옹호하였다.10)

과학의 약속이라는 측면에서 NSF는 설립 이래로, 자신의 임무 달성에 충실하게 매진하여왔다. 3장의 개념적 틀을 다시 상기해볼 때 NSF는 근본적인 이해라는 수직 축의 꼭대기에 해당하는 연구를 지원하는 데 전념하였다. 그러나 시간이 지나면서 NSF는 좀 더 확장된 시야를 갖고, 응용 목표가 연구 과제에 미치는 영향을 나타내는 수평 축을 따라 연구를 지원하였다. 이러한 변화의 분명한 사실은 재단의 지원 범위가 공학engineering 분야까지 포함하는 것으로 확대된 것이다. 공학자들은 NSF의 지원 대상자에 과학자들과 함께 자신들도 포함시킬 것을 수십 년 동안 주장하였고, 이에 대한 응답으로 재단은 사회적 필요에 의해 제기된 연구에 대해서도 문호를 개방하는 쪽으로 선회하여야만 했다.(이것은 "공학의 지위는 과

---

10) NSF의 최초 설립 정관에 기후 조절 연구에 관한 책무가 포함된 것은 주목할만한 점이다. 실제, 아마도 신속히 연구 결과를 바라는 의회의 관심과 하루 빨리 운영 규모를 늘리려는 생각으로 인해, NSB는 일찍부터 임무 지향적 연구 프로그램에 책임을 지지 않으려고 했다.

학과 동등하다"라는 입장을 반영하여 1986년에 NSF 기본법 수정 때 직업의 이익을 확증하였다는 점에서, 그 자체로 획기적인 사건이었다.)11)
그러나 1장에서 개입론자와 관찰 과학이 제기한 비판에서 명백히 알 수 있듯이, NSF의 지원 범위 중에서 공학 분야는 응용 성격이 강한 연구 목표를 지닌 유일한 분야가 아니다. 생물학 및 기타 생명 과학, 물리학, 화학, 지질학, 대기 및 해양 과학, 기타 지구 과학 등에서 학문 상호 간의 이해와 상호 이용에 대한 인식이 증가하면서, 재단의 입장은 활용 측면을 고려하는 방향으로 돌아섰다.12)

여타 조직의 움직임도 이러한 입장 선회를 촉진하였다. 1970년 대 후반에 새로운 재료 연구 실험실Materials Research Laboratory을 설립하기 위해 물리학, 화학, 화공 및 전자 공학, 금속 및 재료 과학 등의 학제 간 강점을 활용하여 NSF가 거둔 성공은 그 무엇과도 비교할 수 없는 것이었다. 예산 관리국OMB 주도로 고등 연구 계획국(Advanced Research Projects Agency: 이하 ARPA)의 원천 연구를 NSF로 적극적으로 이전시키도록 하는 계기가 된 맨스필드 수

---

11) 이 사건의 발전 과정을 검토한 탁월한 글로는 Dian Oslon Belanger, *Enabling American Innovation: Engineering and the National Science Foundation*(Perdue University Press, forthcomming)이 있다.
12) NSF는 연구비를 지원받은 경험이 있는 연구 책임자를 대상으로 조사한 1986년 11월의 보고서에서 "NSF의 연구 지원비를 받고 당신이 수행한 연구의 전부 혹은 상당 부분이 지식 그 자체의 진보를 넘어서 '응용적', '실용적', '정치적' 함의를 지니고 있다고 말할 수 있는가?"라는 질문을 던졌다. 재단 관계자들은 응답자의 53%가 "예"라고 대답하여 충격을 받았다. 이 가운데 24%는 이러한 함의가 "분명하고 즉각적", 53%는 "상당히 분명하나 장기적", 24%는 "가능성은 있으나 분명하지 않음"이라고 추가 응답하였다. NSF, *Proposal Review at NSF: Perceptions of Principal Investigators*; Jim McCullough, "First Comprehensive Survey of NSF Applicants Focuses on Their Concerns about Proposal Review," *Science, Technology, and Human Values*, vol 14(Winter 1989), pp. 78-88을 보라.

정안Mansfield amendment —— 이 수정안에서는 국방부가 수행하는 기초 연구는 본연의 임무와 분명히 관련된 것으로 제한할 것을 요구하였다—— 이 제출되면서, 이들 실험실은 국방부 산하 ARPA의 일부분을 떠맡게 되었다. NSF의 소재 연구 실험실은 산업계 출신의 유명한 공학자 에릭 블로흐Erich Bloch가 재단 이사장으로 재직한 1980년대 중반부터 설립하기 시작한 공학 연구 센터Engineering Research Center와 과학 기술 센터Science and Technology Center의 전조였다.

이러한 전환은 1990년대까지 깊이 있게 진행되었으며, 당시의 이사장 월터 매시Walter Massey에 의해 임명된 NSF 미래 위원회의 국가 과학 위원회NSB는 자체 제출한 일반 권고안에 아래와 같은 의견을 첨부하였다.

과학과 이에 대한 활용의 역사는 NSF가 자원 배분에서 두 가지 목표를 설정할 것을 일러주고 있다. 하나는 지식의 탐구 측면에서 최고의 연구자들이 확인하고 명시한 최상의 연구를 지원해야 한다는 것이다. 다른 하나는 국가 목표의 충족을 위한 과학적 기회에 응답하는 것으로, 전략적 연구 범위 안에서 자원을 균형 있게 배분하는 것이다.

국익 안에서 두 가지 목표는 부단히 균형잡힌 방식을 통해 추구되어야 한다.[13]

NSF 예산을 책임지는 상원 세출 소위원회 의장이었던 상원 의

---

[13] *A Foundation for the 21st Century: A Progressive Framework for the National Science Foundation*, Report of National Science Board Commission on the Future of the National Science Fund (Washington: National Science Fund, 1993), p. 5.

원 바바라 미쿨스키는, 나중에 매시가 회계 연도 1994년의 NSF 예산에 관해 증언할 때, "균형잡힌 방식"이란 "똑같은 가중치를 부여하는 것"을 의미하는 것이라고 재빨리 이해하였다. 재단은 "광범위한 전략적 목표에 비추어 국가 연구 사업의 강점을 이용해야" 한다고 매시는 언급하였으며, 또한 예산의 측면에서 "지원 연구비를 조사하면 실제 약 50:50"으로 구분되는 것을 인정하였다.14) 소위원회는 "재단에서 매년 수행하는 프로그램 연구 활동의 적어도 60%는 전략적 성격을 지닌 연구가 차지해야 한다"고 보고서에 기재하여, NSF에 대한 압력을 즉각 증가시켰다.15) 그러나 많은 측면에서 의원들은 전후 패러다임에 물들어 있어서, NSF의 연구 포트폴리오가 활용 위주의 기초 연구로 넓혀지기는 곤란하였다.

순수 과학의 영역을 넘어서는 연구는 모두 응용 연구라고 열정적으로 선전한 학계 출신의 NSF 구성원들은 재단의 제일 중요한 임무가 설립 초기의 호기심 위주 연구, 학문 위주 연구를 지원하는 것이라고 강력하게 주장하여왔다. 기초 연구와 응용 연구를 근원

---

14) *Departments of Veterans Affairs and Housing and Urban Development and Independent Agencies Appropriations Fiscal Year 1994*, Hearings before the Senate Committtee on Appropriations, 103 Cong. 1 sess.(Government Printing Office, 1993), pt. 1, p. 12.

15) *Departments of Veterans Affairs and Housing and Urban Development and Independent Agencies Appropriations Bill*, 1994, S. Rept. 137, 103 Cong. 1 sess.(Government Printing Office, 1993), p. 168. 사회적 필요를 충족시키기 위해 미국의 연구력을 좀 더 직접적으로 활용하고자 했던 상원 의원 미쿨스키와 다른 의원들은 "전략적 연구"라는 말 대신에 "국가의 전략적으로 중요한 분야에서의 원천 연구"와 같은 표현이 한결 낫다는 것을 곧 알아차렸다. 이 표현은 "사회 문제의 핵심에 놓여있는 기초적인 과학적 무지 분야에서 수행되는 연구"라는 홀튼의 말을 상기시킨다(강조는 필자). Gerald Holton, *Science and Anti-Science*(Harvard University Press, 1993), p. 115를 보라.

적으로 분리하는 사고에 또한 빠져있는 정책 공동체는, 그러나 NSF의 전통적인 연구 임무에 부가되는 것은 무엇이든지 다 응용 연구라고 간주하는 과학자들의 두려움만 가중시켰다. 이러한 역설적인 상황은 정책 공동체가 과학의 힘을 이용하여 사회적 목표를 달성하려고 노력하던 1960년대 후반에 재단 설립 헌장의 규정 범위를 넓힌 다다리오 수정안Daddario amendments의 통과에서 잘 드러나있다. 개정안을 지지하는 의원들은 기초 연구와 응용 연구가 각기 별개의 영역이라는 도그마를 그대로 받아들이면서, 사회의 필요에 의해 제기된 원천 연구를 재단에서 지원하도록 하는 것보다 오히려 재단의 설립 헌장에 응용 연구에 대한 지원을 추가하는 것이 더욱 타당한 방법이라고 가정하였다. 이러한 측면에서 제기된 NSF 설립 헌장의 개정안을 비롯하여 이들 새로운 움직임은 기초 과학의 영역을 벗어나 놓여있고, 넉넉하지 못한 연구비 지원을 둘러싸고 기초 연구와 경쟁 관계를 형성하는 것으로 학계 출신의 재단 구성원들은 이해하였다.

의회에서 다다리오 수정안을 채택한 결과로 탄생한 국가 요구에 따른 긴급 문제 연구(Research Applied to National Needs: 이하 RANN) 사업의 운명을 통해 전후 패러다임의 왜곡된 역할을 분명히 볼 수 있다. 존슨 행정부와 닉슨 행정부 사이에 중대한 시기였던 이때, 의회와 행정부는 과학의 투자 — NIH, 국방부, NSF에 대한 투자 — 에 기인한 수익을 미국이 기술 이전을 통해 충분히 향유하고 있는가에 대해 공통적으로 관심을 보이고 있었다. 현직 대통령과 후임 대통령은 모두 투자에 대한 이익을 조급하게 바라보았고, 닉슨 대통령은 곧바로 암과의 전쟁을 선포하였다.

NSF가 더 확대된 설립 헌장에 어떻게 반응해야 하는가는 재단 내부에서 상당한 긴장을 초래한 문제였다.16) 공학 분야가 재단에서 더 큰 역할을 해야 한다고 압력을 넣는 공학자 사회의 대변인뿐만 아니라, 재단 이사장인 윌리엄 맥엘로이Willian D. McElroy와 그의 많은 보좌진은 재단의 행동주의적인 입장을 옹호하였다. 이 입장을 유도하기 위한 맥엘로이의 유인 수단은 1970년 12월에 국가 수요에 맞는 과학과 기술을 선택하는 새로운 사업을 재단이 구성한다면, OMB에서는 회계 연도 1972년의 재단 예산을 일반적인 요구액인 1천3백만 달러에서 1억 달러로 늘려 제공할 것이라는 공언에 힘입어 대폭 강화되었다. NSF를 예산 규모 10억 달러의 기관으로 키우려는 재단 경영진의 의도에 비추어서, 이 제안이 가지는 유혹은 이해할 수 있다.

그러나 NSF 이사회와 연구 이사회 내부의 대다수 과학자는 재단의 임무가 응용 과학을 포함시키는 것으로 확대되는 것을 그레샴Gresham 법칙의 부시 변종판, 즉 응용 연구와 순수 연구가 섞여 있으면 전자가 후자를 항상 쫓아낼 것이라는 생각을 하며 적의를 갖고 바라보았다. 국가 과학 위원회NSB는, 응용 과학에 대한 의회의 열광은 시간이 지나면서 결국 "NSF 예산에서 기초 과학이 차지하는 몫의 상당한 감소"를 초래할 것이라는 우려를 표명하였다.17) 이사회 소속 과학자들은 의회와 OMB가 주도하는 이러한 큰 흐름을 막을 수는 없었지만, 흐름에 상당히 부정적인 분위기를 조성하였기 때문에 재단 경영진은 당면한 기회를 살리는 데 심각

---

16) 이에 대한 설명의 많은 부분을 Belanger, *Enabling American Innovation*에 비치고 있다.
17) Belanger, *Enabling American Innovation*에서 NSB 회장 필립 핸들러 Philip Handler의 말을 재인용.

한 어려움을 겪었다.

기초 연구와 응용 연구 사이의 분리를 근본적으로 재고하는 것과 새로운 지원 자금을 활용 측면이 직접적으로 고려된 기초 과학 연구 분야에 투자하는 것을 계기로 재단은 한층 순조로운 분위기에서 설립 목적의 범위와 향후 기금에 대한 전망의 확대를 이끌어 낼 수 있었을 것이다. 이와 같은 기대는 다다리오 수정안의 결과로 1968년과 1969년에 상정된 NSF의 초기 사업인 사회 문제 관련 학제 간 연구(Interdisciplinary Research Relevant to Problems of Our Society: 이하 IRRPOS)의 정당화에서 희미하게나마 엿보인다. 대규모의 연구 사업에서 기초 연구와 응용 연구 사이의 분리를 재고하는 논리는 NSF가 새로운 연구 자금의 절반을 임무 달성 기관이라는 성격에 얽매이지 않는 기초 연구의 지원에 사용하도록 한 OMB의 규정에 의해 강화되었다.18)

맥엘로이는 자신이 새롭게 추진한 사업에 필요한 자금의 40% 정도는 기초 연구에 사용할 것이라고 말했으며, RANN은 "기초 연

---

18) 상원의 다수당 지도자인 마이크 맨스필드Mike Mansfield가 군납 승인법 1970의 개정을 지지한 것은 제약된 행동 속에서 큰 효과를 거둔 고전적 사례이다. 맨스필드의 203항은 법의 승인을 받은 어떠한 자금도 "만일 프로젝트나 연구가 구체적인 군사 기능 및 운영과 직접적이고 명백한 관련이 없다면, 이 프로젝트나 연구를 수행하는 데 지원해서는 안 된다"고 규정하였다. 이것은 단지 한 해 동안의 국방비 지출에만 적용되었다. 사실, 좀 더 관용적인 언급이 군납 승인법 1971에 이미 삽입되어 있었다. 그러나 이 명확한 메시지에 대해 정부 산하의 여러 임무 달성 기관의 응답은 NSF에 대한 OMB의 규정안을 유도한 것이었다. 그리고 1974년에 NSB는 NSF가 다른 기관에서 방치한 기초 연구에 의해 매몰될 것을 너무 우려하여, 기존과 달리 범부처적인 과학 정책에 대한 책임을 떠맡았으며 기관의 임무 달성에 잠재적으로 적합한 기초 연구의 지원을 증가시키라고 임무 달성 기관에게 촉구하였다. Bruce Smith, *American Science Policy since World War II*(Brookings, 1990), pp. 81-82를 보라.

구 또는 응용 연구, 양자 중의 하나는 확인된 문제의 해결에 연구 방향을 맞추는 것"을 의미한다고 받아들였다.19)

NSB에서 기초 연구를 지원하는 여타의 임무 달성 기관에 비해 시간이 흐를수록 NSF가 상대 우위를 점할 수 있는지에 관해 의심이 들면서 NSF의 과학계 출신 구성원들의 적의는 증폭되었고, 따라서 재단이 이러한 기회를 포착하지 못하게 된 것은 그리 놀라운 일이 아니다. 활용이 고려된 연구 측면에서 NSF의 역할과 여타 임무 달성 기관의 역할을 구별하기 위해 활용 위주의 기초 과학이라는 개념이 제공했어야 했던 이론적 근거가 특히 부재하였다. 8명의 반원과 IRRPOS의 책임자인 조엘 스노우Joel Snow를 반장으로 하는 특별 대책반이 무서운 속도로 업무를 추진하여 작성한 RANN의 사업 전략과 예산의 정당성은 환경, 도시 문제, 국가의 에너지 수요에 관한 응용 연구에 주로 집중되어있었다. RANN은 거의 시작 초기부터, NSF에 촉매와 같은 역할을 부여하여 NSF에서 개시한 응용 연구가 "개념 실증 단계proof-of-concept stage"에 이르면 적절한 임무 달성 기관이나 민간 산업체에 응용 연구의 발견물과 책무를 이전시켜야 한다는 기대 ― 이것은 선형 모델 사고에 훌륭하게 부합한다 ― 로 또한 구속되어있었다. NSF가 새롭게 발족한 에너지 연구 개발청(Energy Research and Development Administration: 이하 ERDA)에서 1973년의 오일 쇼크 이후에 강력히 추진해온 태양열 및 기타 에너지 연구 프로젝트의 거의 모두를 이전한 시기인 1975년에 이러한 기대는 현실로 다가왔다. NSF의 기초 과학 지원을 옹호하는 구성원들은 이러한 "에너지 산山 등반"

---

19) Belanger, *Enabling American Innovation*.

의 종결, 즉 다른 기관으로의 연구 프로젝트의 이전을 안타까워하지 않았으며, 1977년에 NSB와 NSF 신임 이사장은 6년 6개월 전에 시작했을 때와 마찬가지로 급작스럽게 RANN을 중단시켰다. NSF가 매년 연구 사업에 배분하는 자금 중에서 적어도 60%는 전략적 성격을 지닌 연구를 지원하여야 한다고 1994년에 상원 의원 미쿨스키 소위원회가 내놓은 권고안은 기초와 응용의 구분에 익숙해져있는 과학자 사회의 구석구석을 여전히 흔들고 있었으며, 그 결과 과학자 사회는 "전략적 연구"를, 목표를 협소하게 설정한 응용 연구의 범위 속으로 재빠르게 통합시켜버렸다.

## 에디슨 사분면에서의 지원 확대 ─ 임무 달성 기관의 실행 사례

현재 미국에서 과학적 통찰의 승리를 표현하는, 작지만 뚜렷한 표시는 기관의 임무와 관련된 연구 개발의 수행 권한을 연방 정부의 산하 기관에게 법적으로 위임한다는 것이다. 장황하며 결과론적인 R&D 보고서를 통해 지원되는 연구의 대부분은 순수하게 응용적인 것이며 임무 달성 기관의 경영상 필요와 밀접하게 연관을 맺고 있다. 그리고 1970년대 초반에 맨스필드 수정안은 임무 달성 기관이 수행하는 기초 과학에 찬물을 뿌렸다. 기관이 수행하는 기초 연구와 기관의 임무는 그 연관성이 분명해야 한다는 맨스필드 수정안의 요구 사항은 국방부에만, 그것도 단기 회계 연도에 한하여 적용되는 것이었지만 대다수의 기관은 기초 연구와 응용 연구를 구별하는 양자택일의 논리로 받아들였고 국방부와 유사한 상황에 처하지 않으려고 기관의 R&D 활동을 순수한 응용 연구 개발에 과도하게 국한시켰다.

그러나 임무 달성 기관 중에서, 특히 기관의 목표 달성을 위해서는 기관의 임무와 관련된 과학적 현상의 심층적 이해 증진이 필수적인 기관의 경우에는 기관의 R&D 활동이 에디슨 사분면을 벗어나 확장되는 것에 대하여 반감을 표시하지 않은 예외를 보였다. 최근에 들어와 기초 연구에 미치는 미국 농무부의 역할이 쇠퇴하고 있을지라도 이러한 초기 사례는 농무부에서 찾을 수 있다. 미국은 19세기부터 연방 정부가 토지 양도 대학의 설립, 농경 실험 부지 확보 등 농업 과학에 투자하여 획득한 지식을 이용하여 전 세계의 농업을 좌우하게 되었다. 농무부는 R&D의 상당 부분을 또한 순수 응용 연구에 지원하였지만, 회계 연도 1996년의 농무부 예산 중의 6억5백만 달러는 분자 생물학과 같은 다수의 원천 탐구 분야를 비롯한 기초 연구에 사용하였다.[20] 사실상, 정책 공동체의 관련 당사자, 농정 관련 구성원, 농학 관련 과학자 사회에서는 농무부의 임무 달성을 위해서는 농무부의 R&D 프로그램이 에디슨 사분면에서 파스퇴르 사분면으로 확대되어야 한다는 데 상당 정도 견해를 일치시키고 있다.

정부 산하의 또 다른 네 개의 임무 달성 기관에서 수행하는 기초 연구의 규모는 농무부의 수행 규모를 능가한다. 각각의 기관 고유의 특성을 바탕으로 순수 응용 연구를 넘어서는 범위로 R&D 활동을 확장하고 있다. 냉전 초기에, 정부 부처는 통합된 국방부의 출

---

[20] 임무 달성 기관의 기초 연구에 관해 이 항에서 밝힌 수치는 Intersociety Working Group, AAAS Report x x : Research and Development FY 1996(Washington: American Association for the Advancement of Science, 1995), p. 56, <표 1-8>에서 재인용하였다.

현을 고대하지 않은 채 국가 안위와 관련된 기초 연구의 순환을 재촉하기 위해 신속하게 움직였다. 실제로, 해군 연구국은 차기 NSF가 되기 위해 파스퇴르 사분면뿐만 아니라, 보어 사분면에 해당하는 상당량의 연구를 지원하여 부시의 조직적인 계획의 실패로 야기된 틈새를 메우려고 얼마나 노력해왔는지는 잘 알려져있다. 전후에 국방부는 또한 파스퇴르 사분면의 원천 연구에 큰 관심을 쏟았는데, 존 슬레이터John Slater와 아더 폰 히펠Arthur von Hippel이 MIT에서 응축 물질 물리학에 관해 수행한 선구적인 연구——이 연구를 통해 전후 재료 과학이 번성할 수 있는 토대가 마련되었다——를 지원한 것은 그 실례의 하나이다.21) 국방부가 기초 연구에 갖는 관심은 늘었다 줄었다 하지만, 회계 연도 1996년 예산에는 국방부가 기초 연구에 지원한 12억1,400만 달러가 포함되어있다.

회계 연도 1996년에 총액 17억8,500만 달러를 기록한 에너지부의 기초 연구 구성은 두 가지 주요 원천에 근거하고 있다. 하나는 1970년대 오일 쇼크로 촉발된 대체 에너지원에 대한 관심으로, 국가의 필요 측면에서도 그 관심은 여전히 높다. 다른 하나는 원자력 에너지 위원회AEC에서 수행하는 연구로, 에너지부Department of Energy에서는 에너지 연구 개발청Energy Research and Development Administration을 통해 이 연구에 대한 책임을 위임받았다. 에너지부에 위임하기까지는, AEC가 원자력 에너지의 개발자와 규제자의 역할을 동시에 수행하는 것에 비판의 소리가 높아지자 결국 1974

---

21) Stuart W. Leslie, *The Cold War and American Science: The Military-Industrial Academic Complex at MIT and Standford* (Columbia University Press, 1993), pp. 188-211을 보라.

년에 개발자의 역할은 에너지부에, 규제자의 역할은 원자력 규제 위원회Nuclear Regulatory Commission에 분할하여 책임을 맡긴 것이 그 배경을 이루고 있다. 이러한 업무 이관으로 인해, 원자 폭탄 관련 연구는 민간에서 수행하여야 한다는 전후의 신념이 약화되었기 때문에 현재는 국방부보다는 에너지부에서 국가 무기 연구소를 운영한다는 것이 때때로 이례적인 것으로 생각되고 있다. AEC와 관련하여 또 다른 이례적인 일은 에너지부에서 고에너지 물리학에 관한 극도의 순수 연구를 후원하는 것이다. 이것은 제도적인 역사를 통해 설명 가능한 것이지, 지원 연구 분야의 이름에 "에너지"가 들어가 있는 것으로는 전혀 설명할 수 없다.

기초 연구에 관한 예산 사용의 권한 측면에서 농무부를 능가하는 두 곳의 임무 달성 기관에서 수행중인 R&D 프로그램은 독특한 특징을 갖는다. 한 기관은 항공 우주국NASA으로, 이곳에서는 기초 연구 자금(회계 연도 1996년의 경우에 18억4천1백만 달러)의 상당 부분을 운영 프로젝트operational project에 사용하고 있다. 다른 기관은 행정적으로는 공중 보건국Public Health Service와 보건후생부Department of Health and Human Services의 관할 아래 있는 NIH이다. NIH의 독특성은 연방 정부 기관 중에서 타의 추종을 불허하는 기초 연구에 대한 엄청난 지원 규모(회계 연도 1996년의 경우에 63억1천1백만 달러)뿐만 아니라, 활용 위주의 기초 과학에 그 지원이 집중되어있는 점이다. 이런 점에서 NIH는 임무 달성 기관이라기보다는 보어, 파스퇴르, 에디스 사분면에 걸쳐 포괄적인 전략을 구사하는 과학 연구 개발 기관으로 보는 편이 적합할 것이다.

전후 패러다임에서 활용 위주의 기초 과학이 명시적으로 드러나지 않음으로 인해 임무 달성 기관의 기초 과학의 발전에 여러 종류의 왜곡이 초래되었다. 기초 과학이란 실용적 목적에 관한 고려 없이 이루어지는 것이라고 과학자 집단과 정책 공동체가 바라보는 상황에서, 부과된 임무 수행을 위해 일류 과학자의 영입을 바라는 임무 달성 기관은 자신에게 중요한 응용 연구와 컨설팅 업무를 과학자가 스스로 하기를 원하는 기초 연구를 지원하는 것과 맞바꾸는 식의 때우기 방식으로 문제를 풀어나갔다. 전후 초기에, 개별 프로젝트와 총괄 사업 수준에서 이와 같은 방식으로 연구를 지원한 사례를 찾아볼 수 있다. 예를 들어, 프로젝트 수준에서 국방부는 개별 과학자 및 공학자와 다양하게 계약을 체결하여 연구자의 자체 연구를 지원하였다. 이러한 지원 관계를 통해 물리학자들은 국방부로부터 연구비를 받지만 스스로 자유롭게 연구를 수행한다는 의식을 갖게 되었으며, 이러한 자기 인식은 베트남 전쟁 동안에 대학에 밀려들어온 국방부의 연구비를 둘러싼 논쟁에서 중요한 역할을 차지하였다. 국방부의 예산이 맨스필드의 수정안에 의해 오랫동안 법률적으로 속박당한 이래, 국방부는 선형 모델 사고에 충실히 입각하여 자신의 임무와 관련된 모든 연구를 순전히 응용 연구의 측면에서 설명하였다.

한편으로 원자력 위원회AEC는 총괄 사업 수준에서 순수 연구와 임무 지향적 연구를 뒤섞어 지원하였다. 원자를 쪼개고 폭탄을 제조하는 물리학자들의 지지를 구하고 냉전 세계 체제에서 적의 위협을 물리치기 위해, AEC는 자진해서 물리학자들의 참여를 고무시켜 물질 세계의 기본 입자에 관한 표준 모델을 구성하는 데 사용하는 고에너지 물리학의 이론 및 실험 연구를 전폭적으로 지원하였다. 이 지원 방식에 존재하는 은밀한 거래 관계는 고에너지 물리학 연구가 전후 시기의 여타 연구와 마찬가지로 순수 연구임이 분명해졌을 때 약해졌지만, 그 관계는 알곤Argonne, 브룩헤이븐Brookhaven, 리버모어Livermore, 로스 알라모스Los Alamos와 기타 국립 연구소22)에서 수행한 군비 지향적 연구와 호기심 지향적 연구를 통해 단적으로 드러났다. 시드니 드렐Sydney Drell이 엔리코 페르미 Enrico Fermi의 뒤를 잇고 에너지부가 AEC를 대신하여 지원 기관으로 등장하던 시기에, 고에너지 물리학은 에너지부의 연구 지원 사업 중에서 아주 예외적으로 존재하는 별도의 순수 연구 프로그램이 되었다.

전후 패러다임의 왜곡 효과는 파스퇴르 사분면상의 활용 위주 과학에 내재한 근본적인 특성을 알아차리지 못하여 기관 임무와 밀접한 관련이 있는 기초 연구의 출현이 지연된 경우에 아주 뚜렷하게 나타났다. 현재의 과학 정책의 중요한 사항이기도 한 플라즈마 연구의 발달 과정과 융합 에너지 연구의 추진 과정에서 그 극명한 사례를 찾아볼 수 있다.

태양과 항성이 방출하는 에너지원으로서의 핵 융합 물리학은 20세기 초에 자세히 밝혀졌지만, 핵 분열 에너지에 비해 환경 위해성

---

22) 암묵적 거래가 AEC의 사고방식에서 얼마나 중요하였는지의 증거는 트루먼 행정부의 과학 정책에 관한 윌리엄 골든Willian Golden의 보고서에 드러나있다. 골든이 AEC 연구 분과장인 케네스 핏저Kenneth Pitzer에게 AEC의 기초 연구 중의 얼마만큼이 새로 설립된 NSF에 넘어갔느냐고 질문했을 때, 핏처는 소수에 불과하다고 말하였다. 그러나 골든이 녹음한 대화에는 핏처가 연이어 "일반적으로 비밀이 아닌 기초 연구는 대학이 수행하는 것이 적합했기 때문에, AEC를 위한 기밀 프로그램 연구를 수행하는 기관들 또한 기초 연구 활동을 유지하려는 강력한 경향이 있었다"라고 말하고 있다. 1950년 11월 1일 메모철에서. William A. Blanpied, *Impacts of the Early Cold War on the Formulation of U.S. Science Policy: Selected Memoranda of William T. Golden, October 1950-April 1951*(American Association for the Advancement of Science, 1995), p. 18을 보라.

이 매우 적으며 무한정한 에너지원으로서 지구상에 태양을 재점화 시키는 것으로 비유되는 꿈을 꾸게 된 것은 2차 대전 이후의 핵열 무기에 관한 연구에 의해서였다. 연구가 시작될 때부터 분명한 것은 이 연구의 목표를 달성하기 위해서는 거대한 공학적 노력과 플라즈마 과학의 근원적 진보가 있어야만 가능하다는 것이었다. 그리고 연구에 필요한 각각의 기술·과학적 궤적은 상호간에 현저히 영향을 미치고 있으며, 이러한 상호관계성은 최근에 국가 연구 위원회(National Research Council: 이하 NRC)가 발간한 보고서에서 잘 드러나 있다. 보고서에는 "청정하며 재생 가능한 에너지의 원천인 융합 에너지의 발달에 플라즈마학은 필수 불가결하며"23), 또한 "플라즈마학이 발달하기 위해서는 자기 봉쇄 융합이 가장 큰 추진력으로 작용한다"라고 적혀있다.24) NRC 보고서는 이 기술의 이상을 실현하기 위해서는 플라즈마의 교류 현상과 입자 및 에너지의 교란 수송과 같은 문제에 대해 분명하고 근원적인 이해가 전제되어야 한다는 점을 강조한 것이다.

  수십 년 동안 지속된 근원적인 이해의 추구 경로는, 만약 정책 공동체와 과학 공동체가 기초 과학의 진보와 기술의 진보, 이 양자의 관계에 대해 좀 더 현실적인 관점을 취했더라면 매우 달라졌을 것이다. 현실적인 관점을 취한 경우에 정책 공동체는 과학 지식에 대한 투자를 핵심적인 기술적 목표를 달성하는 과정에서 자연스럽게 나타나는 필연적인 결과로서 상정할 수 있었으며, 과학 공동체

---

23) NSB, *Plasma Science: From Fundamental Research to Technological Applications*(Washington: National Academy Press, 1995), p. 9를 보라.
24) Ibid., p. 22를 보라.

는 융합 에너지 연구의 추진을 물질의 플라즈마 상태에 관한 기본적 지식을 밝혀내는 훌륭한 기회로 인식할 수 있었다. 그러나 실제로는, 두 공동체가 취한 비전은 전후 패러다임의 영향을 받아 연구를 순수 연구와 응용 연구로 이분화시키는 경향에 물들어있었다.

에디슨 사분면에서 파스퇴르 사분면으로 임무 달성 기관의 연구가 상향 확산되는 것을 전후 패러다임이 얼마나 효과적으로 저해하였는가는 융합 에너지의 연구를 추진하는 정책 공동체의 입장을 보면 잘 알 수 있다. 기술적 목표가 상업적으로 수지맞는 융합 에너지의 창출이라고 확정되면서, 지원 기관의 프로그램 및 연구비 관리자는 융합 에너지의 연구를 응용 연구와 공학을 요구하는 거대 사업— 여기저기 널려있어 아무 때나 사용할 수 있는 "규격품" 과학을 이용하여 인간을 달에 쏘아올린 아폴로 우주 연구 사업과 유사한 사업— 으로 인식하여 이 방향으로 노력을 기울였다. 아폴로 프로그램처럼, 이윤을 추구하는 융합 에너지 사업은 아주 거대하고 강력한 기계를 건설하고 운영하는 사업으로 재빠르게 변한다. 규모가 커지는 동안에, 시간과 예산의 제약 속에서 기계를 설계하고 운영하려는 공학자와 관리자들은 태양 에너지의 재점화라는 꿈을 최초로 제시한 과학자들의 주도적인 역할을 점차 나누어 가졌다. 기술 개발 과정에 맞추어 연구 예산은 요구되었으며, 예산을 많이 할당받기 위해서 융합 원자로의 점화에 필요한 기본적 과학 지식 등을 포함하여 연구의 불확실성을 최소화시키려고 노력하였다. 융합 에너지 사업의 선도 기관인 에너지부 산하의 핵 융합 에너지국Office of Fusion Energy은 연구에 산재한 불확실성을 특히 낮게 평가하였다. 예산이 줄어들수록, 의회는 토카막tokamak을 융합 에너지 연구의 불확실성을 최소화시키는 확실한 수단이자 융합 에너지를 실현시킬 수 있는 가장 유망한 장치로 받아들여, 다른 개념을 대안으로 하는 연구는 불이익을 받았다.25)

과학 공동체가 융합 에너지 사업에서 취한 입장도 정책 공동체의 입장과 마찬가지로, 에디슨 사분면에서 파스퇴르 사분면으로 임무 달성 기관의 연구가 상향 확산되는 것을 전후 패러다임이 어떻게 저해하였는지 잘 보여주고 있다. 기술적 목표가 수익성 있는 융합 에너지의 창출이라고 정해지면서, 물리학계의 대다수 학자들은 이 사업을 플라즈마 물리학을 근본적으로 이해할 수 있는 호기라기보다는 응용 연구 및 공학이 중심이 된 거대 프로그램으로 치우쳐 바라보았다.

전후 패러다임은 정책 공동체와 과학 공동체가 융합 에너지 사업을 추진하면서 고수한 각각의 입장에 현저한 영향을 미쳤으며, 따라서 파스퇴르 사분면에 해당하는 연구로 옮아가지 못하였다. 수십 년에 걸쳐 엄청난 지원이 이루어진 뒤에 플라즈마 연구 분야의 NRC 패널은 다음과 같이 말하였다.

우리는 어떠한 플라즈마에서도 교류 현상을 이해할 수 있는 제1의 원칙을 획득하지 못했으며, 아마도 이러한 교란 행위를 이해하는 것은 플라즈마 물리학에서 해결해야 할 최우선 과제일 것이다.26)

---

25) 여기에 대해서는 기술 평가국Office of Technology Assessment의 토카막 물리학 실험(Tokamk Physics Experiment: 이하 TPX)과 기타 실험 기구에 관한 보고서에 기술되어있다. U.S. Congress, Office of Technology Assessment, *The Fusion Energy Program: The Role of TPX and Alternate Concepts*, OTA-BP-ET1-141(Government Printing Press, 1995)을 보라.
26) National Research Council, *Plasma Science*, p. 145. 강조는 필자.

자기적으로 봉쇄된 모든 플라즈마는 실질적으로 교류에 의해 심각하게 영향을 받는다는 사실에도 불구하고 패널의 결론은 위와 같았다.27) 패널은 또한 다음과 같이 언급하였다.

교류와 교란 수송은 어떠한 플라즈마에서도 해결되지 않았기 때문에, 다루기 쉽고 규모가 작은 실험 장치를 이용하여 신중하게 실험하면 기존의 이론적 예측을 검증하고 앞으로의 이론 연구를 심화시키는 데 크게 기여할 수 있다. 교류와 교란 수송에 관한 근본적인 이해 결여와 여기에서 파생되는 실제적 결과의 부족으로, 이론적 및 경험적 연구 사업이 계속 추진되는 것이 아주 중요하다.28)

거대한 기계의 구축뿐만 아니라 "소규모 과학"을 통해서도 융합 에너지에 관한 근본적 지식을 획득할 수 있다. 초대형의 장치를 필요로 하는 융합 에너지 사업의 추진으로 소규모 실험실에서 이루어지는 기본적 연구가 축소되어서는 안 되며, 거대 장치를 또한 기술적 목표를 달성하는 부속물처럼 여겨서도 안 된다.

### 파스퇴르 사분면을 중심으로 한 포괄적 투자

전후에 국립 보건원NIH의 눈부신 성장은 사회적 수요와 연구 방

---

27) 최근에 컴퓨터 모의 실험을 통해 자기적으로 봉쇄된 플라즈마의 수송과 교란 현상을 이해할 수 있는 정량적인 제1의 원칙에 관한 증거가 수집되고 있다. M. Kotschenreuther et als., "Quantitative Predictions of Tokamak Energy Confinement from First-Principles Simulations with Kinetic Effects," *Physics of Plasma*, vol. 2(June 1995), pp. 2381-2389를 보라.
28) National Research Council, *Plasma Science*, p. 146.

향이 정확하게 일치된 결과이다. 정책 공동체와 일반 국민이 보건에 일차적인 우선 순위를 부여한 점에서 그 수요는 강력한 것이었다. 생의학 연구 분야에 정부 지출액이 가파르게 상승한 것뿐만 아니라, 국민 총생산GNP에서 보건 분야가 차지하는 부분도 꾸준히 증가한 것으로 보아서 보건에 부여한 우선 순위가 얼마나 중요한지 짐작할 수 있다.29) 존 셔만John Sherman에 따르면, "2차 대전 이후에 보건을 주제로 한 모든 공공 여론 조사는 국민의 세금이 의학에 관련된 연구에 쓰이는 것을 적극 지지하는 것"30) 으로 밝혀졌고, 수십 년 동안 의회는 대통령이 NIH를 위해 요구한 상당량의 예산에 덧붙여 추가 지출을 승인하였다. 연구 환경 또한 유리하였는데 분자 생물학, 생화학, 유관 학문 분야의 발달로 폭발적인 생의학적 발견과 질병 및 치료에 대한 엄청난 진보가 이루어졌다. 또 다른 중요한 환경 요인은 기본적으로나마 생의학을 교육받은 전문가 그룹, 즉 의사들이 존재한다는 것이다. 이러한 요인들이 모여서 NIH를 전후에 활용 위주의 기초 과학 지원 기관으로서 가장 성공적인 사례로 단정짓게 하였다. 그리고 분자 생물학의 기초 연구를 통해 얻어진 지식의 강력한 활용성이 입증되면서 NIH의 성공은 극명하게 입증되었다.

---

29) 10년 동안 미국의 보건 분야 지출은 1980년 GNP 대비 9.1%에서 1989년 11.6%로 상승하였다. 보건 분야 지출과 보건 분야를 제외한 모든 비보건 분야 지출, 양자 사이의 연간 복리 성장률 마진은 놀랍게도 3.1%이다. Victor R. Fuchs, "The Health Sector's Share of the Gross National Product," *Science*, vol. 247(February 2, 1990), pp. 534-538을 보라.
30) John Sherman, "A History of the Politics of Health Research," paper presented at the Science and Technology Policy Colloqium, American Association for the Advancement of Science, 1992.

그때부터 NIH는 2차 대전 종전 무렵에 폐지된 과학 연구 개발국 Office of Scientific Research and Development 산하 의학 연구 위원회 Committee on Medical Research의 임무를 떠맡게 되었으며, NIH 운영진은 연구소 고유의 역할을 착실하게 설정하기 시작하였다. 제임스 샤논James Shannon이 소장을 맡은 1950년대 중반부터 1960년대 후반은 NIH가 비약적으로 성장한 시기로, 성장 동안은 NIH 내부 연구보다는 동료 평가를 거쳐서 연구 수행을 결정한 것에 기인하며, 이 결정은 전후의 대학에서 생물학 연구의 혁명을 이끌어내는 데 기여하였다. 히포크라테스 시대 이후로, 생의학 연구에서 인간이 차지하는 중요성으로 인해 생의학 연구는 정확하게 파스퇴르 사분면의 중앙에 놓였다. NIH의 발전 전략은 또한 순수 연구와 완전한 응용 연구에 막대하게 투자를 하는 것이었다. 결과적으로 연구 목표의 세 가지 형태를 모두 포함하면서 활용 위주의 기초 과학에 명확하게 중심을 둔 포괄적 전략이 대두하게 되었는데, 미국에서도 아주 독특한 이 같은 제도적 전략으로 NIH 직원과 연구자는 가끔씩 일종의 정신 분열증을 일으킬 정도였다. NIH 운영진은 정책 공동체를 상대로는 NIH의 파스퇴르 사분면 역할을 강조하였고, 순수한 탐구의 이상에 불타는 아카데미 연구 공동체에게는 NIH의 보어 사분면적 성격을 주장하였다.

전후 수십 년 동안 연방 정부 지원 체계의 변천은 다양한 수단 ── 여러 기준을 적용하여 사업을 지원하는 기관들을 포함하여 ── 을 통해 활용 위주의 기초 과학에 연구비를 지원하는 것으로 모아졌다. 과학 지향적 R&D 기관들은 학문 분야나 연구 분야에 따라 규정된 범주에 심하게 의존한다.

반대로, R&D 집약적인 임무 달성 기관에서 활용 위주의 기초 과학을 지원하는 노력은 한정된 문제나 임무에 집중된다. 따라서 에너지부는 기초 에너지 과학국Basic Energy Science을 설립한 것이고, 농무부는 천연 자원과 환경, 식물, 동물, 영양·식품 안전성·보건, 공정·신제품, 시장·무역·지역 개발 등에 관한 연구 사업을 제안한 것이다.

이렇게 두 기관의 견해는 근본적으로 다르다. 이 차이가 내포하고 있는 중요성은 과학 철학자 아브라함 카플란이 제시한 '망치와 못'이라는 은유와 "도구의 법칙law of the instrument"[31)]으로 설명할 수 있다. 이 표현에서 과학 지향적인 R&D 기관이 지식을 심화시키는 것은 성능 좋은 망치를 만드는 것에 비유되고 있으며, 이 지식을 바탕으로 해결의 실마리를 찾을 수 있는 문제는 마치 망치가 단단하게 박을 수 있는 못에 해당한다. NIH가 연구를 통해 획득한 과학적 지식으로 치료 가능한 질병이 무엇인지 상당히 많이 알고 있는 것처럼, 과학 지향적 R&D 기관 또한 망치질이 필요한 못에 관해 분명히 많이 알고 있다. 이러한 측면에서 이 기관에서 수행하는 대부분의 연구는 활용 위주라고 할 수 있다. 그러나 과학 지향적인 R&D 기관은 무엇보다 망치를 개량하는 것, 즉 현재의 수준보다 상위 수준으로 과학적 이해를 높이는 데 몰두해있다.

이와는 반대로, 임무 달성 기관은 못을 박는 것에 전념하며, 단

---

31) 카플란은 "과학계의 사회적 압력 이외에, 개별 과학자들의 인간적 속성이 또한 작용한다. 나는 이것을 도구의 법칙이라고 부르며, 이 법칙은 다음과 같이 형성되었을 것이다. 즉, 어린 소년에게 망치를 주어라. 그러면 그는 모든 것을 두들길 대상으로 본다. 특별히 숙련된 테크닉을 소유한 것처럼 과학자는 해답을 요구하는 방식에 맞추어 문제를 제기하는 것으로 밝혀졌는데, 이는 전혀 놀랄 일이 아니다." Abraham Kaplan, *The Conduct of Inquiry: Methodology for Behavioral Science* (Chandler Publishing Company, 1964), p. 28을 보라.

단히 못을 박기 위하여 평상시에 성능 좋은 망치를 찾아다닌다. 임무 달성을 위해 설정한 목적, 즉 못은 이 기관에서 연구비를 지원받는 기초 연구 과학자에게 독특한 관점을 제공해주는데, 이 관점은 때때로 아주 놀라운 독창적 연구를 유발시킨다. 다원적인 연구 지원 시스템에 이처럼 새로운 관점이 제공하는 가치가 추가되어, 획일적인 지원 시스템에 비해서 다원적인 시스템이 지니는 "공인된standard" 이익 목록——새로운 연구 아이디어를 여러 명의 상호 독립된 평가자가 검토할 수 있으며, 연구비 지원처가 여러 곳이어서 연구의 연속성이 커질 수 있다는 등——을 확장시킨다.32)

미국은 거의 확실히 다원주의적 배열 관계로 움직이고 있지만, 무엇보다 중요한 연구 부처인 과학부Department of Science가 이러한 가치를 보존하고 있는지에 대해서는 회의를 품게 된다. 아래의 말은 재언급할 만큼 충분하게 중요하다.

연구 지원의 흐름을 과학 지향적인 R&D 기관과 R&D 집약적인 임무 달성 기관이라는 복수의 경로를 통해 흐르게 하는 것은 활용 위주의 기초 과학을 쌓아올리는 창조성의 원천이며, 이 원천은 연구 지원 업무 전체를 지배하는 과학부의 형성으로 위험에 빠질 수 있다.

전후 수십 년 동안 연방 정부의 연구 지원 체계가 활용 위주의 기초 과학을 지원하는 방향으로 변화했다면, 전후 패러다임의 영

---

32) 다원주의의 이익에 대한 뛰어난 비평으로는 Rodney W. Nichols, "Pluralism in Science and Technology: Arguments for Organizing Federal Support for R&D around Independent Missions." *Technolgy in Society*, vol. 8, No. 1-2(1986), pp. 33-63을 보라.

향을 받아 활용 위주의 기초 과학의 발달이 늦추어지는 일은 없었을 것이다. 사실, 전후 패러다임의 영향을 받아 NSF에서는 광범위한 임무 달성을 중요시하는 연구가 발달하지 못했고, R&D 집약적 임무 달성 기관에서는 근본적인 기초 과학과 관련된 연구가 진전되지 못하였다.

## NIH 모델의 평가

전후 패러다임의 왜곡 현상, 즉 NSF와 임무 달성 기관에서 활용 위주의 기초 과학에 대한 지원이 미약한 경우를 국립 보건원NIH에서는 거의 찾아볼 수 없다. NIH는 전후에 시작한 외부 연구 지원 프로그램 초기부터 활용 위주의 기초 과학에 대한 중요성을 인식하였다. 파스퇴르 사분면의 연구를 지원하는 포괄적 전략을 취하였기 때문에 NIH는 NSF와 R&D 집약적 임무 달성 기관보다 훨씬 효과적으로 전후 패러다임의 영향에서 벗어났다.

파스퇴르 사분면의 연구를 완전히 인정한 연구 전략의 덕택에 NIH는 1960년대 후반과 1970년 초반에 새로운 지식의 활용을 강력하게 제기한 정책 공동체의 요구에 성공적으로 대처하였다. 린든 존슨Lyndon B. Johnson 대통령이 NIH의 베데스다 캠퍼스에서 그 동안 생의학 분야는 새로운 지식을 충분히 축적하였고 이제는 축적된 지식을 꺼내어 국민 건강을 위협하는 질병을 치료하는 데 사용해야 한다고 연설하였을 때, 생의학 연구계는 전율을 느꼈다. 존슨의 뒤를 이은 리차드 닉슨Richard M. Nixon 대통령이 1971년에 선포한 암과의 전쟁은 응용 연구와 개발의 분명한 사례로 기록된다.

생의학 연구계 일부에서는 암과의 전쟁을 목표가 아주 협소한 응용 연구를 요구하는 것으로 이해하였다.

생의학 연구계는 근본적으로 중요한 과학 연구란 사회적 수요에 의해 유발되는 것으로 믿었기 때문에, 이렇게 요구된 응용 연구는 NIH가 정한 우선 순위에 크게 영향을 미치지는 못하였다. NIH는 암 연구에는 생각했던 것보다 더 많은 돈이 소요될 것이라고 짐작하였다. 또한 암과의 전쟁이라는 뜻하지 않은 기회를 통해 들어온 연구비를 협소하게 규정된 응용 연구에 사용해야 한다고 생각하지 않았다. 오히려 근본적인 학문적 이해를 증진시켜 수월하게 암을 검색·처치·치료할 수 있는 파스퇴르 사분면상의 연구에 연구비의 상당 부분을 지원하였다. 다니엘 케블레스는 "암과의 전쟁의 전비는 건강한 세포가 악성 세포로 바뀌는 전이 기작을 탐구하는 기초 연구에 사용되었으며, 지속적으로 연구가 진행되어서 마이클 비숍 J. Michael Bishop과 해럴드 바머스Harold Varmus는 마침내 종양 유전자의 발견으로 노벨상을 탄"33) 사실을 사례로 인용하였다.

미국은 활용 위주의 기초 과학에 대한 전반적인 지원을 통해 획득한 다양한 제도적 경험을 아직 충분히 이용하지 못하고 있다는 교훈을 NIH로부터 얻게 된다. NIH가 개척한 이 엄청난 성공 모델이 생의학 연구에만 국한된 것이라고 단정할 아무런 이유가 없다. 여러 중요한 요인이 NIH의 성공을 뒷받침하고 있다. 보건 개선이라는 목표는 절대적인 지원을 불러일으켰다. 생의학이란 학문의 범위는 비교적 제한되어있었다. 생의학은 미국의 보건 수요를 충

---

33) Daniel J. Kevles, "The Crisis of Contemporary Science: The Changed Partnership," *Wilson Quarterly*, vol. 19(Summer 1995), pp. 41-52를 보라. 인용문은 p. 48에 근거하였음.

족시키는 아주 중요한 발견의 최첨단에 위치해있었으며, 필요로 하는 연구의 대부분은 "소형 과학small science"으로, 경쟁적인 동료 평가를 거쳐 개별 연구자나 연구팀에 의해 수행되었다. 그러나 이러한 요인들의 역할이 부풀려져서는 안 된다. 낙태와 동물권에 관한 논쟁은 보건 문제를 둘러싼 강력한 갈등 사안이며, NIH는 담배의 유해성이나 건강의 경제성 등과 같은 연구에 의해 제기될 수 있는 여러 갈등 요인을 의식적으로 회피하였다.

분명히 말해서, NIH 모델이 다시 되풀이되기는 아주 어려울 것이다. 수십 년 동안 증가된 소득과 막대한 연방 정부 예산이 투입되어 NIH가 확립되었다. 향후에 예상되는 예산 제약이라는 조건 하에서, 어떤 식으로든지 NIH 모델을 되풀이하기 위해서는 재원의 재배분이 필요하다. 그럼에도 불구하고 생의학 연구만이 NIH 모델의 장점 —즉, 순수 연구와 순수 응용 연구를 지원하는 한편, 실제 문제의 근본적 이해를 도모하는 기초 과학을 탐구하여 사회적 수요를 인지하는 것에 초점을 맞추는— 을 본받는 데 적합하다고 간주할 근거는 아무것도 없다.

환경 문제는 NIH 모델이 되풀이될 수 있는 영역이다. 수십 년 동안 학제 간 과학자 공동체는 인류의 환경을 구성하는 지구적, 지역적 시스템에 관한 이해를 통해 환경 실험의 기초 원리를 마련하였다. 물리학자, 화학자, 해양학자, 지질학자, 기상학자, 생태학자, 기타 분야의 과학자들은 "대순환grand cycle" —토양, 대기, 해양에서 동물, 식물로 또는 이 반대로 탄소, 질소, 황, 인이 이동하는 경로— 과 같은 기본 과정을 심도 깊게 이해하기 시작하였다. 인류가 출현하기 수억 년 전부터 작동한 이러한 순환 과정에 관한 이해를 바탕으로, 인류는 모든 생명체의 네 가지 구성 요소(탄소, 질소, 황, 인)에 자신이 미치는 영향, 특히 최근 세기에 들어와 더욱 가파르게 상승하고 있는 영향이 무엇인지를 파악할 수 있게 되었다. 저명한 물리학자로 조지 부시George Bush 대통령의 과학 자문관이었던 앨런 브롬리는 1850년 이래로 대기 속에 방출된 탄소가 2조 톤 이상이라는 평가치를 즐겨 인용하였다.34)

환경이라는 복잡계에서 인간의 영향과 자연적 변화를 분리하는 것은 매우 어려운 과학적 과제이지만, 자연 세계를 구성하는 대다수의 기본 순환 과정에 인류의 기술이 미치는 영향, 예컨대 산성비와 지구 온난화와 같은 결과를 초래하는 영향이 밝혀져있다. 이 영향 조사 연구를 통해 대기와 해양 사이의 교류, 열대림과 바다 조류 등의 생명체와 무기물 사이의 연결에 관한 기본 과정의 속성을 파악하는 데 성공을 거두었다. 급속한 기술 변화의 시기에 인류가 속한 환경의 본질적 균형을 보존하기 위해서는 더 많은 이해와 지식이 필요하다.

환경 분야에 NIH 모델의 적용을 정당화시키기 위해서는 총괄 수준에서 연구의 가능성을 판단해야 한다. NIH 모델을 적용하면 NIH와 같은 연구비 지원 경로가 만들어져서 과학 연구의 중요한 돌파구가 마련될 수는 있겠지만, 생의학 분야가 전후에 성취한 업적과 비견되는 과학의 발달이 환경 분야에서도 가능하리라는 것은 순진한 기대이다. 국립 과학 아카데미National Academy of Science는 전 지구적 변화를 탐구하는 연구의 잠재성에 대해 적극적으로 조사하였고, NSF는 규모는 작으나 강력한 기초 환경 연구 사업을 시행하였다. 아마 과학적 가능성에 관한 가장 명쾌한 지표는 교육과 연

---

34) D. Allan Bromley, *The President's Scientists: Reminiscences of a White House Science Advisor*(Yale University Press, 1994), p. 142.

구에 중점을 둔 환경 사업을 수행하는 대학의 수가 증가하는 것이다. 연구 기회를 공유한 많은 연구 기관은 국립 환경 연구소National Institute for the Environment를 설립하기 위하여 이전부터 노력해왔다.35) 새롭게 탄생한 연구 지원 경로를 통해 엄격한 동료 평가를 거친 과제를 지원함으로써, 환경과 관련된 과학 및 공학 분야의 여러 장점을 하나로 합칠 가능성이 커졌다.

사회적 수요에 대한 엄밀한 판단도 환경 분야에 NIH 모델의 적용을 정당화시키는 데 똑같이 필요하다. 1960년대 후반과 1970년대 초반에 환경 보호의 중요성에 관한 국민 의식이 솟구치면서, 사회적 수요는 보건 개선 문제에 상응하는 강력한 합의를 도출시켰으며, 여론 조사 또한 압도적으로 많은 미국 국민이 앞으로 깨끗한 물과 공기를 얻는 노력을 지지하겠다는 결과를 계속 보여주었다.

그럼에도 불구하고 최근에 환경 보호와 경제 기회는 상충 관계라는 믿음이 환경 정책에 관한 논쟁의 특징으로 자리 잡고 있다. 사실, 일부 정치권 일각에서는 과학적 이해가 깊어져봤자 산업 활동을 위축시키는 규제 수단만 늘어나는 것에 불과하다는 이유로 환경 분야에 NIH 모델의 적용을 꺼리고 있다. 그러나 심화된 과학적 이해를 바탕으로 기업이 경제적 수익 — 예를 들어, 제약 회사

---

35) 특히, 설립 취지가 담겨있는 *A Proposal for a National Institute for the Enviroment: Need, Rationale, and Structure*(Washington: Committee for the National Institute for the Enviroment September 1993). 정치적 편의 때문에 뉴올리언스에 기반한 서부 지역 센터에서 떨어져 나와 알라바마에 기반한 서동부 센터가 생긴 사례를 통해서 보듯이, 정치 논리가 과학적 평가 기준을 얼마나 쉽게 압도하는지 국립 지구 환경 연구소 센터NIGEC가 잘 보여주고 있지만, 에너지부는 국립 지구 환경 연구소National Institute of Global Environment 안의 지역 위원회가 연구 계획서를 평가하도록 연구소를 지원하고 있다.

가 생의학의 발달로 이익을 보는 것처럼, 지속 가능한 발전으로 기업의 수익성이 높아진다거나 과학적 이해에서 도출된 기술을 이용하는 등—을 기대할 수 있다면, 환경 분야에서 NIH 형식의 투자는 정치권의 광범위한 호응을 불러일으킬 수 있다. 이런 점에서 미국은 일본을 본받을 필요가 있다. 일본은 기초 환경학에 대한 투자가 일본 기업이 전 세계를 상대로 차세대의 환경 보호 기술을 판매하는 데 어떻게 기여하는지 명확한 생각을 가지고 있다.

환경만이 연구 가능성과 사회적 수요의 조화에 의해 NIH 모델의 적용이 정당화되는 유일한 분야는 아니다. 응축 물질 물리학과 재료학 분야도 근본적 과학과 기술적 발달의 긴밀한 상호작용이 아주 중요하므로, 이들 분야 역시 NIH 형식의 경로를 활용하여 기초 과학계의 이익을 반영하고 프로젝트 수준에서 내려진 의사 결정을 유지하는 등의 총괄적인 연구 지원을 수행할 수 있다. 어쨌든, 여러 관찰을 통해 자연스럽게 내려진 결론은 다음과 같이 일반적으로 표현할 수 있다.

활용 위주의 기초 과학의 지원 제도가 변화하는 속에서, 환경 분야처럼 연구의 가능성과 사회적 수요가 합치하는 여타 분야에 NIH 모델을 적용시킬 가능성에 관심을 쏟아야 한다.

'소매', 즉 프로젝트 수준에서 활용 위주의 기초 과학의 연구 과제의 선정은 과학적 가능성을 판단할 수 있는 전문가들이 거의 결정하며, 과학적 가능성은 연구 프로그램 수준에서 내려진 사회적 수요에 관한 결정에 제약을 받는다. 이와는 대조적으로, 연구 프로그램의 사회적 가치를 판단하는 전문가의 능력과 과학적 가능성을 판단하는 비전문가의 능력은 연구 지원의 '도매', 즉 총괄적인 수준에서는 서로 크게 어긋나지는 않는다. 의사 결정 능력이 하나의 연구 지원 분야에 집중되면, 확률 이론의 중심 극한 정리와 유사한 무엇인가로 인해 과학자는 개별 프로젝트의 성패를 예측하는 것보다 그 분야의 연구 과제 전체가 추구하는 의미 있는 진보를 사려 깊게 판단할 수 있게 된다. 그러나 이 이득은 개념과 실험 내용이 아주 다양한 분야를 대상으로 대안 연구 프로그램의 전망을 판단할 경우에 쉽게 없어져버린다.

이러한 제약에도 불구하고, 활용 위주의 기초 과학을 지원하기 위한 총괄 수준의 결정은 훌륭한 과학적 판단에 근거할 필요가 있다. 출렁이는 파도를 멈추라는 카뉴트Canute 왕의 명령처럼 정치적 권위를 등에 업은 일부가 연구 사업에 개입하여 자신의 사회적 목표와 관련된 연구를 지원하지 않도록, 이 수준에서는 무엇보다도 사회적 수요에 대한 판단과 과학적 가능성에 대한 평가를 결합시키는 것이 아주 중요하다. 전후 수십 년 동안의 과학 정책은 미국 민주주의의 두 축인 대통령과 의회에 과학 정보를 제도화시켜 제공하려는 지속적인 노력으로 서술된다.

## 과학적 판단과 정치적 권위의 결합

과학적 가능성에 대한 판단과 국가적 수요를 결합하려는 연방 정부의 연구 지원 노력은 2차 대전의 초기로 거슬러 올라간다. 전시에 대통령직을 수행한 프랭클린 루즈벨트는 과학적 전문성과 정치적 권위를 결합시켜 이후의 후임 대통령이 충족시키기 힘든 일종의 기준을 설정하였다. 전후 초기에 백악관에서 과학 자문관의 역할은 거의 사라져버렸다. 해리 트루먼Harry S. Truman은 대통령 과학 연구 위원회President's Scientific Research Board 의장이며 5권의 스틸만 보고서의 편집을 책임진 경제학자이자 사회학자인 존 스틸만에게 주로 의지하여 과학 정책에 대한 자문을 구하였다.36) 트루먼 행정부에 불려 들어간 과학자들은 트루먼과 직접 접촉하지는 못하고, 국방 동원실Office of Defense Mobilization의 책임자에게 자문하는 역할에 그쳤다.37) 아이젠하워 대통령 재임기에 불어닥친 스푸트닉이라는 폭풍은 루즈벨트와 반네바 부시가 전례를 남겼던 대통령과 과학자 사이의 밀월 관계를 복구시켰다. 소련의 도전에 대응하여, 아이젠하워는 MIT 총장 제임스 킬리언James R. Killian을 대통령 과학 기술 특별 보좌관으로 임명하였으며, 킬리언은 자원한 동료 과학자를 모아서 대통령과 직접 접촉할 수 있는 대통령 과학 자문 위원회(President's Science Advisory Committee: PSAC)를 구성하였다.

존 케네디John F. Kennedy 대통령은 이러한 배열 관계를 강화시켰다. 케네디의 과학 기술 특별 보조관 제롬 와이즈너Jerome B. Wiesner는 과학 기술국Office of Science and Technology의 책임자로서 케네디 행정부의 주요 인물로 부각되었으며, 팽팽하게 소련과 대치하면서 우주와 국방 R&D 지출을 급상승시키는 데 크게 기여하였

---

36) President's Scientific Research Board, John R. Steelman, chairman, *Science and Public Policy: A Report to the President*, 5 vols. (Government Printing Office, 1947).
37) 트루먼 행정부의 과학 정책에 대한 검토 보고서에서 윌리엄 골든 William T. Golden은 평화 시에도 존속하는 상임 대통령 과학 자문관의 설치를 최초로 주장하였다. Blanpied, *Impacts of the Early Cold War on the Formulation of U.S. Science Policy* 참조.

다. 그러나 이러한 자문 관계는 케네디 이후의 존슨 및 닉슨 대통령이 집착한 아카데믹 연구에 대한 감정이 베트남 전쟁으로 훼손되면서 시련을 겪게 되었다. 실제로, 닉슨은 대통령 과학 자문 위원회PSAC의 위원들이 자신이 추진한 탄도 요격 미사일과 초음속 여객기 그리고 베트남 정책을 공개적으로 반대하였을 때, 너무 격분하여 차후부터는 과학 기술 정책에 관한 자문을 NSF의 이사장으로부터 얻겠다면서 위원회를 해산시키고 과학 자문관인 에드워드 데이비드 주니어Edward E. David Jr.를 해고시켰다.

백악관과의 관계는 몇 단계를 거치면서 회복되었다. 의회에서 자발적으로 과학 자문관의 지휘를 받는 백악관의 과학 기술 정책국OSTP과 과학 자문관이 의장을 맡고 있는 연방 과학 기술 조정 위원회Federal Coordinating Council for Science and Technology — 이 위원회는 뒤에 연방 과학 공학 기술 조정 위원회(Federal Coordinating Council for Science, Engineering, and Technology: FCCSET)로 바뀌었다 — 에 법적인 권한을 부여한 덕분에, 제럴드 포드Gerald Ford 대통령은 과학 자문관의 역할을 원상태로 되돌려놓았다. NSF의 이사장이며 닉슨 대통령 이후에 연이어 과학 자문관으로 임명된 가이 스티버Guy Stever는 백악관 산하 부서를 폐지하고, NSF을 이용하여 자문에 적극 나섰다.

스티버의 뒤를 이어 카터Carter 대통령 시기에 과학 자문관으로 활동한 프랭크 프레스Frank Press는 카터 행정부가 지원한 연구 사업의 우선 순위를 매기는 데 결정적인 역할을 하였다. 프레스는 과학 기술 정책국OSTP과 예산 관리국OMB을 서로 밀접하게 관계맺어 주었고, 여러 부처 및 기관과 걸쳐서 수행되는 '대통령 주도 R&D' 개념을 제창하였다.38) 카터 행정부의 OMB 초대 책임자인 버트

랜스Bert Lance와 프레스가 맺은 협약은 랜스의 후임자인 제임스 맥킨타이어James McIntyre까지 이어졌으며, 이 협약으로 집행 예산을 설정하는 매 단계마다 OMB 책임자의 검토 사항에 대응하여 OSTP 상급 간부는 R&D 결정에 영향을 미칠 수 있게 되었다. 그러나 자문관 위원회를 소생시키려는 과학계의 열망은 백악관의 직원을 감축하고 행정부를 대통령의 결정에 충실히 따르게 변화시키려는 지미 카터의 요구에 반하여 이루어지지 못하였다.

로널드 레이건Ronald Regan 대통령은 소련과의 대치 상황에서 기초 과학을 국력 증강의 최우선 요소로 받아들였지만, 레이건 재직 시기에 백악관에서의 과학 자문의 역할은 오히려 약간 후퇴하였다. 레이건 행정부의 OSTP의 초대 책임자였던 조지 키워스Geroge Keyworth는 과학계에서 입지가 빈약했으며, 레이건의 핵심 정책 보좌관인 에드윈 미즈Edwin Meese의 영향권에서 크게 벗어나지 못하였다. 이러한 평가에도 불구하고, 키워스와 그의 후임자 윌리엄 그레험William Graham은 결국에는 불운하게 끝나버린 초전도 초입자 가속기의 추진을 비롯하여 상당한 업적을 남겼다.

조지 부시George Bush 대통령은 과학 자문관을 대통령 보좌관 중의 한 명으로 처음 임명하였다.[39] 부시는 또한 이전에 한 번도 사

---

[38] 이 내용은 프레스가 관직을 떠난 직후에 출판한 두 개의 논문에 서술 되어있다. Frank Press, "Science and Technology in the White House, 1977 to 1980: Part 1 and Part 2," *Science*, vol. 211(January 9 and 16, 1981), pp. 139-145와 249-256을 보라.
[39] 상원의 승인과 의회에서의 증언을 필요로 하는 백악관 직원을 대통령 보좌관의 한 사람으로서 임명하는 것은 약간은 이례적이다. 대통령 보좌관은 공개되지 말아야 한다는 원칙은 시간이 없는 대통령을 대신하여 장관, 의회 지도자, 기타 유력 인사와 접촉할 고위급 보좌관이 필요하다는 현실적 요구에 의해 오래전에 무너졌다. 그러나 이와 같은 고위급 대통령 보좌관이 의회에서 백악관의 비밀 논의에 관해 증언해야 하는 위

용한 적이 없는 법적 권한을 이용하여 과학자 자문 위원회—뒤에 대통령 과학 기술 자문관 위원회(President's Committee of Advisors on Science and Technology: 이하 PCAST)로 개명—를 부활시키고 직접 접촉하였다. 이러한 조치 이외에, 부시는 OSTP의 근거 법에서 규정하고 있는 상급 간부직을 모두 채우는 것에 동의하였다. 그 결과, 부시 행정부는 과학 기술 분야, 특히 환경, 고성능 컴퓨터, 첨단 재료, 생명 공학 분야의 주요 사업을 추진할 수 있었다.40)

클린턴Clinton 행정부 시기에 백악관에서의 과학 자문의 역할은 새로운 단계로 접어들었다. 과학 기술에 대해 기본적으로 부시 행정부의 입장을 계승한 클린턴 행정부는 과학 기술의 우선 순위를 정하고 실행할 과학 자문 조직에 대해 상당히 고심하였다.41) 클린

---

험에 처할 불안감도 있다. 앨런 브롬리는 자신의 경우에는 상원에 조언과 동의를 구하여 상원의 임명이 필요하지 않는 대통령 보좌관들과 함께, 백악관의 서관보다는 구 청사 건물에 근무하는 식으로 이 문제를 멋지게 해결하였다고 설명하였다. Bromley, *The President's Scientists*, pp. 44-45를 보라.

40) 부시 행정부는 급진적 환경론자와 리우 회담에서 대부분의 산업국과 공동 보조를 맞추지 않은 미국을 내심 묵인하였던 언론에 의해 거세게 비판받았지만, 환경 정책의 과학적 토대를 강화하기 위한 몇 가지 조치를 취하였다. 환경 정책의 경제적 측면은 국내 정책 위원회의 기후 변화 실무 그룹이 기후 변화 연구를 조정하는 데 기여한다. 이러한 기여의 성과는 지구 변화 모델의 투입 자료로 NASA의 지구 행성 연구 사업 Planet Earth Program에서 산출된 위성 자료를 사용하는 것에서 매우 잘 드러난다. 그리고 지구 변화 연구는 과학 공학 기술에 관한 연방 정부 통합 위원회Federal Coordinating Council for Science, Engineering, and Technology에서 제안하고 대통령이 공식적으로 발의하여 의회의 연례 승인을 통과한 연구 사업 중의 하나이다.

41) 설정한 우선 순위 중에서 유명한 것으로는 수학과 과학 교육의 강화를 비롯하여 고성능 컴퓨터와 커뮤니케이션, 첨단 재료 및 가공, 생명 공학, 미국의 지구 변화 연구 프로그램이 있다.

턴 대통령은 공식적으로는 국가 안보 및 국가 경제 정책 위원회 National Security and National Economic Policy Council와 동등하며, 대통령 자신이 의장을 맡는 내각 수준의 백악관 국가 과학 기술 위원회(National Science and Technology Council: 이하 NSTC)를 발족시켰다. 대통령 과학 기술 보좌관인 동시에 OSTP 책임자로는 존 기븐스John Gibbons가 임명되었다. 존 기븐스는 이전에 의회 산하 기구인 기술 평가국(Office of Technology Assessment: 이하 OTA) 책임자였으며, 의회에 있으면서는 새로운 기술 마인드로 가득 찬 부통령과 밀접한 유대 관계를 유지하였다. 국가 과학 기술 위원회 NSTC의 9개 위원회 중의 하나는 기초 과학에 미치는 연방 정부의 역할을 감독하였으며, OSTP의 준책임자와 NSF 및 NIH의 책임자가 공동으로 의장을 맡았다. 전임자와 마찬가지로, 클린턴은 대통령 과학 기술 자문관 위원회PCAST의 위원을 선발하였으며 선발된 위원과 기타 과학 기술 전문가들에게 융합 에너지 평가와 같은 특별 정책에 관한 자문을 구하였다. 전후 시기에 과학 기술 분야가 체험한 대통령 산하 기구와의 호의적인 경험을 통해, 총괄적 연구 지원을 결정하는 데 필요한 과학적 가능성의 판단이 정부의 입장에서는 제한적이라는 것이 희미하게 드러났다. 대통령의 시간과 선택은 여러 가지 공약 사항의 실천을 위해 쓰였다. 마찬가지로, NSTC와 세부 위원회의 일원을 구성하는 공무원들에게는 소속 부처와 산하 기관 그리고 관련 이익을 보호해야 했었다. OSTP와 기타 행정 부서에서 차출된 이들 공무원은 마감 시한에 쫓기는 일과 시급히 해결해야 할 현안 사항으로 항시 팽팽하게 긴장되어있었다. NSTC와 세부 위원회에 속한 일부 과학자는 자신이 사전에 개입한 연구 과제를 제안하기도 하였지만, 대부분의 경우에 과학자들은 총괄적인 연구 개발의 지원 결정 기구인 백악관과 예산 관리국OMB에서 요구하는 과학 기술 정보를 취합하여 전달하는 중개인 역할을 수행하였다.

과학 자문의 흐름을 제도화하려는 노력은 다변한 의회 — 미국의 민주주의 체제에서 합법적 권위를 갖고 총괄적인 연구 지원을 결정하는 또 다른 주요 공공 기관 — 의 역사를 한층 더 변화시킨다. 전후 초기에 의회는 산하 위원회의 발전 방안으로 과학 기술 정책의 현안 처리에 필요한 세부 정보를 열심히 받아들였다. 1946년에 원자력법에 의해 발족한 원자력 상하원 합동 위원회는 새로 설치된 원자력 위원회AEC의 1947년부터의 예산 지출을 포함하여 모든 업무를 감시 감독하였으며, 이 임무는 AEC를 계승한 에너지부에서 원자력 규제 업무가 분리되고 합동 위원회가 해산된 1977년까지 계속되었다. 스푸트닉의 충격으로, 상원에서는 우주 항공 선정 위원회Select Committee on Space and Aeronautics를 만들었으며, 이 위원회는 1958년에 항공 우주학 상비 위원회Standing Committee on the Aeronautical and Space Science로 바뀌었다. 1977년에 상원 상공 위원회Commerce Committee가 상공 과학 운송 위원회Committee on Commerce, Science, and Transportation로 변화하면서, 이 위원회는 과학 기술 프로그램을 감독하고 허가하는 책무를 떠맡았다. 1958년에 스푸트닉에 대응하는 과학적 기반을 구축하기 위하여 하원에서는 과학 우주 상비 위원회Standing Committee on Science and Astronautics를 발족시켰다. 이 위원회는 1974년에 과학 기술 위원회Committee on Science and Technology로, 1987년에 과학 우주 기술 위원회Committee on Science, Space, and Technology로 바뀌었으며, 1995년에는 새로운 공화당의 주도로 추진되는 정부 기술 프로그램에 대한 회의을 반영하여 간단히 과학 위원회Committee on Science로 지칭하게 되었다. AEC에 대한 30여 년 동안의 예외 적용과는 별개로, 예산 지출과 승인 및 감시를 분리하는 의회의 오랜 전통에 맞추어 과학 프로그램에 대한 자금 지원은 세출 위원회와 상하원 소위원회 영역으로 되어있었다.

이들 위원회에서 열리는 청문회는 과학 정보가 정부로 전달되는 주요 통로였으며, 발간되는 회보와 보고서는 미국의 과학 기술 정책의 훌륭한 집적소였다. 전후 수십 년 동안 이들 위원회의 형성과 관련한 의회 직원의 급속한 팽창으로, 과학 기술계와 위원회의 중재 역할을 담당하는 많은 과학자와 공학자가 의회를 위해 일하게 되었다.42) 의회 산하의 2개 지원 기관 또한 위원회의 승인 및 지출 관련 요청과 개별 위원들의 요구를 충족시켜주기 위해 과학 기술 정책 분야로 능력을 강화시켰다. 회계 감사원(General Accounting Office: 이하 GAO)에서는 취임하는 감사원장마다 프로그램의 감사 범위를 재무 관리뿐만 아니라 연구 성과로 확장시키기 위한 일환으로써, 의회 위원회에 과학 기술 프로그램에 관한 자문을 제공해야 한다는 요구를 기꺼이 수용하였다. 이러한 변화를 개척한 감사원장 엘머 스타츠Elmer B. Staats는 예산국Bureau of the Budget에서 근무할 때부터 과학 기술에 대한 깊은 이해를 가지고 있었다.

의회 도서관에서는 입법 조회 서비스Legislative Reference Service가 전후에 계속 발전하여, 1972년에는 의회 연구 서비스(Congressional Research Service: 이하 CRS)로 변화하였다. 출발 초기부터,

---

42) 미국 과학 진흥회 의회 펠로우쉽 프로그램이 이러한 발전에 크게 기여하였다. 이 프로그램은 과학 기술 정책에 큰 관심을 보인 수많은 과학자와 공학자에게 새로운 경력의 전망을 열어주었다.

CRS는 과학 정책 분과Science Policy Division와 환경 및 자연 보존 분과Environmental and Natural Resources Division를 만들어서, 과학 기술 정책의 현안에 관한 정보를 필요로 하는 상하원 의원들의 요구에 응답하였다.

의회는 자체적으로 과학 기술 정책의 자문 기능을 수행한다는 야심찬 계획을 세웠고, 그 결과 1972년에 기술 평가국(Office of Technology Assessment: 이하 OTA)이 창설되었다. 이 기관의 명칭에는, 환경 운동이 쇄도하던 시기에 급속한 기술 발전으로 초래된 환경 위협에 관해 많은 의원이 표명한 관심이 반영되어있다. 그러나 OTA에서 발간한 보고서들은 광범위한 분야를 다루었으며, 제기되는 과학적 의문 사항 또한 엄청나게 다양하였다. 더구나, 해당 분야의 전문가에게 의뢰하여 대부분 작성되는 이들 보고서에는, 회계 감사원GAO과 의회 연구 서비스CRS에서 발간하는 보고서에서 일반적으로 다루는 정책 및 프로그램 분석을 훨씬 넘어서는 깊이와 범위가 담겨있었다.

OTA는 정치적 이해와 과학적 진실 사이의 긴장을 불러일으킨다는 이유로 순조롭게 나아가지 못하였다. OTA는 초기부터 진행 경로의 변경을 이중으로 강요받았다. 이 기관의 초대 국장은 전 하원 의원 에밀리오 다다리오Emilio Daddario로, 이미 5년 전에 의회에서 국립 과학 재단NSF의 변화를 이끌었다. 에밀리오 다다리오와 상하원 의원으로 구성된 기술 평가 위원회Technology Assessment Board는 OTA를 마치 의회 산하 위원회를 운영하듯이 관리하였다.

2년도 안 되어, 다다리오는 기관의 보고서가 중립적이고 분석적이기를 바라는 사람들의 맹렬한 비판에 견디지 못하고 그 자리에서 물러났다. OTA의 2대 국장인 러셀 피터슨Russell Peterson은 비판자의 불만을 너무나도 충분히 고려한 나머지, OTA의 설립 의도, 즉 의회를 도와 현안 문제를 법적으로 평가하는 것과는 상관 없는 의제를 전략적으로 설정하였다. OTA의 수행 업무가 의회에 맞지 않는다는 불평이 쇄도하는 가운데 피터슨의 임기는 갑작스럽게 중단되었다. 3대 국장은 뒤에 클린턴 대통령의 과학 자문가이며 백악관 과학 기술 정책국OSTP의 책임자가 된 존 기븐스가 맡았다. 기븐스는 민주, 공화 양당의 지원을 얻을 수 있고, 의회가 상정하는 법률적 의제에도 매우 중요한 연구를 분석적이면서도 객관적으로 수행함으로써 전임자들이 겪었던 장애물을 피해 나가려고 노력하였다. OTA는 기븐스가 재직한 12년 동안 상당한 명성을 획득하였지만, 정책 조사의 필요와 입법적 의사 결정의 필요, 이 양자 사이에 내재한 본질적 긴장 관계를 완전히 극복하지는 못하였다.

이 긴장은 두 가지로 구분된다. 첫 번째는 시간과 관련되어있다. 정책 조사가 분석적으로 타당한 결론에 도달하는 데 걸리는 시간은, 현재의 정치적 세력의 균형과 그때까지 알려진 사실에 기초하여 결정을 내리는 입법 과정의 주기와 부조화를 이루었다. 이러한 불협화음을 극복하기 위해 OTA에서는 입법 일정에 맞추어 단기 연구에 착수하기도 하였지만, 의원들은 계속 좌절감을 느껴야 했다. 또 다른 긴장은 분석적 결론과 정치적 이해 사이에서 유래한다. 아무리 민감하게 이해관계의 갈등을 고려하여 연구를 수행하여도, 연구의 결론은 이해 당사자 중의 일부를 편드는 것처럼 보였다. 클린턴의 오랜 임기 동안에 클린턴의 여러 선임 보좌관이 OTA의 민주당적 편향을 조장하는 것처럼 여겨졌고, OTA 국장이 갈리면서 이러한 불만은 당파적 색채를 띠었다.[43]

1994년의 선거를 통해 권력을 잡은 공화당 지도부가 정부 예산의 전반적인 조정에 앞서 의회 자체의 예산을 삭감하기 시작했을 때, OTA는 위의 두 가지 측면에서 모두 취약하다는 것이 입증되었다. OTA에는 수백 명의 직원이 근무하고 있었지만, 단번에 해고시킬 수 있었기 때문에 예산 삭감자에게 OTA는 손쉬운 표적으로 보였다. 그러나 1995년의 OTA의 폐지에는 아주 짧은 시간 범위와 고도로 정치적인 사실 검증이라는 조건 속에서, 과학 기술 정책의 조사 전문 기관이 자신의 지지자를 확보해야 하는 태생적 어려움이 반영되어있다.

행정부와 상하 양원에 대한 자문이 각각 큰 차이를 보임에도 불구하고, 과학 자문의 어려움으로부터 몇 가지 교훈을 이끌어낼 수 있다.

정치적 고려의 최우선성. OTA와 같은 과학 자문 통로의 취약성은 특히 정치권의 이해관계가 높은 사안인 경우에 정치적 고려가 과학적 판단을 아주 쉽게 제압하는 것을 보여주고 있다. 정치적 성격이 강할수록 행정부와 의회는 연구에 기초한 자문을 받아들이려 하지 않았다. 정치권 당사자들이 활용 위주의 연구 결과를 귀찮게 여기고 위협적인 것으로 판단할 때, 과학의 합리적이며 문제 해결적인 역할이 효과를 발휘할 것이라는 생각은 터무니없는 기대였다.44) 베트남에 포위된 존슨 대통령이 정치적 의제로 오염된 과학

---

43) 이것을 비롯하여 OTA가 취약성을 보인 여러 것은 평가국의 폐지로 이어졌다고 이 기관의 전 간부였던 프레드 웨인가튼은 언급하였다. Fred W. Weingarten, "Obituary for an Agency," *Communications of the ACM*, vol. 38(September 1995), pp. 29-32를 보라.
44) 이 점은 유력한 상원 의원의 수석 보좌관에게 위성 통신의 연구를 홍보한 경험이 있는 전직 OTA 직원의 설명에서 아주 잘 드러난다. 보좌관의 반응은 "상원 의원께서는 이미 그 이슈에 대해 마음을 정하셨다"

자문의 내용을 받아든 것은 놀랄 일이 아니다.

시간의 제약. 선거 민주주의 체제에서 선출직 공무원과 의원들이 시간 범위가 2년, 4년, 6년의 선거 주기와 일치하는 것은 당연하다. 정치가들만이 시간의 제약을 심하게 받는 것은 아니다. 기업가들이 장래를 내다보지 못하고 단기간의 기업 성과에 매달려있다는 것은 극히 상식적인 비판이 되어있다. 실제로, 1970년대 석유 파동 이후의 고인플레이션 시기에 대부분의 기업이 중앙 연구소를 축소하였다.

여러 대통령의 관찰을 통해, 스타츠는 대통령이 짧은 임기 안에 지원의 우선 순위를 정해야 하는 것과 국가의 장기적인 이익에 봉사해야 하는 것 사이의 조화가 과학 자문 과정에서 가장 심각한 긴장 중의 하나라고 꼽았다.

장기 분석 연구는 ……전략 기획에 할당된 자원이 단기적인 문제 해결에 매몰되지 않도록 해주며 ……전략 기획이 효과적이기 위해서는 격리isolation가 아닌 유리insulation가 필요하다.45)

스타츠는 이러한 결론에 근거하여 장기적 판단의 원천으로써 대

---

는 것이었다. "위성 통신이 기술적으로 가능한지 상원 의원께서 아시는 게 좋지 않을까요?"라고 그 직원은 계속 주장하였다. "아뇨, 그럴 필요는 없습니다." 보좌관은 말을 가로챘습니다. "왜 상원 의원께서 그렇게 해야 하지요?" Weingarten, "Obituary for an Agency," p. 31 참조.

45) Elmer B. Stats, "Reconcilling the Science Advisory Role with Tensions Inherent in the Presidency," pp. 79-96, in Willian T. Golden, *Science Advice to the President*, a special issue of *Technolgoy in Society*(Pergamon Press, 1980), pp. 87-88.

통령 과학 자문 위원회(President's Science Advisory Committee: PSAC)의 중요성을 강조하였으며, 이 위원회는 부시 행정부에서 대통령 과학 기술 자문 위원회(President's Committee of Advisors on Science and Technology: PCAST)로 재출발한다.

　**의사 결정 요구에 집중.** 정치가들은 자신이 다루는 문제에 적합한 정책 자문을 원한다. 대통령과 의회는 정책 과정의 리듬에 맞추어 과학 정책 자문관들이 움직이고, 의사 결정의 필요성을 만족시킬 수 있게 정책 자문이 제공되기를 바란다. 전후의 대통령 가운데 지미 카터는 이 요구 사항을 아주 분명히 명시화하기 위해 백악관 과학 기술 정책국OSTP의 보고 의무를 국립 과학 재단NSF으로 귀속시키고 대통령 과학 자문 위원회PSAC의 재편을 거부하였다. "행정부는 대통령에 봉사하고 대통령의 요구를 충족시켜줄 수 있도록 구성되어야 한다"46)는 카터의 기준은 장관들이 백악관의 과학 자문 기구를 재조직화할 때 준수해야 할 행동 지침이 되었다.

　이러한 요구로 인해 의회나 행정부가 특정한 수단을 동원할 수 있는 환경을 구축하여 정부에서 지원할 수도 있었을 활용 위주의 기초 과학 프로그램의 과학적 가능성을 지속적으로 깊이 있게 평가할 가능성은 거의 전무하였다. 미국의 공개 정책 체제에서, 펜실베이니아가街 양극단에 자리 잡은 과학 자문 기구의 역할 중의 하나는 불가피하게 한쪽에서 다른 쪽으로 이러한 평가를 몰아주는 것이었다. 이것이 바로 과학 기술을 감독하는 위원회들과 상하원 소위원회의 전형적인 역할이다. 부시와 클린턴 행정부에서 대통령

---

46) Staats, "Reconcilling the Science Advisory Role with Tensions Inherent in the Presidency," p. 91, 주 15에서 재인용.

과학 기술 자문관 위원회PCAST는 자체 위원과 분야 전문가로 구성된 패널을 통해 메가사이언스 프로젝트와 미래 융합 에너지 연구 등에 관한 심층 평가 업무를 매우 효과적으로 수행하였다.

미국에서 연구 분야의 가능성을 평가하는 중요한 역할은 의회 승인 기관인 국립 과학 아카데미National Academy of Science와 국립 공학 아카데미National Academy of Engineering 그리고 이들의 운영 기관인 국가 연구 위원회NRC가 담당하고 있다. 의회, 국립 과학 재단NSF, 정부로부터 자금을 지원받아 국립 연구 위원회NRC는 여러 과학 분야의 혁신적인 진보 가능성을 비롯한 과학 정책 전반에 관한 질문에 답하기 위해 과학계의 전문 지식을 동원하였다. 미국 과학 진흥회American Association for the Advancement of Science는 또 다른 식으로 중요한 역할을 담당하였는데, 여기에서 출간하는 『사이언스』라는 잡지를 통해 지속적으로 과학 기술 예산에 관해 상당히 정평 있는 분석 기사를 실었다. 미국 체제는 또한 대학과 어디에도 속하지 않은 정책 연구소에서 수행하는 과학 정책 연구에 의존하고 있다. 그러나 국가 수요를 야기할 수 있는 과학 분야의 강점을 조사하기 위해 지속적이고 제도화된 노력의 필요성이 정부 내부에서 제기되었다고 보기는 어렵다. 이러한 문제 제기에는 반세기 전에 국립 연구 재단National Research Foundation의 설립을 외친 반네바 부시의 목소리가 반영되어있다. 그리고 부시의 이상이 제도적으로 실현된 것으로 볼 수 있는 국립 과학 재단NSF과 국가 과학 위원회NSB가 과연 원래의 역할을 제대로 수행하고 있는지 문제를 제기할 수 있다. 1950년의 NSF 설립 법에 근거하여 NSB는 정부의 모든 과학 지원을 감독하는 책임을 맡았다. 그러나 재단의 초대 이사장 워터맨은, 종전 무렵에 과학 연구 개발국Office of Scientific

Research and Development의 폐지로 공백에 처한 정부 연구소 중의 하나인 해군 연구국Office of Naval Research에서 영입한 인물이었다. 워터맨은 권위를 확보하기 위해 예산국의 지지를 등에 업고 정부 부처 및 기관과 싸우는 것에는 별로 흥미가 없었으며, NSB의 위원들도 시간이 지나면 자연스럽게 역할이 정립된다는 평범한 지식에 안주하였다.

역할 문제는 현 시점에 맞는 형태로 새롭게 제기되어야만 한다. 국가 수요에 맞게 기초 과학을 조정하는 핵심 관건은 "전략적" 연구를 지원하는 NSF의 예산을 50%에서 60%로 올리는 것이 아니라 국가적 수요를 반영하여 범부처적으로 지원받는 활용 위주의 기초 과학에 관한 의제를 설정하는 것이라는 점을 의회에게 분명히 인식시킨 것이, 사실 재단이 지원 역할을 수행하면서 낳은 이익 중의 하나이다. 재단이 프로젝트 수준에서 과학의 순수성을 보존할 수 있는 프로젝트를 선정하는 데 중요한 역할을 한 것처럼, 프로그램 수준에서도 과학의 순수성을 유지할 수 있는 활용 위주의 기초 연구 프로그램을 선정하는 데 크게 기여할 수 있다. 미국의 공개 정책 시스템이 일본의 연구 예측 시스템과 유사한 것이 될 가능성은 거의 없다. 그러나 실용적 목적에 대한 고려 없이 수행된 연구로 이익을 보겠다는 믿음과는 매우 상이한 전제에서 과학과 정부의 계약이 재설정된다 하더라도, 국가적 수요 충족을 위한 연구에 연구비를 배분하는 것과 관련하여 연구 가능성을 사려 깊게 판단해야 할 필요성은 반 세기 이전 만큼이나 지금도 분명히 필요한 것이다.

# 찾아보기

**(ㄱ)**

가이, 스티버 243
갈릴레오 53, 69
걸프 전쟁 164
경제 협력 개발 기구OECD 31, 124, 131, 166, 188
고모리, 랠프 57, 198
공학
— 국립 과학 재단 213
— 미국 대학 85
— 연구 센터 129, 215
『과학, 끝 없는 프론티어』 24, 34, 56
『과학과 공공 정책』(스틸만 보고서) 242
과학 기술 센터 129, 215
과학 기술 자문관 위원회 PCAST 245, 253
과학 기술 정책국OSTP 207, 210, 243, 250
과학 기술국 242
과학 연구 개발국OSRD 25, 95, 232, 254
과학 자문 위원회PSAC 242, 253

과학 혁명 23, 69
국가 경제 정책 위원회 246
국가 과학 기술 위원회 NSTC 246
국가 과학 위원회NSB 103, 108, 116, 172, 175, 213, 218
국가 연구 위원회NRC 227, 254
국립 과학 아카데미 96, 101, 238, 254
국립 과학 재단NSF 36, 50, 99, 116, 196, 212, 219, 235, 237
국립 국방 연구 위원회 NRDC 96
국립 보건원NIH
— 동료 평가 230
— 모델 평가 230
— 연구 지원 230
국립 연구 재단NRF 25, 101, 254
국방부
— 연구 성과 조사 110
— 연구 지원 105, 212
— 정책 이슈 37, 105, 187

국방부 고등 연구 계획국 ARPA  214
그레험, 윌리엄  244
기독교  68, 70
기븐스, 존  141, 201, 246
기술 평가국 OTA  229, 246
기술 학교  79, 90
길리스피, 찰스  9, 44, 71, 88
길먼, 다니엘  87
길버트, 월리  182
깁스, 조지아  86

데카르트  72
독일
— 과학 기술의 발전  92
— 대학  80
— 화학 염료 산업  42
동료 평가  34, 105, 144, 197, 204, 232, 237
듀프리, 헌터  95
드립스, 로버트  112, 119, 134, 140
DNA  42, 146, 180, 186, 204

### (ㄴ)

내분비학  55
냉전  23, 107, 163, 222
노나카  153
노이즈  43
농업 과학  93, 222
닉슨 행정부  140, 217

### (ㄷ)

다니엘스, 조지  88
다다리오, 에밀리오  249
다윈, 찰스  139
달턴  77
데모크리토스  64

### (ㄹ)

라세미산  32, 40
라이프니츠  72
랜드 연구소  148
랜스, 버트  244
랭뮤어, 어빙  42, 53, 138, 146, 192
레이 대학  93
레이건 행정부  129, 162, 166
렌슬러 공과 대학  93
로널드 레이건  244
로마  66
로스 알라모스 과학 연구소  45, 226

로스차일드, 로드  203
로우랜드, 셔우드  201
로이, 러스텀  119
로이드, 리차드  65
로젠버그, 나단  59, 108, 139, 153
루이스, 아더  47
루이스, G. N.  43
루이스, W. K.  43, 82
루즈벨트, 프랭클린  24, 95, 241
르네상스  69
리차드 닉슨  140, 217, 235, 243

(ㅁ)

마리, 피에르  55
마틴, 벤  11, 127
막스 프랑크 연구소  82
망원경  72, 124, 177
매시, 월터  215
맥너슨, 워렌  103
맥스웰, 제임스  59, 87
맥엘로이, 윌리엄  218
맥킨타이어, 제임스  244
맨하탄 프로젝트  44, 106, 138, 146
머레이, 케이스  38

머튼, 로버트  39, 205
메사추세츠 공과 대학MIT  43, 92, 100, 109, 223
멘지즈, 로버트  38
모릴-햇치 법  93
몰리나, 마리오  201
물리학  42, 51
물타우프, 로버트  76, 81, 91, 110
미국 공중 보건국USPHS  105, 224
미국 과학 진흥회  248, 254
『미국 사이언스지』  84
미국 의회  109, 121, 217, 221, 249, 252
미국 지질 조사 연구소  94
미시간 대학교  7, 88
미즈, 에드윈  244
미쿨스키, 바바라  165, 216
밀러, 존  173
밀스타인, 세자르  182, 204

(ㅂ)

바머스, 해럴드  236
버거, 세이무어  182
베이컨, 로저  70
베이컨, 프란시스  25, 72, 113, 158

베트남 161, 243
벨 연구소 94, 118, 148, 192
보어, 닐스 46, 58, 137, 212
부시 행정부 170, 245, 253
부시, 반네바 36, 49, 95, 99, 101, 105, 254
부시, 조지 238, 244
『북미 조류 안내서』 139
분자 생물학 42, 146, 179, 204, 222, 231
브라운, 조지 164
브롬리, 앨런 238, 245
브룩스, 하비 30, 107, 125, 158, 181
블로흐, 에릭 129, 154, 215
비숍, 마이클 236

셔만, 존 231
소련
― 과학과 기술 162
― 붕괴 23
― 스푸트닉 109, 162
솔로몬의 집 73
스노우 69
스미스, 헨리 45
스코틀랜드 77
스타아츠, 엘머 248
스타우딩거, 헤르만 42, 182
스탠포드 대학교 88
스테빈 72
스틸먼 보고서 106
스틸먼, 존 106
슬레이터, 존 223
시카고 대학 88

(ㅅ)

사회 과학 8, 47, 104
산업 혁명 23, 51, 74, 92, 129
『새로운 아틀란티스』 73
생의학 93, 119, 145, 206, 237
샤논, 제임스 232
샤플리, 데보라 119
서섹스 대학교 10

(ㅇ)

아더 본 히펠 223
아르키메데스 66, 75
아리스토텔레스 64
아이젠하워, 드와이트 109, 162, 242
알몬드, 가브리엘 172
암과의 전쟁 217, 235
애쉬비, 에릭 77
앤젤, 제임스 87

어빈, 존 127, 147
에너지 연구 220
에너지 연구 개발청ERDA 220
에너지부 147, 223, 247
에드워드 데이비드 주니어 243
에디슨, 토마스 55
에이버리, 오스왈드 180
연방 과학 공학 기술 조정 위원회FCCSET 243
연방 과학 기술 조정 위원회 243
열 역학 52, 86
염화 불화 탄소CFC 201
영국의 계몽 사상 77
예산 관리국OMB 207, 214, 218, 243
예일 대학교 84
오존층 201
오펜하이머, 로버트 45
와이즈너, 제롬 242
왓슨, 제임스 180
왕립 학회 73, 124
워터먼, 알렌 103, 120, 145
원자 이론 64
원자력 규제 위원회 224
원자력 에너지 위원회AEC 104, 223

원자력 에너지법 77
위스콘신 대학교 88
유럽 57, 74
유클리드 36, 64
의학 연구 203, 232
의회 도서관 248
의회 조사 서비스CRS 248
이집트 62
일반 회계 감사원 129
일본
— 경제적 위상 51, 153, 167
— 생산 기술 57
— 환경 과학 188
입법 조회 서비스 248
1차 세계 대전 43, 99
2차 세계 대전 26, 61, 94, 104, 161, 195

(ㅈ)

전기 산업 90
전자 산업 53
정부 산하 연구 기관 239
정부 산하 연구 기관 동료 평가 207
조던, 데이비드 87
존 홉킨스 대학 87, 101
존슨, 린든 140, 217, 235,

251
『종의 기원』 139
주커먼, 해리엇 205
증기 기관 52, 155


(ㅊ)
찰스 엘리엇 87
천문학 63
철도 155
체니, 데이비드 154
초전도 초대형 입자 가속기 181, 211


(ㅋ)
카놋, 사디 52
카이저 빌헬름 연구소 82
카터, 지미 162, 243, 253
캐러더스, 월러스 흄 182
캘리포니아 대학 88
케네디, 존 242
케블레스, 다니엘 236
케인즈, 존 47, 138, 146
케플러, 요하네스 52
코난트, 제임스 브라이언트 33, 41, 49, 96, 100, 116, 134, 181
코넬 대학교 87

코헨, 스탠리 182
콕스, 오스카 100
콤로, 줄리어스 119, 134, 140
콤프톤, 칼 96, 100
쾰러, 게오르그 182, 204
쿤, 토마스 37, 52, 91
크롬비 66
크리스토퍼 프리먼 11, 124
크릭, 프란시스 180, 182
클라인, 스테판 154
클락, 아더 156
클린턴 행정부 170, 245, 253
클린턴, 빌 246, 250
키드, 찰스 145
키워스, 조지 244
킬고어, 할리 99
킬리언, 제임스 109, 242


(ㅌ)
타르탈리아 72
타케우치 153
토리첼리 72
TRACES 연구 111
트루먼, 해리 100, 242
특허권 97, 104

(ㅍ)

파스퇴르, 루이  32, 61
패러데이, 마이클  77, 88
페루츠, 막스  198
포드, 제럴드  243
프랑스  79
『프라스카티 매뉴얼』  124, 131
프랭클린, 벤자민  84
프레스, 프랭크  243
프레위트, 케네스  172
프리틀리, 조셉  77
프린스톤 대학교  6
플라톤  64
피타고라스  64
피터슨, 러셀  249
피터슨, 로저  139


(ㅎ)

하버드 대학교  49, 88, 100
하퍼, 윌리엄 레이니  87
한국 전쟁  108
항공 우주국NASA  201, 204
해군 연구국  105, 205, 223, 255
핵 융합 에너지국  228
허드슨, 릴리언  118
『형이상학』  65
헤모글로빈  198
헨리, 조셉  85
헬름홀츠  83
호이겐스  72
호주  36
호주 과학 기술 위원회 ASTEC  148
홀, 스탠리  87
홀튼, 제럴드  118
홉킨스, 해리  96, 106
화학 산업  82, 90
환경 문제  164, 220, 237
히라사와  153
히스, 에드워드  203
히포크라테스  67, 113, 232
힌드사이트 프로젝트  110

**파스퇴르 쿼드런트**
── 과학과 기술의 관계 재발견

제1판 1쇄 찍음 2007년 12월 10일
제1판 1쇄 펴냄 2007년 12월 15일

**지은이** | 도널드 스토크스
**옮긴이** | 윤진효 외
**펴낸이** | 신성모
**펴낸곳** | 북 & 월드

**등록번호** | 제10-2073호(2000. 11. 23)
**주　　소** | 서울특별시 마포구 동교동 153-18 2층
**대표전화** | 326-1013　팩시밀리 322-9434
**e - m a i l** | booknworld@paran.com
**I S B N** | 978-89-90370-67-9(03500)

* 잘못 만들어진 책은 바꿔드립니다.